Teacher Education Series

京师教师教育论丛　第四辑
丛书主编　朱旭东

当代西方教师学习理论研究

毛　菊　著

A Research of
Contemporary Western
Teachers' Learning
Theory

北京师范大学出版集团
BEIJING NORMAL UNIVERSITY PUBLISHING GROUP
北京师范大学出版社

丛书编委会

顾问　顾明远　许美德（加）

主任　钟秉林

主编　朱旭东

编委会成员（中文以姓氏拼音为序）

　　陈向明　管培俊　李子建　卢乃桂　庞丽娟

　　石中英　王嘉毅　叶　澜　袁振国　钟秉林

　　周作宇　朱小蔓　朱旭东　朱永新

　　Christopher Day　Ken Zeichner　Lin Goodwin

　　John Loughran　Lynn Paine　Qing Gu

序

"学习"日益成为当下时代的最强音。"教师学习"研究是从对教师专业发展的"形式"探讨转向关注"内容"的体现。在多种多样的教师专业发展路径中,教师是如何学习的、如何才能让教师高效学习等都是不可回避的话题。因为,"学习者只能依靠自己才能进行学习,没有人能替另一个人完成学习,只有学习者自己才能赋予学习意义"(安德烈·焦尔当)。正如卡尔·罗歇所述,只有学会了如何学习、如何适应、如何改变,才能了解到,没有任何知识是确定的,只有获取知识的能力可以为其带来可靠安全感的人,才是受过教育的人。认清教师学习的相关问题,对教师而言,不仅有利于其从知识的被动"接受者"中解放出来逐渐成为主宰专业命运的"学习者",还有利于其从教育改革的"适应者"转变为"变革者"。这正是对时代高呼"高质量教师"的有力回应。不仅如此,教师专业内涵包括教会学生学习、育人和服务。其中,教会学生学习是第一个维度,它至少要回答3个问题:如何教会学生学习;如何教会学生如何学习;教会学生学习什么。这些看似与教师学习无关,然而如何让教师在符合成人学习的支持性环境中学习,通过什么方式培育教师的高级学习能力等都无一不与教会学生学习息息相关。由此,充分说明教师学习研究的重要性。然而,国内学界对此问题的关注还远远不足。一个研究领域的形成、深入需要长期的积累,更需要充足而丰富的知识,西方国家教师学习研究始于20世纪80年代,已经成为教师教育研究中的重要话题,对其展开研究对我国教师专业发展具有理论与实践价值。

本书是毛菊博士在其博士论文的基础上修改而成的，以当代西方教师学习研究成果为对象，运用文献法、历史研究法、归纳逻辑法，较为全面深入地分析、阐释了教师学习的图景。基于教师学习研究的历史变迁、代表人物的理论、观点分析与评价，获得了教师学习理论社会建构的发展走向，并建构了其概念框架，为我国当前的教师学习提供了启发。

本书作为教师学习理论研究的尝试，以下几点值得关注：首先，本书的选题较为新颖。在很多学者都认为教师学习研究成果多、零散的情况下，作者在掌握大量丰富的一手资料的基础上，试图对教师学习理论进行全面、系统、深入的分析，这本身就是一次大胆的尝试。其次，本书的研究结论较为新颖。研究以伊列雷斯学习的内容维度、社会维度、动机维度作为教师学习理论研究的认识框架和逻辑起点，系统分析了教师学习理论经历了前奏、起步、发展 3 个阶段，选择费曼-内姆斯（Feiman-Nemser）、雪莉·霍德（Shirley Hord）、玛杰里·金斯伯格（Margery Ginsberg）、盖瑞·霍伯恩（Garry Hoban）等当代西方教师学习研究者的成果进行系统分析，提炼出若干代表性教师学习理论。最后，研究提出教师社会建构学习理论的概念及概念框架，对我国教师教育有一定的借鉴价值。

总之，本书资料翔实、逻辑清晰、结构完整，体现了作者认真的态度及较好的学术能力。该书对我国当前的教师学习提供了新的知识资源，也必将有助于国内教师学习理论的深入开展。当然，研究都是尝试去解决一些问题，在此过程中也必定存在不足。然而，"路漫漫其修远兮"，我相信并期待作者在今后的学术生涯中能够持续深入，并更上一层楼！

朱旭东

2018 年 8 月 2 日

前 言

　　教师学习是国际教师教育改革中日益兴盛的研究。本研究以 20 世纪 80 年代以来西方教师学习研究的历史发展为纵坐标，以教师学习的三维度（内容、社会、动机）为横坐标，从而建构起教师学习理论的立体认识路径，探寻教师学习理论的发展及走向。论文以费曼-内姆斯、雪莉·霍德、玛杰里·金斯伯格、盖瑞·霍伯恩的教师学习理论为研究对象，在解释学方法论主导下，运用文献法、历史研究法、归纳逻辑法等探究了代表性教师学习理论，并通过分析—归纳得出教师学习的发展趋势——教师社会建构学习理论。

　　西方教师学习理论经历了前奏（20 世纪六七十年代）、起步（20 世纪 80 年代到 90 年代中期）、发展（20 世纪 90 年代中后期至今）三大阶段，教师学习研究呈现出以行为主义学习理论为导向到认知—建构学习理论为导向再到多维多视角的发展。根据西方教师学习理论发展历程的特点，我们从不同的历史时段中选择了需要系统研究的代表性学者，挖掘了每位代表人物的教师学习理论。

　　第一，费曼-内姆斯的教师学习理论侧重体现学习的内容维度，她的教师学习理论可以概括为教师连续互动学习论，主要以杜威的"经验"为理论基础。这种学习观认为教师学习具有连续性、互动性、统一性的特点，即教师学习经验的连续性；教师学习与同伴、课程、情境等的相连互动；职前职后教师学习项目的统一体。连续统一的教师学习观也渗透在职前教师和初任教师的学习五个阶段。师范生学习的五个阶段是使其在"具体经验—批判反思—概念转变—形成教育思维—实践"的学习循环中重点培养其教育思维。初任教师是费曼-内姆斯的重点研究对象，此阶段主要是从"教学过程的计划—在教学实践中学习—通过评估获得教学反馈—反思教学—提升理解教育教学的层次"中学习，重点培养教师对教学的理解。而在教师学习过程中，共享身份假设、女性学习独特性的被忽视、新老教师的文化壁垒是教师学习的重要影响因素。第二，雪莉·霍德的教师学习理论侧重体现学习的社会维度，她的理论可以概括为教师集体互动学习论。作为教师学习共同体的积极倡导者，她主要以组织学习理论透视教师学习共同体的相关问题。她的教师学习观体现在"教师学习共同体的二维五要素论""教师学习共同体中的合议关系""教师学习共同体在对话中超越""教师学习共同体善的意指""教师学习共同体的多环理论"，分别从教师学习共同体的构成要素、成员关系、超越途径、伦理指向、运行理论等方面进行了详细的分析，集体学习是其中心。教师学习共同体的运行以教师、领导者、教学支持者为参与主体，在问题、激励反馈、共同愿景作为共同体学习动力的驱动下，以双环学习、深层学习、集体学习为其内在运转逻辑。它通过合作学习、探究学习、对话学习的形式，在相应的外在环境支持下，围绕共同愿景、分布式领导、有目的的集体学习、共享个人实践、支持性条件来建构、生成教师学习共同体。而教师学习共同体中成员间的信任、不同的领导力、组织文化等反过来会影响教师学习共同体的运行。第三，玛杰里·金斯伯格的教师学习理论侧重体现学习的动机维度，她的理论可以概括为教师质变学习论。金斯伯格的研究深受格尔茨文化理论的影响，其特殊之处在于她极其关注教育中面临的多元文化问题，也从文化和质变学习的角度探讨了教师学习动机。其实，金斯伯格所谓的"动机"包含两层基本的含义：一方面，教师以文化回应性动机框架创设让学习者感到舒适、安全的最佳学习环境，动机就会由环境引发，从而逐渐培养教师为学生创设此种学习环境的意识与能力，使自身成为动机型教师；另一方面，教师在行动探究循环中发生质变学习，维持教师学习动机。因此，动机型教师与教师学习动机其实是一体两面的问题。教师学习动机主要从文化回应性的动机框架和质变学习两方面着手，探究教师学习内在动机的出现及维系。

第四，盖瑞·霍伯恩的教师学习理论体现了对学习整体性、多维度的认识走向。他的理论可以概括为教师系统复杂学习论。教师学习的研究需要立足于复杂科学，并以复杂科学的系统思维为视野透视教师学习。他一改用传统的简单化思维研究教师学习，认为教师学习应以"多维网状"为研究的分析单位，教师学习是一个开放循环的系统，是各种要素协同作用的结果，这种协同作用既是教师学习系统的动力，也会产生协同效应。教师学习系统的形成要建立在多维、连贯、持续的教师学习框架中，即把个体认知、社会认知、情境认知的维度统一融合在一个教师学习框架中，通过学习过程的持续性、确立教师间的共同体感、把教学视为一种学术等来支持教师学习的复杂性、系统性。教师学习系统的运转会受到他组织力、自组织力、时间维度等因素的影响。

概括而言，在代表性教师学习理论研究的基础上，研究通过分析—归纳获得了教师学习理论的发展趋势——教师社会建构学习论。研究从教师学习理论的阐述方式及总体特征方面论证了其社会建构的趋势。教师社会建构学习是教师在与外在中介的互动中产生落差，而以个体经验为出发点，经过个体知识与中介间的不断循环而合法化知识的社会和个体的意义建构过程，其主要因素有中介、个体知识、合法化知识、落差、互动、意义建构。教师社会建构学习机制由内化阶段、外化阶段、合法化阶段、知识的实践4个阶段构成。

目录
CONTENTS

第一章 导　论 　　1
　第一节　研究背景及意义　　1
　第二节　国内外研究综述　　6
　第三节　研究设计　　36

第二章　教师作为学习者及其连续互动学习论
　　49
　第一节　教师连续互动学习论的产生背景及理论基础　　50
　第二节　教师作为学习者及连续互动学习观　　58
　第三节　教师学习过程的"五段说"　　77
　第四节　教师连续互动学习的影响因素观　　84

第三章　教师学习共同体及其集体互动学习论
　　92
　第一节　教师学习共同体及集体互动学习论的产生背景及理论基础　　94
　第二节　教师学习共同体及集体互动学习观　　99
　第三节　教师学习共同体的运行机制观　　110
　第四节　教师学习共同体及集体互动学习的影响因素观　　123

第四章 动机型教师及质变学习论　　131
第一节　动机型教师及质变学习论的产生背景
　　　　及理论基础　　132
第二节　动机型教师及质变学习观　　140
第三节　动机型教师及质变学习的过程观　　149

第五章 教师学习的网状分析单位及系统复杂
　　　　学习论　　159
第一节　教师系统复杂学习论的理论基础　　160
第二节　教师学习的网状分析单位及系统复杂
　　　　学习观　　166
第三节　教师系统复杂学习的过程观　　175
第四节　教师系统复杂学习的影响因素观　　183

第六章 教师学习理论：社会建构的走向　　191
第一节　教师社会建构学习论的走向分析　　191
第二节　教师社会建构学习理论的框架与启示　　202

结　语　　215

参考文献　　218

后　记　　231

第一章 导 论

第一节 研究背景及意义

一、研究背景

  不少学者都提出教师作为学习者的概念,意在强调教师专业发展是一个学习过程,专业发展就意味着教师的学习。[①]这从某种程度上表明教师是否积极主动地学习、教师学习的状态和效果如何是影响教师专业发展水平的要素。那么,对教师学习的关注在整个教师教育研究中就显得至关重要。

  当今世界日新月异,人们该如何面对外在对个体不断提升的要求,该如何立足于浩瀚的知识海洋?显然,仅仅疲于应对外在要求而不断吸收知识、技能是不够的,培养个体的学习能力、学会学习是一条更加明智的路径。教师尤为如此,为了跟上社会发展、时代要求,"终身学习"既是教师确立自身专业地位的内在诉求,也是他们不可推卸的时代使命。西方早在20世纪60年代以后就逐渐发生了从教师数量满足到质量提升的转变,传统的"教书匠""搬运工"的角色及素质已经难以满足人们日益增长的对教育质量的需求,单纯依靠教师教育的外在支持、工厂似的培训,而忽视教师内在需求及专业发展实情的模式,同样难以维系教师的长久发展。因此,

---

[①] 卢乃桂、钟亚妮:《国际视野中的教师专业发展》,载《比较教育研究》,2006(2)。

关注教师学习，激发教师积极主动、自愿自主地学习才是教师专业发展的明智之举。20世纪80年代始，如何才能促进教师有效学习的系列问题受到相关机构及学者重视并被真正纳入研究范围。"教师学习这一研究领域最早兴起于美国。1985年，由美国教育部教育研究与改进办公室资助，在密歇根州立大学教育学院成立'美国教师学习研究中心'，取代原来的'美国教师教育研究中心'，由此拉开了这一研究领域的序幕。"[①]美国教师学习研究中心的研究主题、研究布局也为后来教师学习研究的开展搭建了初步框架，随后很多国家都开始了教师学习研究，使此领域不断向纵深发展。西方国家从教师培训迈向专业学习的研究是对教师专业发展主体及其内在学习能力重视的体现，是教师"质量"要求日益提高的背景下一种符合时代发展的合理趋势，至今它已经成为西方教师教育研究中富有活力的领域。

因此，要改变现状，转换教师教育、教师专业发展的落脚点也就迫在眉睫，关注教师、关注教师学习是创新教师教育的可能路径。从教师教育到教师学习的转变至少意味着3个方面的变化：学习主体的变化，由"受教育者"转变为自主的"学习者"；学习方式的变化，由被动地接受式教育转变为教师主动地建构式学习；教师学习更加凸显其个性化、实践性（或情境性）和实效性。[②] 这与教师作为成人学习者的学习特性相符。很多学者也探讨了教师与儿童、学生学习的不同之处，由此呈现出来的观点分为两派：无差异、有差异。成人学习理论的研究者对成人学习独特性的强调为审视教师学习提供了启发。成人学习具有"自导性、经验性、社会角色需求导向、问题解决导向、学习动机的内在来源倾向"等特性。这种认识为我们深入研究教师教育提供了可贵的理论基础。同时，在这一视角的映射下我国教师教育实践中的种种弊端也都逐渐显露，主导的教师教育模式与成人学习的特点相去甚远。与著名成人学习研究者诺尔斯持有的观点一样，我们认为，要从"学习情境"而不是"学习者"的角度来分析何种方式是适合成人学习的。在教师学习过程中我们需创设尊重、接纳、交流互动的学习氛围，要让教师尽可能渐渐地卷入学习，从而获得最大收获。教师成人学习的特性、教师专业发展的现实等都亟须教

---

① 肖正德、张素琪：《近年来国内教师学习研究：盘点与梳理》，载《全球教育展望》，2011(7)。

② 孙传远：《教师学习：期望与现实——以上海中小学教师为例》，博士学位论文，上海师范大学，2010。

师教育落脚点的转换——重视教师学习。此外，新一轮基础教育课程改革在具体目标中明确表明：课程的功能要发生变化，形成学生积极主动的学习态度；学生的学习方式要向自主学习、合作学习、探究学习的方向发展。学生学习方式转变的要求其实就是对教师养成相应的学习意识与能力的要求，而这与现实教师专业发展中是否为教师提供了良好的学习环境、是否关注对教师学习素养的培育等紧密相连。

可见，不论从国家、政策还是国际、现实层面，都呈现出对教师学习开展研究的必要性。然而，从研究文献来看，我国教师学习并没有受到应有的重视。因此，有学者提出我国教师学习研究还处于"日常话语"阶段，仍然没有真正进入研究者的视域。"它山之石，可以攻玉"，本研究期望通过在较为全面把握20世纪80年代以来西方教师学习理论的基础上，能够让我国学者理解西方教师学习理论的脉络及前沿，为本土研究提供借鉴，也为解决我国教师学习存在的问题开阔视野。马克思曾经说过："一个时代所提出的问题，和任何在内容上是正当的因而也是合理的问题，有着共同的命运；主要的困难不是答案，而是问题。"[①]每位研究者在阐释自己的观点时都在或显或隐地针对特定的问题，西方教师学习作为一时兴起的研究，也反映了学者们在教师专业发展道路上面临着相似问题时积极探寻解决问题路径的情形。正如伊斯顿（Easton）所言，教师"培训"其实更适合工厂模式的教育；使用教师专业"发展"也只是一个微小的进步。[②] 因为我们的教师专业发展通常仍然是为了达成外在的知识、技能标准，或者让教师通过相应的课程获得学分。教师专业发展带有浓厚的功利色彩、外塑性，与此同时，教师处于"被发展"的状态中，教师学习的价值也易于被人们遗忘。然而，为了满足学生的需求与学校、时代的快速发展，教师必须成为积极的学习者。唯有如此，教师才能感受到教育的快乐，才能主动追求卓越，提升教育质量。西方国家相对我国来说：拥有一支从事教师学习研究的学者队伍，如费曼-内姆斯、雪莉·霍德、杜福尔、盖瑞·霍伯恩、达琳-哈蒙德（Darling-Hammond）等研究者；拥有专门的研究机构，如众所周知的美国教师学习研究中心（NCRTL），它为后续教师学

---

① 《马克思恩格斯全集》第40卷，289页，北京，人民出版社，1982。
② Easton & Lois Brown, "From Professional Development to Professional Learning," *Phi Delta Kappan*, 2008, 89(10), pp. 755-756.

习研究发挥了重要作用；拥有丰富的研究成果，研究视角相对多样等。与我国相比，西方教师学习研究起步较早，他们的研究必定会对我国教师学习研究发挥积极作用。

二、研究意义

人们一直都期望教师能有所改变，近几年尤其如此。在这个全球化竞争的时代，像每一次经济危机时一样，在关于如何为每个国家培养自己未来的一代方面，正产生着巨大的道德恐慌……几乎没有人想在经济方面下功夫，但每个人——包括政治家、媒体和公众——都想在教育上做文章。[①] 我国亦如此，当前教育作为一项事关国家长远发展的重大事业受到了高度重视，基础教育改革正不断深入推进，教师的素质及质量被普遍视为教育改革成功的关键因素。当教师质量被提上议事日程时，教师学习研究的意义也就更加凸显。因此，从事"当代西方教师学习理论研究"同样具有重要的理论与实践意义。

(一)理论意义

首先，丰富了教师学习的学理基础。所谓学理，最常见的解释是科学上的原理或法则。具体到人文社会科学，也可以理解为解释事物的原理或法则。西方国家教师学习研究成果丰富，却零散、不系统。我国在此领域的研究成果不仅少，而且大多就事论事，理论根基薄弱。由此就会导致我们对教师学习的认识缺乏系统、全面的理解和解释。因此，对西方教师学习理论的系统研究及学理层面的透视，必定有益于此领域的研究。教师学习是一个人们经常使用的词，学者们或从不同视角，或侧重不同维度对教师学习进行了研究，然而还是缺乏有意识、全面的对教师学习的解释。从教师学习内部讲，人们在认识教师学习时对需要关注哪些维度、关注了哪些维度、是如何认识这些维度的都还基本处于无意识状态。本研究的教师学习理论三维(内容、社会、动机)认识路径为审视教师学习研究提供了方法，它是本研究分析教师学习研究成果的逻辑起点和基础框架。由于此理论建立在学习谱系的基础上，能够较为全面地审视学习内在维度的理论，因此具有研究的适切性。

---

① [英]约翰·富隆、伦·巴顿：《重塑教师专业化》，牛志奎、马忠虎等译，1页，北京，北京师范大学出版社，2010。

其次，为教师学习与教师"成人"的关系提供了理论思考。从某种程度上说，教师学习就是学习如何成为教师、如何"成人"的过程。"研究学习其实就是研究人""'学习存在'是一生中学习的结果"。① 教师学习什么，用什么样的方式学习等会直接关系到教师对自我、自我职业的感受与认同，关系到教师职场生活的质量与意义。对教师学习理论的系统梳理、研究是对教师在历史上如何"成为教师""如何存在"的审视。从行为主义学习理论为导向发展到社会建构为导向的教师学习，充分体现了学者对教师作为"人"的认识在逐渐深刻。从理论上讲，"教师学习"研究中内蕴着如何看待"人"的问题。本研究在最后章节提出了此问题，能够为后来的学者从理论上深入思考此问题提供启发。

最后，研究为把握教师学习理论的发展趋势提供了思考。笔者在西方教师学习理论研究的过程中争取做到在把握历史发展的过程中，凸显代表性学者、深挖各种观点背后的理论根基，通过分析—归纳获得了教师学习理论的发展趋势及该理论框架。这为教师学习研究者把握教师学习理论的发展，开展深入研究提供了思路，为其站在研究的前沿提供了便捷。

(二)实践意义

我们常常总是把目光聚焦在如何通过外在途径推动教师专业发展，教师如何才能提高学生的学习质量上，却遗忘了对教师学习的系统研究。教育改革的失败也往往是由于没有认识到教师学习的需要。② 在我国教师学习本土研究薄弱的情形下，"当代西方教师学习理论研究"能够对实践产生以下作用：首先，能够为改善教师专业发展、教师如何有效学习等提供更加广阔的思路；其次，能够启发我们在互联、互动、整体、多维视野中认识教师学习与学生发展、学校改革等各要素之间的关系，从而为设置教师专业发展项目、制定教师专业发展政策等提供启示；最后，有益于为教师如何通过有效地学习适应教育变革提供借鉴。教师学习与教师生存密切相连。学习心理学曾阐释"通过学习过程，有机体得以顺应变迁中的环境。满意和危险的来源常常改变，

---

① [英]彼得·贾维斯：《学习的吊诡：社会中的个人蜕变》，王秋绒译，4～11页，台北，学富文化事业有限公司，2002。
② Lieberman, A. & Pointer Mace, D. H., "Teacher Learning: The Key to Educational Reform," *Journal of Teacher Education*, 2008, 59(3), p. 226.

因此若有机体对环境的适应不是能动的,就不能生存。学习过程提供有机体维持生存所需的弹性,使其在一个大而多样的环境条件下生存"①。教师亦如此,置身于信息社会、教育变革的时代,教师通过学习达到对外界环境的快速适应与超越,显然比以往时代都重要。因此,关注教师学习也是让其拥有面对多变环境的弹性。中西方教师专业发展中一定会遭遇相同的难题,西方教师学习研究已经为教师提供了多种可供选择的方式,可以为我国教师如何通过学习适应变革提供理论启发。

第二节 国内外研究综述

文献综述以"教师学习"的相关研究为对象,通过定量分析展开。之所以以"教师学习"而不是"教师学习理论"为研究对象,是因为:第一,研究文献中极少有以"教师学习理论"为主题或关键词的文献;第二,教师学习理论本身蕴含在教师学习的研究成果之中,"教师学习"比"教师学习理论"涵盖的研究成果更加广泛,可以让我们掌握更丰富的文献。

一、国外教师学习研究综述

(一)教师学习理论的历史发展

一切教师教育活动的生发点和立基点都是教师学习,是教师逐渐改变其参与教育生活的微观生活样式,专业的教育方式只能是对教师学习方式的自觉适应和辅助性举措。② 可见,教师作为成人,其学习方式对教师教育具有根基性作用。西方国家的教师教育研究者在20世纪80年代以来日趋把目光聚焦于教师学习研究,为指导教师学习实践奠定了丰富的理论基础。西方教师学习研究由美国拉开帷幕并波及其他国家,至今美国教师学习理论依然很有影响。那么,在相对丰富的西方教师学习研究中,该如何从整体上去分析、认识其成果?以下内容就以西方教师学习理论的历史发展作为铺垫,并在此

---

① [美]B. R. 赫根汉、M. H. 奥尔森:《学习心理学——学习理论导论》,王文科等译,13页,台北,五南图书出版股份有限公司,2002。

② 龙宝新:《当代教师教育变革的文化路径》,64页,北京,北京师范大学出版社,2012。

基础上探寻、获悉西方教师学习理论的认识路径。

教师学习在西方国家既是一个热点话题，同时也是一个年轻而富有活力的领域。自20世纪80年代中期教师学习研究正式拉开帷幕以来，至今已经有近30年的研究历程。然而，在教师学习并没有真正引起人们重视的20世纪六七十年代，行为主义学习理论对教师教育和教师学习产生了重要影响，因此，本文把这一阶段称为"教师学习理论的前奏期"。进入20世纪80年代迄今，西方教师学习可分为两个阶段：20世纪80年代至90年代中期，教师学习主要受"认知—建构"学习理论的影响；20世纪90年代中期至今，随着多学科对教师学习问题的关注，以"全视角"为走向的教师学习理论研究开始呈现，即便如此建构主义依然是主导理论。下面就对教师学习理论的发展进行综合分析。

1. 教师学习理论的前奏：行为主义学习理论为导向（20世纪六七十年代）

20世纪六七十年代，不论是社会背景、教师教育实践，还是教师教育政策和教师学习研究，都可以明显地感受到贯穿其中的行为主义、技术理性、科学主义的思想。但是，此时教师学习问题并没有引起教师教育领域的重视，也不是教师教育研究者的核心议题，甚至很少出现以"教师学习"及相关术语为核心词的研究。然而，行为主义学习心理学却是此时教师教育实践、教师培训的重要理论支撑，作为学习理论的行为主义仍然会以学习的运行逻辑思考教师教育问题，可以说这个时期的研究为教师教育开始过渡到关注"教师学习"奠定了基础。因此，本文把此阶段称为"教师学习理论的前奏期"。

20世纪初，行为主义在美国生根发芽，并逐渐在各个领域中得到了应用。这个在新大陆上建立起来的新兴国家的国民勤劳、实干，对生活充满激情、积极乐观。他们认为，每个人都有巨大的潜能。对个体而言，人具有极强的可塑性；对社会而言，人可以通过努力改变社会。行动、行为是人们实干的表现。华生的行为理论恰好迎合了人们的理想，他以可观察的"行为"而不是"意识"作为研究对象，认为行为是可以改变的，具有极大的可塑性。此外，行为主义的产生也得益于当时美国资本主义千方百计地追求高额剩余价值，而改进人的行为是提高效率、获得利润的可能途径。因此，资本家也期望在掌握行为规律的基础上对其进行控制，从而更加充分地发挥人的潜能，提高效能。在此背景下，心理学家开始积极探究人的行为规律。几乎与此同时，19世纪末在美国扎根的实用主义对行为主义也产生了直接影响，甚至有些实用主义哲学家把自己的哲学称为行动哲学。实用主义"强调哲学应立足于现实生活，主张把确定信念作为出发点，把采取行动当作主要手段，把获得效果当作最高目的"①。行动是个体信念与效果的中介，必须要通过行动达成效果。19世纪末实用主义哲学为20世纪初行为主义的迅速发展奠定了哲学基础。社会发展到20世纪50年代发生了极大的变化，工业社会逐渐向信息社会转型。在以科技、知识为主导的信息时代，新行为主义、实证主义、科学主义等是支撑这一时代变革的重要思想基础，时代变革又为新行为主义的持续发展提供了土壤。然而，20世纪六七十年代，新行为主义其实已经开始与认知学习理论相结合，并自觉反思传统行为主义的弊端，向建构主义迈进。"第二次世界大战后到20世纪70年代之前，行为科学在美国全面渗透，科学技术取得突飞猛进的发展，给美国社会带来了翻天覆地的变化，创造了神话般的奇迹，致使社会上普遍滋生出对科技的崇拜。"②行为主义和技术理性都彰显出人们企图探寻事件和行为背后的规律，来达到对外界或人类行为的"支配"与"控制"。

具体到教育领域，"20世纪50年代以新行为主义学习理论为核心、以程序教学为鲜明特征的新行为主义教育流派，在美国开始形成一场占主导地位的教育运动并对世界各国的教育产生了影响。到了60年代初，这一教育思潮波及苏联、英国、日本、中国以及其他一些欧洲国家和发展中国家"③。虽然行为科学在20世纪60年代对美国教育有极大影响，但70年代中期"回到基础"的不同在于"教育者开始将行为主义和要素主义以强有力的新方式结合起来，行为心理学对学校的影响比以往任何时候都要深远和强烈"④。这种结合导致的突出结果是，教师教育加强了教师对基础教育所需技能的训练与掌握。

在行为主义心理学的影响下，教师教育主要关注教师的教学行为，其中突出的表现就是微格教学和能力本位的教师教育。微格教学诞生于1963年，在初始的教学技能培训中，它为师范生规定了数以百计的机械行为。它假定教学是在客观的、简单化的远离课程实际的学习情境中进行的，通

---

① 郭本禹、修巧燕：《行为的调控——行为主义心理学》上册，33页，济南，山东教育出版社，2009。

② 李其龙、陈永明：《教师教育课程的国际比较》，5～6页，北京，教育科学出版社，2002。

③ 黄志成：《西方教育思想的轨迹——国际教育思想纵览》，95页，上海，华东师范大学出版社，2008。

④ 金传宝：《美国教育之要素主义的世纪回顾与展望》，载《教育学报》，2005(2)。

常与特定的教育教学相联系。① 微格教学通过把复杂的教学行为分解,让师范生在受控的情境中学习,从而在短期内获得教学行为。能力本位的教师教育(CBTE)开始于1968年美国的佐治亚大学,"这种模式下的培训,变成一种只关注表面技能的标准化训练,培养出来的是教学技术能手,而不是反思性的实践者,也不是批判性的思考者"②。20世纪六七十年代,行为主义学习理论主导着教师教育实践,也主导着实践中教师如何学习,直接关联着教师学习研究。

20世纪60年代末期兴起并持续了整个20世纪70年代的教学效能研究(effective teaching research),对教育政策的制定者、学校教师以及职前教师培养计划都产生了深远的影响,整个教学效能研究的核心只是对基本教学技能和具体教学功能的研究而已。③ 况且,"20世纪70年代,过程—结果的教师有效性研究是主导形式,在研究中让学生获得高分的教师行为通常被纳入诸如微格教学、互动分析、能力本位等各种培训中,融入经验丰富教师的专业发展中"④。虽然,教师学习研究从20世纪80年代才真正进入教师教育研究领域,"但在70年代教师学习被定义为教师执行教学研究中所识别的各种不相关的教学行为。几乎没有研究关心教师是否持续使用研究中所呈现的技能,……对教师的认知过程也没有任何关注"⑤。此时的教师学习研究仅停留于行为、技能层面,是典型的以行为主义理论为基础的教师学习研究。蔡克纳也说"20世纪60年代至70年代,行为主义驱动的研究从教师教育文献中开始逐渐减少甚至消失"⑥。教师学习研究开始发生新的转向。

---

① Les Tickle, *Learning Teaching, Teaching Teaching … A Study of Partnership in Teacher Education*, London, The Falmer Press, 1987, p.112.
② 周钧:《美国教师教育认可标准的变革与发展——全美教师教育认可委员会案例研究》,84页,北京,北京师范大学出版社,2009。
③ [美]达琳-哈蒙德:《美国教师专业发展学校》,王晓华、向于峰等译,180页,北京,中国轻工业出版社,2006。
④ Ken Zeichner, "The New Scholarship in Teacher Education," *Educational Researcher*, 1999(12), p.4.
⑤ Ken Zeichner, "The New Scholarship in Teacher Education," *Educational Researcher*, 1999(12), pp.4-5.
⑥ Ken Zeichner, "The New Scholarship in Teacher Education," *Educational Researcher*, 1999(12), p.6.

2. 教师学习理论的起步：认知—建构学习理论为导向（20 世纪 80 年代至 90 年代中期）

美国在 20 世纪 80 年代到 90 年代初是"基于机会平等的保守主义胜利"[①]的社会。此时教师教育依然以"标准"作为教师质量的重要保障。然而，为了提升教师质量，单纯依靠发展教师"娴熟的技能"已经不能满足社会对教师作为专业人员的需求，教师知识、教师学习、教师认知过程、思维、反思、共同体等成为研究者提升教师质量的新切入点。"学习教学""教师学习""专业学习"等为主题、题名的著作、杂志开始涌现。20 世纪 80 年代，教师学习理论开始进入主要以认知—建构学习论为导向的研究时代。

20 世纪 80 年代，美国的基础教育令人担忧，公众对教育质量的全面下滑表示不满，学生学术成绩低下、学校教育模式统一、贫富差距增大等问题交织出现。相应地，教师质量、教师教育质量成为人们重新考量的重要问题。美国的一些官方机构、民间团体和教育组织通过调查、分析、研究后得出的结论是："只有美国学校儿童获得成功，美国将来才有希望成功。""只有保留和造就最优秀的教师，这个国家才能摆脱它所陷入的困境。"[②]面对教育中的重重问题，美国开始加强对教育的控制，表现在：提高学生的学术标准，重视教师质量问题，加强教师教育项目，尤其是资格标准的完善、强制的入门测试等。

随之，美国出台各种政策法规、报告等呼吁为提高教师教育质量提供保障。1987 年，在卡内基教育与经济论坛发展的推动下，全国教学标准委员会(The National Board of Professional Teaching Standards，NBPTS)成立，通过并确立了成功教师应该知道什么、能够做什么的标准使其专业化。卡内基小组和霍姆斯小组在 1986 年分别发表了《国家为培养 21 世纪的教师作准备》《明日之教师》，这两个报告着力于教师学科教学法知识的研究。然而，1990 年霍姆斯小组在《明日的学校》中明确提出"加强理解的教和学""建立学习共同体""对教和学进行长期的反思和探究"[③]，这与关注学习什么的不同在于强调教师学习的过程，对教师反思、思维等的重视，同时也提出了教师学习的社

---

① 鞠玉翠：《论争与建构——西方教师教育变革关键词及启示》，12 页，济南，山东教育出版社，2011。
② 罗正华：《美国教师教育的发展趋势》，载《外国教育研究》，1994(5)。
③ 肖甦：《比较教师教育》，204 页，南京，江苏教育出版社，2010。

会维度。认知—建构学习论在教师教育中的应用，还与"优异教师教育"改革的风向标相关。优异教师教育委员会主张"把教学视为一种由知识引导的复杂的行为，具有科学性和艺术性。教师是一种专业人员，而不仅仅是技师，他们不能简单地依照教师手册或遵照教学理论来进行教学"①。教师作为专业人员，不仅要拥有教学技能，还要拥有专业判断能力、反思能力、研究能力等，从而有效地促进学生的学习。

进入 20 世纪七八十年代，认知科学逐渐取代行为科学，人们也认识到学校教育是一个系统工程，单纯的技术理性难以完成改造美国教育的重任，因而社会期望教师应该成为专家而不是技术员。② 尤其是从皮亚杰用建构主义思想分析个体认知过程到社会建构主义的发展，人们对学习的认识从局限于行为向更广泛的维度延伸。"一些认知导向的教师学习研究关注教师信念和教师态度，但大部分关注的是教师必须具备什么知识才是有效的。"③同时，研究者认为单一的行为模式从概念上来讲是不完整的，因为它不能预测行为的变化。认知研究开始在社会和行为科学中获得更加广泛的认可，教育研究者开始转向教师认知过程和思维的探究。④ 进入 20 世纪 80 年代，学习理论中以前被行为主义所忽视的内容重新引起人们的重视。学者们开始针对包括初任教师和专家教师的知识、元认知、教师学习的社会维度——"教师学习共同体"等问题展开研究。自此至 20 世纪 90 年代，教师学习逐渐成为教育改革中的焦点问题之一。在认知—建构学习理论的影响下，"研究者开始意识到教师思维的存在，开始审视教师教育影响教师专业发展的认知及道德维度"⑤。在学习中，"思维"及"知识如何获得"受到研究的重视。大约同一时间，美国麻省理工学院教授唐纳德·A.舍恩"反映实践者"的思想在专业教育领域中产生了巨大影响，"反思"在教师教育研究中也引起了广泛关注。种种迹象表明，

---

① 周钧：《美国教师教育认可标准的变革与发展——全美教师教育认可委员会案例研究》，120 页，北京，北京师范大学出版社，2009。

② 李其龙、陈永明：《教师教育课程的国际比较》，5 页，北京，教育科学出版社，2002。

③ [美]R.基思·索耶：《剑桥学习科学手册》，徐晓东等译，609 页，北京，教育科学出版社，2010。

④ Shavelson, R. J., "Review of Research on Teachers' Pedagogical Judgments, Plans, and Decisions," *The Elementary School Journal*, 1983, (83)4, pp. 392-393.

⑤ Ken Zeichner, "The New Scholarship in Teacher Education," *Educational Researcher*, 1999(12), p. 8.

教师学习研究已经开始重视对学习过程的关注。教师学习研究主要围绕学习什么、如何学习——也就是教师知识、学习教学、教师反思、教师思维等关于教师认知、知识获得过程的探究。具体而言，此时比较有影响的有3个研究团体：一是以斯坦福大学舒尔曼为代表的团队，关注教师知识增长的研究；二是以多伦多大学康纳利、克兰迪宁为代表的团队，以研究教师个体实践知识为主；三是以密歇根州立大学费曼-内姆斯为代表的团队，研究教师学习。教师反思研究，有蔡克纳、瓦利(Valli)等学者；教师思维研究，有杰姆斯·考尔德黑德(James Calderhead)、布兰斯福德(Bransford)等学者。当然，这些研究也相互交叉，如舒尔曼既研究教师知识，也关注学习教学、教师思维。总体而言，此时教师学习研究以教师学习的内容维度①为主要研究对象。

除了理论层面的研究外，此时还出现了专门的教师学习研究机构——美国密歇根州立大学成立的国家教师学习研究中心。费曼-内姆斯、玛丽·肯尼迪(Mary Kennedy)等学者都在教师学习研究中心发表过重要研究成果。

3. 教师学习理论的发展：多学科多维度的研究(20世纪90年代中后期至今)

20世纪90年代中后期至今，知识经济的到来对人才培养提出了不同以往的要求，如何发掘人的学习潜能与创新能力已经成为教育中的核心主题之一。从现实层面上讲，在继续强调绩效、标准、问责、成绩的教育氛围中，要"帮助年轻人学习21世纪需求的更多复杂的、分析性的技能，教师必须学习发展高级思维和行为(performance)的方法。为了让教师获得完成此任务所需的能力，教育系统必须给教师提供更加有效的专业学习"②。教师学习研究在建构主义为主导的基础上，开始逐渐进入多学科视野，教师学习研究也变得日益复杂。

1993—2000年，克林顿在执政期间进行了一场延续8年的重塑联邦政府运动——"国家绩效评估"，它被改革者看成"美国历史上持续时间最长、最成功的改革"③。克林顿在继承布什教育改革思想的基础上继续强调"学业优异"

---

① 学习的内容维度的说法来源于克努兹·伊利瑞斯的《我们如何学习：全视角学习理论》。他对学习的内容维度的理解更加广泛，不同于我们通常说的知识、技能，他认为反思、元学习、自我和自我理解等都是学习内容维度的关键概念。

② Linda Darling-Hammond & Nikole Richardson, "Research Review / Teacher Learning: What Matters?," *Educational Leadership*, 2009, 66(5), p. 1.

③ 吴志华：《20世纪90年代以来的美国联邦政府改革》，载《美国研究》，2006(1)。

"高难度的学术标准"。小布什在任期间颁布了具有里程碑意义的《不让一个孩子掉队法案》(NCLB 法案),"希望通过保留其原有的自由、灵活、开放的教育体系,在培养和发展学生创造力的同时加强其基础知识教学,进一步完善美国的中小学教育体系"①。继布什总统之后,奥巴马成为新一届政府领导人。此时,"奥巴马总统面对不再是一个强大如昔的美利坚合众国,而是一个正经历着由华尔街金融风暴引起的'经济海啸'危机,同时深陷阿富汗战争和伊拉克战争,处于'历史上最为艰难最为黑暗时期'的美国"②。在内外交困的情形下,奥巴马坚持在削减经费的情形下也投资教育。在其上任之后,"对 NCLB 法案的原则并没有予以撼动,而是根据自己的立场和所代表的利益群体的诉求对法案进行了一定的改善和完善"③。因此,可以说整个 20 世纪 90 年代至今,美国都以"标准化"作为教育改革及教师教育的主要理念,并引导着人们对高质量教师的重视与追求。所谓高质量教师是指"教师必须获得州颁发的全职教师资格证书或所在州的教师执照考试,仅特许学校可以例外"④,从而提高教师资格认证标准。《美国教育部 2002—2007 年战略规划》中提出提升教师质量需要"支持教师在基于研究的教学工作场中获得专业发展;提高教师职前培养项目的质量;开发新的领导培训模式;加强研究"⑤。学校要满足日益紧迫的现实需求,真正提升教师质量,教师就必须从"被培训"或"被发展"的对象变为积极、主动的学习者,以便应对多变的教学及教育改革情境。因此,教师学习研究日益活跃、持续升温。在国家对教师质量高度重视的同时,教师需要采取何种学习、如何支持教师学习就成为常见的政策性话语。理论上,基于工作场的学习、基于项目的学习、以问题为导向的学习、反思性学习等都是教师学习研究中较为密集的研究。

从研究层面分析,20 世纪末,学习成为诸多领域研究的焦点。"20 世纪 80 年代到 90 年代,基于认知建构主义的基本原理,有关学习是知识建构的隐

---

① 史静寰等:《当代美国教育》,170 页,北京,社会科学文献出版社,2012。
② [美]《教育周刊》:《奥巴马的教育蓝图》,范国睿译,1 页,北京,教育科学出版社,2010。
③ 史静寰等:《当代美国教育》,189 页,北京,社会科学文献出版社,2012。
④ 李克军:《战后美国教师教育改革与发展研究》,博士学位论文,河北大学,2011。
⑤ 李克军:《战后美国教师教育改革与发展研究》,博士学位论文,河北大学,2011。

喻已经作为主要学习隐喻出现。"①在认知建构主义的基础上,以维果茨基为代表的社会历史文化理论及后来的活动理论和情境认知理论,日益显示出社会建构主义对学习研究的绝对影响。20世纪90年代末,"分布式认知""实践共同体""情境认知"等关于认知和学习属性的新思想议论纷纷,这些思想都被称为"情境视角"。因此,20世纪90年代以后有关教师学习的社会维度的研究增多。与此同时,作为一门多学科共同研究学习的新兴科学——学习科学的脱颖而出为教师学习研究提供了良好前景。菲什曼、戴维斯等学者认为,"将学习科学引入教师学习研究将为我们提供很好的研究前景。学习科学研究者以认知科学、社会认知科学、社会文化学以及系统观等学习科学领域普遍存在的视角为指导,为教师学习研究的一些新的有意义的方面做出了贡献并拓宽了视野"②。费曼-内姆斯在2008年教师教育手册中提到,"许多早期的教师学习研究关注个体教师及他们参与教师教育、专业发展时知识、信仰发生的变化。最近,研究者采取了更加广泛的视角思考教师个体和他们所面对的互动和学习的情境"③。近20年教师学习的互动维度受到极大关注。雪莉·霍德、路易斯、理查德·杜福尔(Richard DuFour)、克鲁斯等学者都对教师学习共同体进行过系统研究。"教师学习共同体"研究扎根在多学科之上,复杂理论、系统理论、生态学等是对教师学习产生重要影响的另一研究分支。富兰、霍伯恩等学者都从各个因素相互作用的各方面认识教师学习,而不只局限于教师学习本身,为我们全面、科学地认识教师学习提供了研究启示。此外,以达琳-哈蒙德为代表的研究者提出要培养适应性专家以适应不同教学情境中不同学生、不同层面的需求,并提供了教师学习过程的理论框架,她从"学习型群体""教学安排""理解""实践活动""工具"等方面阐述了教师如何学习。

与此同时,教师反思仍是学者高度关注的话题。当然,这些教师学习的研究主题在既有侧重点的同时,往往又相互渗透。在强调标准的时代,学生

---

① 高文、徐斌艳、吴刚:《建构主义教育研究》,67页,北京,教育科学出版社,2008。

② [美]R.基思·索耶:《剑桥学习科学手册》,徐晓东等译,609页,北京,教育科学出版社,2010。

③ Marilyn Cochran-Smith, Sharon Feiman-Nemser, John McIntyre, D. & Kelly E. Demers, *Handbook of Research on Teacher Education: Enduring Questions in Changing Contexts*, London, Routledge, 2008, p.700.

如何才能高质量的学习,这既依赖于教师以何种学习思想和方式开展教学活动,影响学生的学习;也取决于外部支持条件如何引导教师的学习与发展。对教师学习的关注是实践发展的内在诉求,随着时代的发展它在教师教育研究中更具不可代替性。

(二)教师学习概貌

早在 20 世纪 80 年代,以美国为代表的众多西方国家就意识到了教师学习的重要性并开展了系列研究,"研究已经定义了一种新的教师专业发展范式——为了提供更好的学习平台,人们反对过去那种外在驱动型的讲习班式的低效模式"①。长期以在职培训为主要方式开展教师专业发展,存在的最大弊端是培训与教师的工作脱节。随着研究的不断深入,终身化学习、经验、实践等观念一改传统对教师专业发展的认识,注重与强调主动性、日常性、实践性的教师学习日益凸显,甚至堪称教师专业发展的新范式。近 30 年内以教师学习为依托促进教师发展的研究正逐渐兴盛、拓展、深入。下面就对其进行整体勾勒与分析。

1. 教师学习的研究历程

依据众多研究成果的分布及变化情况,本文将西方教师学习研究历程分为以下 3 个阶段。

(1)教师学习研究的萌芽期

教师学习研究的萌芽期是 20 世纪 30 年代中期至 80 年代中期。之所以以此时间段为划分节点,是因为在笔者掌握的文献范围内,篇名含"教师学习"的论文最早可以追溯到 1935 年多德(Dodd)所作《教师学习中的若干要素》("Some Factors in Teacher Learning"),此文以学生成绩、专家组评价、课堂计划、策划人的程序测试等为标准,审视教师在具体问题的培训学习过程中所产生的变化。这可以视作教师学习研究的萌芽点。另外,1985 年在美国教育研究促进办公室、美国教育部的资助与准许下,NCRTL 在密西根州立大学教育学院成立。此中心针对教育中关心的四大话题研究教师学习:①基于社会情境研究教师学习;②建构教师作为学者理论;③建构教师工作整合理论;④平衡教学实践的特点。这四大问题为后续众多 NCRTL 研究项目奠定了基

---

① Linda Darling-Hammond & Nikole Richardson, "Research Review/Teacher Learning: What Matters?," *Educational Leadership*, 2009, 66(5), p.46.

础。NCRTL 专门教师学习研究机构的成立，可以说是教师学习研究历程中的一个标志性事件，进行系统的教师学习研究足以代表教师教育领域中研究的转向。最后，此时段的研究文献总体表现出研究成果数量少、研究主题与视角相对单一、研究成果偏向经验阐述的特点。相对于其他时段，20 世纪 30 年代至 80 年代中期的研究成果数量较少，有些年份甚至出现空档现象，研究在间歇性间断与持续的过程中向前发展。显然，这与社会对教师的实际需求状况相吻合，当质量没有成为教师发展的核心话题时，通过何种方式培训教师使教师拥有基本的教学技能就成为研究的关注点，相反学者很少关注如何促发教师学习的主动性、积极性。研究成果主要集中在：教师学习的途径、教师学习风格两个方面。这些研究主要以心理学的理论与方法为研究基础。除此之外，教师学习的研究大都停留在事实描述的层面。

(2)教师学习研究的兴起期

经历了教师学习研究的萌芽期，教师学习研究开始兴起，并持续、平稳地发展。此阶段为 20 世纪 80 年代中期至 90 年代末。以 20 世纪 90 年代末为分界点的重要原因是：20 世纪末，教育界、研究群体中充斥着有关认知特性、学习观的新思想，如情境认知、分布式认识、实践共同体。安德森（Anderson）、西蒙（Simon）、格里诺（Greeno）等学者在美国《教育研究者》（*Education Researcher*）杂志上就认知与情境学习观进行了具有代表性的、激烈的争鸣。安德森等学者审视了教育中情境学习的 4 个核心观点："①行为扎根于它发生的具体情境；②知识不能在不同的任务间迁移；③通过抽象的方式培训无用；④教学必须在复杂的社会环境中展开。"[1]他通过实验数据表明，这些观点过于夸张，有误导教育实践之嫌。格里诺等学者则认为，"不论是行为、还是认知的视角，实际上是相互补充的方式，它们都有各自的价值，而情境的视角能够综合行为与认知。它提供的是完整的活动系统功能的分析方式，认知主义、行为主义则以支持成就等功能的机械方式为特征"[2]。这些针锋相对的论争体现了学习观深入推进、即将发生转变的势头，它好似一股浪潮冲击着深入思考教师学习问题的学者们。

---

[1] John R. Anderson, Lynne M. Reder & Herbert A. Simon, "Situated Learning and Education,"*Educational Researcher*, 1996, 25(4), pp. 5-11.

[2] James G. Greeno, "The Middle School Mathematics Through Applications Project Group Institute for Research on Learning and Stanford University. The Situativity of Knowing, Learning, and Research,"*American Psychologist*, 1998 (1), pp. 5-6.

20世纪80年代中期至90年代末，教师学习研究总体呈现出如下几个特点：首先，以"教师学习"为题名、关键词的研究成果明显增多，尤其是在20世纪90年代。相对于前一研究阶段，此时研究更加聚焦于教师学习，针对性增强。这也可以视作教师学习研究兴起的表现。其次，此时教师学习研究的典型特点是研究视角多元化初露头角，如社会文化理论、人力资源理论、互动论等。

除此之外，一些教师教育领域的著名学者也在从事教师学习、教师专业学习、教师如何学习教学等相关研究。比如，达琳-哈蒙德的《教师培养与教师学习：政策的变化》("Teacher Preparation and Teacher Learning: A Changing Policy Landscape"，2009)、《教学作为学习专业：政策与实践手册》(*Teaching as the Learning Profession: Handbook of Policy and Practice*，1999)、蔡克纳(Zeichner)的《实习作为学习教学的机会》("The Practicum as an Occasion for Learning to Teach"，1986)、莱夫(Lave)的《实践中教学即学习》("Teaching, as Learning, in Practice"，1996)等。这都体现出教师学习作为一个重要话题已经真正进入研究者的视野。

(3)教师学习研究的深化期

21世纪至今，"学习"成为各国都十分关注的时代性话题，"教师学习"研究也进入了深化发展的时期。此阶段，研究整体表现为以下几个特点：首先，教师学习研究成果的数量相对前两个阶段迅速增长。其中，教师学习研究的著作和学位论文的数量就是突出体现。其次，在研究成果增加的同时，教师学习理论的研究也逐渐深入，形成了一批体现不同理论视野的研究专著和学位论文。有的研究从成人学习理论出发研究教师学习，如教师自导学习研究、教师转换型学习研究等；从认知心理学的角度讲，以社会文化理论研究教师学习的有《教师教育与发展的社会文化视角：学习教学》(*Cultural-Historical Perspectives on Teacher Education and Development: Learning Teaching*，2010)、《动机与数学教师学习活动：文化历史的审视路径》("The Motive and the Mathematics Teachers Learning Activity: A Cultural-Historical Approach")等。同时，情境认知学习理论日益成为影响教师学习研究的重要力量。除此之外，还有教师学习的现象学研究等。最后，教师学习研究的生态趋向。生态学研究已经蔓延到各个学科，教育学也不例外。生态学的理论观点主要遵循以下几种基本思想："层次观、整体论、系统学说、协同进化。"①教师学习研究也呈现出生态的趋向，如注重教师学习与学校改革、教育改革、社会变革的关系（Darling-Hammond、Bransford、Hoban Garry F）；注重教师学习的持续性、系统性（Barry Fishman、Steven Best、Jacob Foster、Hargreaves）；注重教师学习与学生、教师教育者等之间的关系，强调合作、实践共同体的建立（Darling-Hammond、DuFour、Eaker、Karhanek）。总之，关注整体、系统、复杂、合作等元素为教师学习研究带来了活力。它试图超越教师学习的单子式、教师学习与社会文化环境间二元割裂的研究状况，而以更加科学、合理的方式认识学习的复杂性。

2. 教师学习的内涵研究

研究者站在各自的立场对教师学习的理解各不相同。然而，根据研究的状况，笔者归纳出以下几种关于教师学习的观点。

(1) 教师学习的互动说

一些学者公然批评以"个体的认知学习"为分析单位。雷斯尼克（Resnick）、菲什（Fish）、米切尔斯（Micheals）等学者都认为，"互动"在学习过程中非常重要。"'他人'在教师学习过程中远远超越了给个体建构知识提供刺激和鼓励的作用，个体学习环境中与他人的互动是'学习什么''学习如何发生'的决定性因素。教师学习的学习科学研究强调'共同体'是教师有效学习的必要条件。"②毗努伊勒（Penuel）、威廉（William）通过社会网络理论提出教师学习过程中互动对教师的重要性。近些年，科伯恩（Coburn）试图把教师个体、个体与个体之间的学习结合起来，并通过研究证实这样可以创建新的、更有意义的学习活动。

(2) 教师学习的情境说

其实，人类学、社会学、心理学等都涉及"情境"理论。科布（Cobb）、德莱弗（Driver）等学者认为，"学习同时具有个体和社会过程的特征，学习过程就是积极的个体建构与对广泛社会实践文化适应的过程"③。帕特南（Putnam）、博尔

---

① 孙郑钧、周东兴：《生态学研究方法》，3～5页，北京，科学出版社，2010。

② Ralph, T. & Putnam Hilda Borko, "What Do New Views of Knowledge and Thinking Have to Say About Research on Teacher Learning?," *Educational Researcher*, 2000(1), pp. 4-5.

③ Driver, R. & Asoko, H., "Constructing Scientific Knowledge in the Classroom," *Educational Researcher*, 1999(1), pp. 5-11.

科(Borko)等运用情境视角研究教师学习,并提出认知具有情境性、社会性、分布式等核心特征,教师学习亦如此,因此要关注"教师的学习经历该如何处置""教学与教师学习对话共同体的特性""教师工作中工具(笔者认为此处指语言、活动等)的重要性"。① 艾德勒(Adler)也以情境认知学习为基础,提出教师学习其实就是通过不断增加参与教学实践从而丰富教学知识的过程。

(3)教师学习的复杂说

霍伯恩运用系统思维作为分析教师学习的新视角,他把教师学习研究置于教育变革的背景之中,各要素是相互联系的整体,变革也并非线性过程,是复杂的系统工程。因此,"简单的教师学习方式不可能有助于复杂的教育变革"②,教师学习必须要有持续性、系统性、互动性。达琳-哈蒙德认为,"当学校不是孤立地考虑教师学习而是把它看成集体工作,在相互信任的环境中给予教师探寻、反思的机会,允许教师提问并面对自己实践中的困惑时,教师学习会更有效,同时也要关注教师学习的积极性、持续性"③。

(4)教师学习的非正式说

在过去的 20 多年中,越来越多的研究者都在关注教师非正式学习的相关问题。"教师学习可分为正式学习与非正式学习,正式学习可简单地描述成目的性学习,发生在正式场合,有制度支持、正式的结构。"④非正式学习,相对来说较难界定。利文斯通(Livingstone)认为,非正式学习是任何涉及发生在学院课程提供的教育项目之外,以自愿的方式追求知识或技能的活动,它是一种人们观念中认同的、缄默的、意义重大的学习。⑤ 沃特金斯(Watkins)

---

① Ralph, T. Putnam & Hilda Borko, "What Do New Views of Knowledge and Thinking Have to Say about Research on Teacher Learning?," *Educational Researcher*, 2000 (1), p. 5.

② Hoban Garry, Hargreaves Andy, Goodson & Ivor, F., *Teacher Learning for Educational Change: A Systems Thinking Approach*, Philadelphia, Open University Press, 2000, p. 16.

③ Linda Darling-Hammond & Nikole Richardson, "Teacher Learning: What Mattes?," *Educational Leadership*, 2009(2), pp. 47-48.

④ Rosemary Clark & Livingstone, W., *Teacher Learning and Power in the Knowledge Society*, Netherland, Sense Publishers, 2012, pp. 79-80.

⑤ Bekerman, Z., Burbules, N. C. & Silberman-Keller, D., "Learning in Places: The Informal Education Reader," https://c2.hntvchina.com/scholar/scholar_url, 2014-04-15.

和马席克(Marsick)认为，非正式学习是源自经验的学习，它发生在正式结构、制度支持的课堂活动之外。偶然学习被称为一些活动的副产品，具有极大的无目的性，植根于人们的信仰系统中。而非正式学习可以是计划或非计划的，但通常是有意识的学习。[①]

(5)教师学习的自主说

其实，前面几种界定都有教师自主学习的含义，然而有学者专门研究教师学习的自我导向、自我研究、实践反思等，强烈地凸显了教师学习的自主性。比如，有学者依据柯克·史密斯(Cochran-Smith)和莱特尔(Lytle)的解释"教师学习是通过反思实践经验建构实践知识的过程；教师学习是教师把自己的课堂、学校看成有目的的调查的场域，并由此而获得教学所需要的知识"，提出"学习者就是以自身的经验或者借鉴其他人的思想形成自己学习的框架，而教师自主学习的核心是教师独立地、有意识地、有针对性地达成学习目标的过程"。[②]

3. 教师学习研究的内容

(1)教师学习内容研究

"兴起于20世纪70年代中期的教师认知研究涉及教师决策、教师知识和教师发展等多个研究主体，教师学习这一主题一直镶嵌于其中……"[③]其中教师知识是教师学习研究的重要方面，人们认定知识与技能是医生、律师确立自身专业地位和社会认可的重要基础，教师同样需要知识、技能作为专业的坚实基础。早在1987年舒尔曼(Shulman)就尝试把教师知识分为7类，其中学科教学知识对教师研究者产生了广泛、深远的影响。斯滕伯格认为，教师知识有内容知识、教学法的知识、实践知识等。各种教师知识研究为设计教师教育课程提供了理论依据，从而也提供了教师应该学习什么的观点。达琳-哈蒙德提出，教师应该学习的知识有学科知识，包括语言、文化、社区等学习的环境；教师需要掌握每个孩子的个性和精神，从而探索培养孩子心灵的路径；教师需要掌握有效创造、管理班级活动的技能，良好的沟通技能，利

---

① Rosemary Clark & Livingstone, W., *Teacher Learning and Power in the Knowledge Society*, Netherland, Sense Publishers, 2012, pp. 81-83.

② Van Eekelen, M., Boshuizen, A. & Vermunt, D., *Self-Regulation in Higher Education Teacher Learning*, 2005, 50(3), pp, 448-450.

③ 刘学慧、申继亮：《教师学习的分析维度与研究现状》，载《全球教育展望》，2006(8)。

用技术的技能，反思实践并从中学习、持续改善实践的技能。①

然而，也有一些学者明确提出教师知识具有个体化、经验性、情感性、缄默性等特征。康奈利(Connelly)和克兰迪尼(Clandinin)指出，教师知识不能仅从认识的角度考虑，其中也融入了情感、道德、美学的元素，在使用的过程中总是与个人目的、价值观、特性等相连。②因此，通过情感与认知综合的方式分析教师知识可以帮助我们更好地从一般意义上理解教师和个人，它超越了单一角度对教师应该学习的知识类型的研究，而从相互联系的角度理解教师获得、使用知识的原因与途径。克兰迪尼认为，研究者需要站在教师的角度去研究教师知识，如教师拥有什么知识、如何获得知识、知识如何改变等，因此知识就被定义为"尝试的、异变的、短暂的"③。莱特尔(Lytle)和柯克-史密斯提出了研究教师知识的另一种路径，即教师作为研究者，通过教师间的系统探究产生关于教学的公共知识及个人知识，这样教师既能在研究中发出自己的声音也乐于将其运用于实践。④从教师知识研究可见，学者对知识的认识在逐渐深入，表现为从抽象、共性的教师知识构成、分类研究到与教师个人背景相连、教师作为知识研究及使用的参与者的动态变化过程。从而为教师教育课程设计、教师学习的开展提供了基础。

(2)教师学习模式及框架研究

继教师知识由哪些部分组成的研究之后，如何学习知识就成为更加重要的话题，就此展开的研究也相对较多。舒尔曼形成了优秀教学的六元素模型。许多教师为了顺应学校教育变革，教学方式也要发生相应的变化，就沿着舒尔曼教学模型的维度进行学习。它包含：①愿景。教师必须要对教学和学生学习有一定的愿景。②动机。教师必须要有意愿和动机对特定的教学方式投入精力。③理解。教师必须要理解特定教育模式建立的概念与原则。④实践。教师必须要把特定教学方式运用到实践中。⑤反思。教师必须能够反思自身

---

① Linda Darling-Hammond, "Constructing 21st-Century Teacher Education," *Journal of Teacher Education*, 2006, 57(3), p. 4.

② Golombek, P., "Putting Teachers Back into Teachers' Knowledge," https://c2.hntvchina.com/scholar?, 2014-04-15.

③ Golombek, P., "Putting Teachers Back into Teachers' Knowledge," https://c2.hntvchina.com/scholar?, 2014-04-15.

④ Lytle, S. L. & Cochran-Smith, "Teacher Rsearch as a Way of Kowning," *Harvard Educational Review*, 1992, 62(4), pp. 46-47.

的教学实践并从中学习。⑥共同体。教师必须要以学校共同体成员的身份发挥作用,与其他教师、同事形成学习共同体。①

科瑟恩(Korthagen)是荷兰著名的教师教育研究者,除了大家熟知的六层面洋葱模式外,他还形成了旨在提升师范生反思性教学能力的 ALACT 学习模式。此模式由以下部分组成:①行动(action);②对行动的反思(looking back on the action);③必要的意识(awareness of essential aspects);④建立可选择的行动方法(creating alternative methods of action);⑤考验(trial)②。吉姆(Kim)和汉纳(Hannafin)提出了师范生学习教学的框架,主张在教师教育项目中运用情境认识理论培养师范生,使用情境认知理论的框架分析师范生知识、信仰的发展。此框架包括概念化的案例知识、策略性的案例知识、共享的身份、实习教师的信仰,研究发现基于案例的情境知识理论能够支持师范生的学习。③ 戈尔(Gore)等学者建立了有效教学法(Productive Pedagogy)的四维度,并认为应在教师发展的早期引进有效教学法且贯穿始终,根据此维度帮助教师学习、思考、改善自己的教学。有效教学法的四维度分别是:善于思维的品质(高质量有序的思维、知识的深度、学生理解的程度、真实地对话、问题性知识、元语言);关联(知识的一体化、与背景知识相连、与超越课堂的世界相连、基于问题的课程);支持性课堂环境(学生活动的方向、学生成就的社会支持、学术聚会、详细的行为标准、学生的自我管理);认知差异(重视文化多样性、全员参与公共表现、叙述、学习共同体中的小组身份、积极的公民身份)。④

(3)教师学习途径、策略研究

其实,不论是教师的学习模式还是学习途径、策略,都是为了帮助教师

---

① Bakkenes, I., Vermunt, J. D. & Wubbels, T., "Teacher Learning in The Context of Educational Innovation: Learning Activities and Learning Outcomes of Experienced Teachers," *Learning and Instruction*, 2010, 20(6), p. 534.

② Fred A. J. Korthagen, "Reflective Teaching and Preservice Teacher Education in the Netherlands," *Journal of Teacher Education*, 1985, 36(5), pp. 12-13.

③ Kim, H. & Hannafin, M. J., "Situated Case-Based Knowledge: An Emerging Framework for Prospective Teacher Learning," *Teaching and Teacher Education*, 2008, 24(7), p. 1838.

④ Jennifer M. Gore., Tom Griffiths & James, G., "Ladwig Exploring Productive Pedagogy as a Framework for Teacher Learning," http://scholar.google.com/scholar?, 2014-05-05.

有效学习。只不过教师的学习途径、策略研究不像模式研究那样系统,但研究成果的数量相对较多。

如教师专业学习共同体(teacher professional learning community)是目前关注较多的促进教师专业学习的途径之一。霍德等学者提出了教师专业学习共同体的5个特征:共享的价值观与愿景、共同的责任、深思熟虑的专业探究、合作、小组与个人学习的共同提升。① 莫里西(Morrissey)提出了教师专业学习共同体的5个维度:支持性与共享领导权、共享的价值观与愿景、共同的学习及学习的应用、支持性条件、共享个人的实践。② 一些学者就专业学习共同体的效果进行了论证。杜福尔(DuFour)和埃克(Eaker)强调了专业学习共同体的重要性,他们指出唯有教师共同体成员相互支持共同攻克教育改革中不可避免的难题时,学校持续不断地改进才能得以成功,同时鼓励学校不断反思在满足学生学习需求时教师集体的力量。③ 路易斯(Louis)、克鲁斯(Kruse)及其同事发现,在学校中营造真实的共同体氛围可以使教师提升工作效率、激发课堂教学的激情与动力、提高工作满意度,进而承担起学生学习的共同责任。④ 总而言之,绝大部分学者都认可教师学习共同体对教师自身及教育实践的积极作用。然而,西肖尔(Seashore)等学者却相反,"他们指出专业共同体在变革课堂实践中确实发挥着作用,但没有已有研究所显示的那么重要"⑤。还有很多学者提出了建立专业共同体的策略与方法。比如,建立教师专业学习共同体就要重视如何从工作场学习、反思性实践着手;不断搜

---

① Stoll, L., Bolam, R., McMahon, A. & Wallace, M., "Professional Learning Communities: A Review of the Literature," *Journal of Educational Change*, 2006(7), pp. 226-227.

② Melanie S. Morrissey, *Professional Learning Communities: An Ongoing Exploration*, Texas, Southwest Educational Development Laboratory, 2008, pp. 3-5.

③ DuFour, R. & Eaker, R., "Professional Learning Communities at Work: Best Practices for Enhancing Student Achievement," https://c2.hntvchina.com/scholar?, 2014-05-10.

④ Louis, K. S., Kruse, S. & Bryk, A. S., *Professionalism and Community: What Is It And Why Is It Important in Urban Schools?*, Silver Spring, Corwin Press, 1995, p. 3.

⑤ Karen R. Seashore, Amy, R. & Anderson Eric Riede, "Implementing Arts For Academic Achievement: The Impact of Mental Models, Professional Community and Interdisci-Plinary Teaming, Minneapolis," *Prepared for the Minneapolis Public Schools*, 2003, pp. 2-3.

集、分析实践数据,并分析、反思其存在的问题,共同体就能在变革中走向成熟。

达琳-哈蒙德等学者认为,帮助未来教师成为能够积极参与终身学习的适应性专家,仅仅通过简单地告知他们相关的知识是无法完成的。一些有助于教师专业发展的学习原则必须予以关注:第一,必须关注未来教师(师范生)的前见。未来教师总是带着之前对世界、教学、工作的认知进入课堂,这些认知在他们见习期间又得到了发展,如果这些认知不被重视,他们就不可能把握新的观念和知识。倘若他们学习的目的就是为了考试,很快就会回到前认知状态。第二,允许教师在自身认知的基础上,通过探究的方式发展能力。第三,通过元认知的方式教学。①

随着数字化时代的到来,各种网络资源已经渗透到教学领域。利伯曼(Lieberman)等学者认为,随着新媒介的出现及普遍存在,通过网络学习的现象逐渐增多,也成为教师专业化的主要方式。② 当下,各种多媒体都已经普遍渗透到教学和学习领域,它打破了以前未能充分利用教师才能与兴趣的封闭式教师学习模式,弥补传统教师学习的弊端,展示了技术在为教学和学习服务过程中的巨大作用。比如,基于Web2.0的专业学习社群能够为教师在线专业发展提供良好的平台,这也是把教师工作公开化的最好方式。约翰·布雷(John Bray)论述了教师合作探究(Collaborative Inquiry,CI)的学习方式并论证了其有效性,他认为,"合作探究是教师学习的最好方式,而且会对教师专业发展产生持久的、有意义的影响,它包括教师自愿参与、获得CI团体成员的身份感、值得探究的问题、行动、反思及探究的合理化"③。

(4)教师学习的影响因素及支持条件

教师学习受多重因素影响。麦克劳克林(McLaughlin)、奥伯曼(Oberman)等众多学者从不同的立场论述到,教师专业发展活动是否具有持续性不仅影响教师学习的效果,还会间接对学生学习、教育改革产生影响。达琳-哈

---

① Linda Darling-Hammond & Bransford, J., *Preparing Teachers for a Changing World: What Teachers Should Learn and Be Able to Do*, San Francisco, Jossey-Bass, 2007, p. 366.

② Ann Lieberman & Desiree Pointer Mace, "Making Practice Public: Teacher Learning in the 21st Century," *Journal of Teacher Education*, 2010, 61(1-2), pp. 77-79.

③ John N. Bray, "Uniting Teacher Learning: Collaborative Inquiry for Professional Development," *New Directions for Adult and Continuing Education*, 2002(94), pp. 85-90.

蒙德、利伯曼等学者认为，虽然诸如教师合作、专业发展学校、教师网络等各种新的教师专业发展方式已经被充分利用，但是教师学习与工作之间的关系仍需全面探索。利伯曼指出，我们必须加深对教师如何获得推进自身成长和学校变革经历的理解。[1] 从以上论述可见，教育改革是教师学习的重要影响因素及支持条件之一。

斯德纳(Scribner)通过研究得出了影响教师学习的四大内部动因(学科知识的需求、教育技能的匮乏、课堂管理的挑战、学生知识的差异)和两大外部动因(报酬及教师资格需求)。除此之外，工作环境也是教师学习重要的支持条件及影响因素。学校层面的因素有领导者、组织、资源的分配、能力标准等，这些因素对教师获取学习活动的机会和教师学习活动的质量、教师对专业学习的认知方面有决定性影响。地区层面，改革方案、专业发展的优先权也都极大地限制了教师在专业学习活动中的自主权。[2]

(5)教师学习的功效

教师学习的功效通常与能否促进学生成长、学校变革联系起来进行评判。达琳-哈蒙德在《支持学生学习的教师学习》("Teacher Learning that Supports Student Learning")一文中从教师应该知道什么、教师学习的新策略、基于实践的专业学习等方面分析了教师学习对学生学习产生的影响及益处。她认为，"建立教学专业，教师拥有持续学习的机会是激发孩子尤其是那些认为教育是其生存和成功唯一途径的孩子获得更大成就最具可行性的办法"[3]。鲍尔(Ball)、科恩(Cohen)、希尔(Hill)、尹(Yoon)等学者都发现，"持续地、集中地专业发展与学生成绩相关，是改善课堂氛围及学生成绩的关键途径"[4]。

4. 教师学习的研究视角

教师学习的研究视角主要是指研究教师学习的理论基础，主要集中在以

---

[1] Lieberman, A., "Practices that Support Teacher Development," https://www.nsf.gov/pubs/1995/nsf95162/nsf_ef.pdf#page=58, 2014-04-26.

[2] Jay Parades Scribner, "Professional Development: Untangling the Influence of Work Context on Teacher Learning," *Educational Administration Quarterly*, 1999, 35(2), pp. 246-256.

[3] John I. Goodlad & Linda Darling-Hammond, "Teacher Learning that Supports Student Learning," *Education Leadership*, 1998, 55(6), pp. 92-99.

[4] Louis, K. S. & Marks, H. M., Does Professional Community Affect the Classroom? Teachers' Work and Student Experiences in Restructuring Schools, *American Journal of Education*, 1998, 160(8), pp. 532-535.

下几方面。

(1)心理学视角

心理学的学习理论是教师学习研究的主要理论基础,教师学习研究主要随着学习心理学的发展变化而变化。个体认知学习模式可谓多种多样,但都持有共同的观点:个体在特定情境下针对特定目的获得的知识、技能等在其他环境中具有普遍适用性。大部分教师学习研究都在此种个体认知模式下进行。比如,钱伯斯(Chambers)就探讨了论文写作在教师专业发展中的作用,但此理论在认识教师学习的复杂性时有很大的局限。温格(Wenger)、伍兹(Woods)、杰夫瑞(Jeffrey)等学者都指出个体认知忽视了教师工作的社会情境、教师自身的观念及教师的身份等因素。

在对学习心理学理论不断深入认识的情况下,莱尔(Lyle)、邓斯肯(Dunscombe)、阿莫(Armour)、盖瑞·霍伯恩、埃里克森(Erickson)等学者逐渐转向从社会文化的视角审视教师学习,他们纷纷关注教师的工作实践、学习环境、教师身份等问题。彼得·凯利(Peter Kelly)在其论文《什么是教师学习:一个社会文化的视角》中论述道:"教师学习的4个方面——教师知识、教师认知、教师实践、教师身份——它们被看成温格(Wenger)社会学习理论的核心部分。"[①]从社会文化的视角,彼得·凯利阐释了教师学习的概念、影响教师学习的因素、教师学习对教育的影响等问题。坎波尔(Camburn)以社会文化学习的视角为框架,检视了内嵌式学习对教师的反思性实践比传统的方式是否更具支持性。研究结论显示,对教师赋权及鼓励各种形式的教师合作对教师反思具有积极、持续的影响,是传统教师专业发展效果的两倍。[②]

(2)成人学习的视角

利用成人学习理论研究教师学习具有较强的恰切性,它自然地被学者纳为教师学习研究的视角之一。其中研究成果篇名中以"自我引导"(self-direction)、"自我调节"(self-regulation)、"转换学习"(transformative learning)等为主的有《教师自导学习中的创新》("Teacher Innovations in Self-Regulated Learning",2000)、《通过自导学习增加教学效率,减轻教师负担》("Increas-

---

① Kelly, P., "What Is Teacher Learning? A Socio-Cultural Perspective," *Oxford Review of Education*, 1996, 32(4), pp. 505-519.

② Camburn, E. M., "Embedded Teacher Learning Opportunities as a Site for Reflective Practice: An Exploratory Study," *American Journal of Education*, 2010, 116(4), p. 463.

ing Effectiveness of Instruction and Reducing Pressure for Teachers by Self-Regulated",2004)、《成人学习理论：教师发展的意蕴》("Adult Learning Theory: Implications for Teacher Development",1998)、《专业发展作为转换学习：成人教师的新视角》("Professional Development as Transformative Learning: New Perspectives for Teachers of Adults",1996)等。显然，研究者以成人学习理论为基础，是试图研究教师学习的特殊性，以便寻找适合教师作为成人的恰当学习方式。

(3)社会学视角

当下，教师学习研究越来越重视人际互动，社会学中的互动理论、共同体理论是其研究的重要理论基础，如目前大量的"同侪互助""教师学习共同体"等研究。除此之外，有学者使用布迪厄的实践理论，从对场域的理解及社会实践的特征入手，"指出教师工作场的数据显示，大部分教师学习都被工具主义文化所影响，这种文化是在新自由主义时代教师如何应对国家教育改革规定的情形下发展起来的，是对教育改革表面的服从与反思"[①]。

另外，生态学视角在教师学习研究中也很重要，由于在教师学习研究的深化发展阶段已经做过论述，在此不再赘述。同时，还有一些人类学、管理学等视角下的零散的教师学习研究。

5. 教师学习研究的评价

自1985年美国在密西根州立大学成立 NCRTL 始，迄今教师学习研究走过了近30年的历程，研究在以下几方面已经形成了基本共识及共同的发展趋向。

首先，教师学习从关注个体认知到情景认知的转向。早期认知理论把"认识"看成个体头脑中符号的操作，学习就是知识与技能的获得，并能在广泛的领域中使用。情景学习的研究者反对认知理论把个体作为基本分析单位，而脱离情景和意向的观点，他们将教师间、教师与环境间的互动作为分析单位，认为学习是基于一定的物理和社会环境发生的，这种外在环境是学习活动不可分割的组成部分。与此同时，教师学习研究也深受学习理论变化的影响，学者倾向于从更加宽阔的背景与互动的角度进行研究。帕特南和博尔科等持有情景学习观的研究者都专注于为教师提供各种学习情景，并审视不同的情景能引起教师哪些不同的认知学习。研究者分别就"基于一线教师工作场景的

---

① Hardy, I., "Critiquing Teacher Professional Development: Teacher Learning Within the Field of Teachers' Work," *Critical Studies in Education*, 2010, 51(1), pp.71-84.

学习经验""为职前教师提供学习经验""基于案例的教师学习经验"[1]分析了教师认知的类型。拉巴里(Labaree)认为，我们不可能通过对认知与情境、研究者与研究情景间关系的透视，一次性解决所有问题。然而，情景学习视角可以为我们探索这些复杂的关系，甚或在我们设计、实施教师学习研究项目时提供非常重要的概念工具。[2]

其次，教师学习的内容设置从以教师自身为出发点转到以学生学习、发展为指向。在终身化学习理念的影响下，教师学习显得尤为重要。然而，教师学习除了提升自身素质之外还有一个更为重要的目标是为学生发展提供优质的保障与支持。布兰克(Blank)、阿拉斯(Alas)、史密斯(Smith)等都强调，基于关注学生学习、帮助教师改进教学技能的教师专业发展能对教学实践产生积极的、强有力的影响。菲什曼(Fishman)等学者认为，教师学习应被放在更广的专业发展系统中理解，把教师知识、信念、态度置于互动的关系网中，通过各种评估及课堂实践经验展现学生及其学习的变化，以此来解释教师学习的效果，并在此基础上提出了教师学习的模式与分析框架。[3] 萨克斯(Saxe)等学者就3组提供不同学习支持的教师的变化，以及教师对学生学习分数产生的影响进行了比较：数学综合评价组(Integrated Mathematics Assessment，IMA)教师参与了一个提升教师对分数、学生思维、学生学习动机理解的项目；学院支持组(Collegial Support，SUPP)教师经常碰面讨论课程实施的策略；第三组教师(Teachers in the Third Group，TRAD)除了使用教材外没有给予任何专业发展支持。比较发现，IMA组教师所教的学生在理解数学概念方面的能力最强，其他两组没有差异；在学生计算方面，IMA组与TRAD组(TRAD组优于SUPP组)没有差异。[4] 这项研究显示，当教师学习

---

[1] Ralph, T. & Putnam Hilda Borko, "What do New Views of Knowledge and Thinking have to Say About Research on Teacher Learning?," *Educational Researcher*, 2000 (1), pp. 4-5.

[2] Labaree, D. F., "Living with a Lesser Form of Knowledge," *Educational Researchers*, 1998, 27(8), pp. 4-6.

[3] Fishman, B. J., Marx, R. W., Best, S. Tal, R. T. "Linking Teacher and Student Learning to Improve Professional Development in Systemic Reform," *Teaching and Teacher Education*, 2003, 19(6), pp. 644-646.

[4] Saxe, G. B., Gearhart, M. & Nasir, N. S., "Enhancing Students' Understanding of Mathematics: A Study of Three Contrasting Approaches Professional Support," *Journal of Mathematics Teacher Education*, 2001, 4(1), pp. 5-7.

的内容与学生学习紧密相连时，课程改革才能成功。随着教师学习研究的深入，越来越多的学者都意识到教师的发展与学生的发展是一个共同体，教师学习什么与他如何认识与对待学生密切相关。

再次，教师学习过程从"一次性""断裂式"转向持续性、连贯式。教学实践和学习在持续、连贯、紧凑的专业发展中才可能奏效。加雷特(Garet)等学者论述了高质量的专业发展活动的三大特征，其中之一即"活动要考虑教师的经验，并与教师的目标及国家政策、评估等保持一致；鼓励教师间持续地交流有助于教师专业发展的连贯性"[①]。由此可见，传统的碎片化、一次性、短期性的学习方式不适应教师专业发展的长期性、知识的累积性等特点。苏波维茨(Supovitz)、迈耶(Mayer)等学者试图通过调研分析以问题教学为中介的系统教育改革对教师专业发展的影响，结果显示：进行高质量、大规模的集中培训是一种对教师产生持续影响的有力方式，只要教师积极地参与基于问题的教学改革，教师的态度、能力等各方面都会持续地发展。嘎斯克(Guskey)等也指出，有效的教师专业发展需要大量的时间，这些时间在利用中要注意优化组织、合理安排、目的明确。

最后，教师学习从关注个体转向关注专业学习共同体。近些年，教师专业学习共同体是教师教育研究中的热点话题之一，也成为搭建理论与实践促进教师专业发展备受学者和实践工作者推崇的一种方式。教师专业学习共同体的持续性、实践性、合作性是时下文献中频繁出现的描述语。然而，有效的教师合作实际上比教师简单地聚集在一起更加复杂。为了更明晰地认识及发展教师专业学习共同体，越来越多的学者对教师专业学习共同体的概念、影响因素、建构条件、产生的作用等展开了详细研究。比如，一些学者研究了专业学习共同体建立的支持性条件。路易斯、克鲁斯等学者描述了一个全校范围内专业学习共同体的模型，他们从以下几点探究了建立专业学习共同体的条件：关注学习过程(正式的学习机会、工作中及偶然的学习机会、自我评估与探究的学习资源等)，充分利用人力和社会资源(分布式领导、管理与协调专业学习、信任与积极的工作关系、小组活动)，结构性资源(时间、空

---

① Garet, M. S., Porter, A. C. & Desimone, L., "What Makes Professional Development Effective? Results from a National Sample of Teachers," *American Educational Research Journal*, 2001, 8(4), p.920.

间），与外部机构的互动（外部支持关系、合作关系、网状关系）。[1] 莫里西（Morrissey）通过大范围研究指出，在构建学校教师专业学习共同体中发挥作用，改变着教师的行为而又不易察觉的5个方面是：校长的角色、合作的文化、全体成员的承诺、催化剂的存在、变革型辅助教师。[2]

除了以上对教师学习的论述外，教师学习研究的方法也日益多样化，有调查法、叙事法、内容分析法、个案研究、行动研究等。简言之，我们对西方教师学习研究整体状况进行梳理后可以得出以下几点认识：第一，在近30年教师学习的研究中，研究成果丰富，研究触角不断延伸、拓展；研究与实践结合紧密，可操作性较强；研究的理论视角在以心理学为主导的情形下日渐多样化，为多维度审视教师学习问题开辟了视野。第二，教师学习研究逐渐超越了以学习者个体为分析单位，而在学习主体与外在的人、物、环境等多因素相连的系统、互动、生态的关系网络中展开研究。教师学习尤其突出的是把对个体的关注与外在环境的关注相互关联起来。第三，教师学习研究成果虽多，却呈现零散缺乏系统性的状态，正如盖瑞·霍伯恩所说："在教师学习方面，历史上相关的教育文献基本上都是不系统的。"[3] 威尔逊（Wilson）和伯尔尼（Berne）也指出，过去20年以来，虽然重视教师学习的呼吁迅速增长，但是，我们对于教师学习这个领域的认识还是比较模糊。[4]

二、国内教师学习研究综述

20世纪90年代我国开始教师专业化研究，长期以来，我国教师教育不论从实践还是理论层面都倾向于以外在的、培训的方式展开，关注教师主体、重视教师主动性及内在性的教师学习研究并没有得到足够的重视。教育史上

---

[1] Stoll, Bolam, R., McMahon, A. & Wallace, M., "Professional Learning Communities: A Review of the Literature," *Journal of Educational Change*, 2006, 7(4), pp. 231-242.

[2] Melanie S. Morrissey, *Professional Learning Communities: An Ongoing Exploration*, Texas, Southwest Educational Development Laboratory, 2008, pp. 34-42.

[3] Hoban Garry, Hargreaves Andy & Goodson Ivor, F., *Teacher Learning for Educational Change: A Systems Thinking Approach*, Philadelphia, Open University Press, 2002, p. 41.

[4] Suzanne, M., Wilson, M. S. & Berne, J., "Teacher Learning and the Acquisition of Professional Knowledge: An Examination of Research on Contemporary Professional Development," *Review of Research in Education*, 1999(24), pp. 173-209.

出现了两条教师教育道路,"一条是培训之路","另一条是教育之路"。实际上,教师的发展是教师教育者与教师自身协作共谋、密切配合的结果……教师教育改革的第三条道路必然是教师学习之路。① 而早在20世纪五六十年代,泰勒也曾预言"未来的在职培训,将不被看作'造就'教师,而是帮助、支持和鼓励每位教师发展他自己所看重、所希望增加的教学能力。占指导地位的、被普遍认可的精神,是将学习本身放在最重要的位置"②。因此,就教师学习展开深入研究是顺应时势发展的,必定会在引领教师专业发展中具有不可替代的位置。我国教师学习研究于20世纪90年代初露端倪,对近20年的研究成果进行回溯、分析对认识、推进教师学习研究具有一定的价值与意义。

(一)教师学习研究概貌

教师学习研究历程较为短暂。虽然,20世纪50年代就有以"教师学习"为篇名的论文,但不是以教师学习为研究对象,可以说直到20世纪90年代教师学习研究才开始了,如《医学院校教师学习教育学理论的几点措施》(王风玲等,1995)、《幼儿教师学习方式的调查及思考》(贺蓉,1998)、《谈语文教师学习科学知识的重要性》(李志芬,1999)等,这是教师学习研究的起步阶段,成果数量极少,研究层次较浅显。迈入21世纪后,论文数量迅速增长,教师学习研究日益受到研究者的关注。然而,整体而言,在短短10多年的时间内我国教师学习研究仍然处于初步探索阶段。

从以上论述可见,教师学习的研究主题主要集中在以下几方面:教师学习方式研究的比例最大,其中学习共同体(专业学习社群或实践共同体)是研究者阐述最多的。其次为教师学习现状、问题及对策研究。最后是教师学习的支持方式、保障条件的探讨。

(二)教师学习研究的内容

1. 教师学习现状与对策

唯有把握教师的学习现状才能有针对性地提出解决问题的对策。因此,学者纷纷通过调查法开展研究获得以下事实——乡村教师学习在自身、学习

---

① 龙宝新:《教师学习:当代教师教育变革的第三条道路》,载《教育科学研究》,2010(5)。

② 王凯:《教师学习:专业发展的替代性概念》,载《教育发展研究》,2011(2)。

资源及外在支持条件方面分别存在以下问题：一是教师自身对学习缺乏动力、态度冷淡、自主性差；以功利主义为教师学习的目标导向；教师学习期待与现实状况有差距。① 二是学习机会少，资源匮乏、利用率低；给教师提供的学习内容缺乏系统性、与教学实践结合不紧密。三是从保障条件上看，工学矛盾突出、教师学习时间缺乏保障；学习公用经费短缺，学习经费不能保障；教师学习的外部支持不够。有学者就小学教师学习现状进行了分析，小学教师自我发展为主导学习动机，功利目标为辅助动机；与教学紧密相关的内容普遍得到教师认可；教师喜欢观摩学习、与同行交流、阅读专业书籍等更加灵活、自主的学习方式；师徒学习对新教师帮助很大。

学者大都就小学、中学、大学等不同类型的教师学习展开了研究，研究的结果也都有差异，但我们却可以发现很多共通的问题。因此，改善教师学习的对策建议也可以概括为以下几点：①从教师自身而言，教师要具有学习的动机与欲望，要充分发挥学习的主动性、积极性；②从外在的支持条件而言，中小学校长、教师教育者、政策制定者、教育研究者要为教师提供适切的学习环境与资源，从时间、资金、制度等方面保障教师学习的质量。

2. 教师学习方式

研究者提出了各种各样的教师学习方式，其中以教师学习共同体为主。有学者认为，随着研究的深入及时代的变革，教师学习必然要发生生态学的转向，这既是国际趋势也是现实所需。于是"文化、社群、合作"②等词一跃成为频繁使用的学术话语，具有浓厚的合作、"生态"意味的"教师学习共同体"自然成为学者研究的聚焦点。教师学习共同体有以下几种研究：一是教师学习共同体"组织说"。主要观点是教师个体以自愿为前提，基于共同的发展愿景，以一个共同的主题为学习内容，实现共同发展的学习型组织。③ 学习共同体就是由一群人亲密合作形成的稳定的学习组织的教师学习

---

① 弋文武：《农村教师学习问题研究》，硕士学位论文，西北师范大学，2008。张素琪：《乡村教师学习机会状况及保障体系研究》，硕士学位论文，杭州师范大学，2012。

② 肖正德：《生态取向教师学习方式变革：时代境遇与实践路向》，载《全球教育展望》，2010(11)。

③ 程琳：《专业发展视角下的教师学习共同体研究》，硕士学位论文，曲阜师范大学，2012。

共同体。① 二是教师学习共同体"环境说"。许多学者都认为，学习共同体就是为教师创建一个学习环境、生活环境。实际上，教师学习共同体是"创建积极和谐的共同学习氛围"②，在平等、民主的气氛中教师相互促进，体验合作的快乐。三是教师学习共同体"关系说"。主要观点为，学习共同体是指一个由学习者及其辅助学者包括教师、专家、辅导者等共同构成的团体，他们彼此经常在学习过程中沟通、交流，分享各种学习资源，共同完成一定的学习任务，因而在成员之间形成了相互影响、相互促进的人际联系。③ 四是教师学习共同体"学习方式说"。通过建设各种教师学习共同体，即教师自发或学校组织的形式多样而又灵活的教师学习群体，引导他们在其中进行自我教育——以深度的教育教学反思和交流，重组教师个体的教育教学经验，使教师个体以求知者的身份，分享彼此对于教育教学的认知和理解。④ 五是教师学习共同体的"支持条件说"。许多从事教育技术的学者热衷于此，如基于维基百科、Web2.0、博客、智能型网络测试软件（VCT）、谷歌、数位学习平台（Moodle）、网络环境、远程教育、社会性软件等的关于教师学习共同体的建构、影响因素、模型、运行机制的研究。教师学习共同体研究的理论基础多样，有建构主义、自组织理论、学习型组织理论等，均在教师学习研究中具有较大影响力。

除了教师学习共同体外，还有许多关于教师学习方式的研究，仅举例为证。有学者论述了我国"'师徒制'的教师学习存在师傅的脚手架功能难以发挥、教师共同体的促进作用受到限制、新教师创造的机会减少和师傅促进新教师发展的动力不足等问题。因此，要考虑试行师徒同台上课、灵活实施多层次议课和多方引入发展资源等途径改善师徒式教师学习方式"⑤。有学者提出教育智慧不同导致教师学习方式不同，教育理智智慧是教师在学习教育理论、形成教育理念中实现的，它需要的是教师的外显学习、专门学习，托身

---

① 原霞：《高校教师教学学术发展的一种新范式》，载《福建师范大学学报（哲学社会科学版）》，2012(1)。
② 王作亮：《教师专业化和教师学习共同体的建构》，载《江西教育科研》，2006(2)。
③ 张建伟：《论基于网络的学习共同体》，http://www.being.org.cn/theory/netgtt.htm，2014-06-20。
④ 编者：《卷首语》，载《人民教育》，2008(3~4)。
⑤ 毛齐明、岳奎：《"师徒制"教师学习：困境与出路》，载《教育发展研究》，2011(22)。

于实践的学习。而教育实践智慧是教师在个体教育实践，或在与同事共同实践、共处某一情境中实现的，它需要的是教师的内隐学习、实践学习，融身于实践的学习。①

3. 教师学习的支持条件

教师学习除了要充分发挥自身这一内在因素外，还需要各种支持条件来保障其顺利实施。支持条件的研究归纳起来有以下几方面：首先，通过营造良好的学习环境激发教师自觉、主动、积极地学习，如合作学习、基于问题的学习等；其次，给教师提供恰当适切的学习资源，如科学合理的课程结构、丰富而实际的学习内容；再次，加强对教师学习的物质及制度保障，如时间、资金、评价制度等；最后，积极建构教师学习的支持平台。有学者就北京市教师的学习环境进行了调查，指出当前"北京市中小学教师的学习环境中，基本的物质条件和保障措施已比较到位，主要问题是教师工作压力比较大，对教师工作的评价体系有待进一步改善。因此，要建立科学合理的评价体系，提升学校的组织学习氛围，具体措施就是建立教师学习共同体"②。"上海市长宁区初级职业技术学校以'支持式教师学习课程'研究为总揽，制定了教师学习课程方案，为教师创设了一个终身学习和群体发展的平台。在支持式教师学习课程的实施过程中，用学习型组织、研究型学校的氛围促进教师学习；充分利用多种学习载体和综合性课程实施策略，发挥课程的综合效应，适应初职教育的交叉性特点；注重经费的支持，向知识投入、学习研究、激励成果的'三个倾斜'保障教师学习课程的有效实施。"③有的学者提出，学习是教师的一项基本权利，目前我国教师学习权得不到保障，因此，需"依法规范学校教师管理，保障教师专业学习自主权；构建发展性教师评价体系，激励教师自主学习的内在动力；在时间、资金、资源上给教师提供保障等"④。

除了论文外，还有著作《信息技术环境下创建区域性教师学习共同体的理论与实践研究》《课程改革教师新思维·学习共同体的建构》等。这些都为进一步推进教师学习研究奠定了基础。但总体而言，关于教师学习的核心期刊论

---

① 王琰：《教育智慧类型差异与教师学习》，载《中国教育学刊》，2009(10)。

② 杜瑞军、徐雪燕：《教师学习环境的分析》，载《教育科学研究》，2007(5)。

③ 编者：《上海市长宁区初级职业技术学校，支持式教师学习课程的研究》，载《上海教育科研》，2007(3)。

④ 寇尚乾：《教师学习权及其学校保障机制研究》，硕士学位论文，四川师范大学，2005。

文还过少,标志性成果还不多。教师学习研究成果缺乏多样性,关于如何支持、保障教师学习的研究居多。

(三)教师学习研究的视角及方法

我国教师学习的研究仍然主要是心理学视角,尤其是建构主义。有的学者借鉴社会建构主义和"维果茨基空间"理论,认为教师学习分为内化、转化、外化和世俗化4个主要环节,具体学习机制是:"教师成熟概念的生成机制为'用中学'、教师实践模型的建构机制是'探中学'、教师个人与集体的互动机制是'合作中学'。"[1]有的学者分析了认知建构主义、社会建构主义、批判建构主义视野下对教师学习的不同认识,并提出应着眼于"教师学习要自我超越的意识和勇气""营造促进教师理解与思考的环境""涵养净友式的合作文化"[2],来改善我国的教师学习。其次,生态学视角。持此观点的学者大都从"生态位"的概念探讨教师学习。所谓生态位"是生态学中的一个重要概念,主要是指在自然生态系统中一个物种在时间、空间上的位置及其与相关种群之间的功能关系"[3]。再次,知识管理理论。有的学者以知识管理理论为出发点,论述了知识管理对教师学习的作用,以及"教育日志""教育经验总结""学习札记""教育论文"等有效促进幼儿教师知识管理的方法。最后,还有个别后现代视野中的教师学习。简言之,心理学仍然是教师学习研究重要的、主要的理论基础。与此同时,教师学习在主流理论的基础上也开始呈现多样化。

(四)教师学习研究反思

在掌握了教师学习研究的总体概况后,我们通过分析发现我国教师学习研究存在以下不足与需要完善之处。

首先,教师学习研究的理论视角较单一,理论成果薄弱。随着教师学习日益受到研究者的关注,跨学科研究将成为必然趋势。一般认为,跨学科研究是使教育研究卓有成效的条件之一。[4] 由上述可知,目前我国教师学习研

---

[1] 毛齐明、蔡宏武:《教师学习机制的社会建构主义诠释》,载《华东师范大学学报(教育科学版)》,2012(6)。

[2] 赵明仁,黄显华:《建构主义视野中教师学习解析》,载《教育研究》,2011(2)。

[3] 肖正德:《论生态取向教师学习内容的层级设计》,载《教育研究》,2011(12)。

[4] 孟卫青:《教育研究的跨学科取向》,载《教育评论》,2003(2)。

究学科视角较单一。多学科研究虽然尚未进入跨学科研究的整合阶段，但却是单一学科研究向跨学科研究发展的一个不可或缺的中间环节。多学科研究的贡献在于各个学科基于自己的学科特性从不同的视野和侧面介入教师学习研究，得出不同的结论，从而不断拓展教师学习的研究眼界，使研究摆脱单一视野的限制。在多学科的关照下，研究者可以发现审视、解决各种复杂的教师学习难题的新视角、新路径，这是教师学习研究不断前进与创新的必然选择。同时，与西方国家教师学习研究的成果相比，我国教师学习研究的理论基础尚显单薄，研究的深入程度还较欠缺。其次，教师学习研究的可操作性不足。我国教师学习的理论探讨中策略、对策居多，教师学习模式这类具有系统操作程序及步骤的研究较少，总体上研究的可操作性不强。再次，把教师学习置于各要素相互联系的背景中进行研究的较少。目前教师学习研究几乎都是基于某方面而就事论事。其实教师学习不仅与环境、同伴关系、学生发展等有关，它实际上还处于一个大的背景中——如与学校教育改革、社会教育改革等密切相连。最后，教师学习研究与实践的结合不足。我国教师学习研究立足于实践，进行扎根研究、行动研究的很少，多是通过问卷调查获得分析现状的数据，对实践的深入挖掘及产生的作用都很有限。

  由国内外综述可知：西方相对于我国而言，教师学习研究成果较丰富，理论性较强，"教师学习理论"研究具有必要性和迫切性；多学科视角表明教师学习理论的孕育及发展，然而教师学习理论研究极其匮乏；教师学习理论研究是目前研究成果进一步深入的体现；教师学习理论研究是我国教师教育理论和现实的诉求。因此，研究综述进一步确定了本选题的价值，并为后续研究奠定了基础。

第三节 研究设计

一、概念界定及框架

（一）西方

"西方"在词典中指"欧美各国，有时特指欧洲资本主义各国和美国"[①]。

[①] 新华汉语词典编委会：《新华汉语词典》，1294页，北京，商务印书国际有限公司，2004。

本文的西方特指美国和澳大利亚。以美国教师学习理论研究为主，以澳大利亚教师学习理论为辅进行整体研究。之所以如此有两点理由：第一，教师学习研究由美国拉开序幕波及其他国家，可以说美国的研究对整体教师学习研究起到了奠基及辐射作用。第二，在对各国研究差异的归类上，美国、澳大利亚的教师学习研究具有代表性。有的学者指出美国、英国、加拿大、澳大利亚4国教师学习研究存在差异。简言之，美国在教师学习研究领域中具有开创性影响，它注重"实践中的教师学习研究"；英国侧重"社会文化活动理论的教师学习研究"；加拿大侧重"复杂思维的教师学习研究"；澳大利亚侧重"系统论的教师学习研究"。为了研究方便，这种划分具有合理性。然而，实际上美国和英国教师学习研究很难做出明显分野，尤其是社会文化理论、社会建构主义对教师学习的整体研究其实都产生了重要影响；澳大利亚、加拿大教师学习研究中所谓的复杂思维、系统论实际上都受复杂科学的影响，并以复杂科学作为理论视角研究教师学习，它们基本上可以归为一支。因此，本课题的"西方"特指美国、澳大利亚。

(二) 教师学习理论

本研究的核心概念是教师学习理论，此概念包含"学习""教师学习""理论"3个分概念，在对其理解的基础上综合而得"教师学习理论"的界定。

1. 学习

学习的概念虽然在不同的理论视域与流派中各有差异，但也有共同之处。首先，从词典的角度分析。《中国教育大系》认为，"由于学习过程中，有机体的行为变化是由经验的变化所引起的，因此，经验的获得，在学习过程中占有主导地位。从这一意义上来说，学习过程也就是个体经验的获得过程"①。此概念中强调经验的变化和获得。《实用教育辞典》指出，"学习是根据经验而发生的比较持久的行为变化过程。它不仅表现为外显的行为，而且也包含心理机能的变化。学习是有机体普遍存在的适应环境的一种手段。凡是以个体的经验而发生的对环境的适应都可以称为学习"②。因此，在中国的词典中，学习概念中的核心词是"经验、变化、获得"。《西方教育辞典》认为，学习是"通过经验而不是通过成熟(maturation)过程而获得的在知识(knowledge)、态

---

① 顾明远：《中国教育大系·现代理论丛编》上，578页，武汉，湖北教育出版社，2004。
② 梁忠义：《实用教育辞典》，402页，长春，吉林教育出版社，1989。

度(attitude)或技能(skill)方面的持续变化"①。可见,人们对学习的主要理解是:学习是经验的获得或改变;学习是个体获得经验并适应环境的手段。总而言之,"经验的获得与改变"是学习的核心。

其次,从心理学的角度分析。早在古希腊时期,哲学家柏拉图、亚里士多德就对学习问题进行了探讨。"对柏拉图而言,学习是灵魂对其生前所见所知的一种回忆的过程。……从另一个重要的方面上说,柏拉图认为学习是一个相当被动的过程,在这个过程中印象是被刻画在容易接受新想法的灵魂或心智上面。"②我国教育家孔子也曾说:"学而不思则罔,思而不学则殆。"他与柏拉图不同,认为学习是积极主动思考的过程。

直到19世纪末,心理学才成为独立学科,并对学习进行了大量的研究,形成了系统的理论。目前,心理学界对学习的解释众说纷纭,比较典型的有行为主义、认知主义、建构主义、人本主义。以华生、斯金纳等为代表的行为主义认为,学习是刺激—反应的联结与强化,学习受外部刺激的控制。认知主义则相反,他们批评行为主义专注可观察的行为的获得,忽视了人内在的逻辑思维能力、理解能力,转而关注学习者的主动性。认知学家试图探讨学习者内部心理结构的性质以及他们是如何变化的。他们认为学习发生于学习者认知结构的改变。20世纪50年代末,人本主义心理学极力反对学习中漠视学习者的情感、价值观,忽视学习者个性的做法,认为学习内在于个体中潜能的发挥过程。进入20世纪80年代,以皮亚杰、维果茨基为代表的建构主义学习理论异军突起。在发展的过程中,建构主义内部流派纷呈,甚至观点针锋相对,然而他们却有一些共同的基本认识,他们与传统认知主义以客观主义认识论为理论基础不同,认为学习是非客观的。由此可见,随着学习心理学研究的深入,人们对学习的认识日趋复杂。概括起来,在学习的阐释中体现了自主性、互动性、情境性、实践性、社会性等特征。每一种认识与研究都有自身的合理性,也存在不可避免的缺陷,但正因为如此,学习的研究才能在争辩、矛盾中推进并逐渐走向合理,从而为人们多维度呈现并把握学习的内涵、本质提供了认识基础。

综合上述观点,笔者认为比较综合的,从狭义层面对学习的解释是:"学

---

① [英]德·朗特里:《西方教育辞典》,陈建平等译,165页,上海,上海译文出版社,1988。

② [美]D. C. 菲利普斯、乔纳斯·F. 索尔蒂斯:《学习的视界》,尤秀译,10~11页,北京,教育科学出版社,2006。

习是在社会生活实践中，在社会传递下，以语言为中介，自觉地、积极主动地掌握社会的和个体的经验的过程。"①此界定既以"经验"的获得或改变为中心，也突破了关注个体或外部环境非此即彼的观点。它表明人的学习具有社会性、主动性、自觉性、目的性。

2. 教师学习

基于以上研究综述中对教师学习的认识可见：①教师学习从关注学习内容的习得转向关注在经验的基础上审视学习，突出教师学习中经验的地位；②教师学习从以"个体认知"为分析单位为主转向以"个人"与"社会环境"的互联为分析单位，突出教师学习的社会建构性；③教师学习从关注个体静态学习转向关注人际学习，突出教师学习的互动性；④教师学习从强调外在支持转向关注学习者的积极性、自主性，突出教师学习的自主性。

在词典中"教师学习"没有作为一个独立的专业词汇被收录。从已有研究中可见，关于教师学习的理解有广义和狭义之分。在此，笔者借鉴贾维斯对学习的非反省型与反省型学习②分类来进行解释。非反省型学习是不经过思考的学习；反省型学习是经过思考的学习。综合整体情况，从广义的层面讲，教师学习是在个体与外在环境的互动过程中，个体经验发生变化、获得的过程。从狭义的层面讲，作为成人的教师，学习是以经验为基础的，在与外在环境互动的过程中积极主动的、有目的的、经过思考的对教育教学的认知过程。本文主要指狭义层面的教师学习。

3. 教师学习理论

在不同的学科领域、研究背景下"理论"的含义各不相同。《现代汉语大辞典》中认为，理论是"系统的理性认识。是由观点、立论、推断等组成的学说、知识体系"③。许多社会科学研究者也提出了自己的看法。林南认为，"理论是一组相互联系的命题，其中一些命题可以通过经验检验"④。艾尔·巴比提出，"理论是与特定领域相关的观察的系统解释"⑤。托布约尔·克努森提出，

---

① 莫雷、张卫等：《学习心理研究》，5页，广州，广东人民出版社，2005。
② [英]彼得·贾维斯：《学习的吊诡：社会中的个人蜕变》，王秋绒译，75页，台北，学富文化事业有限公司，2002。
③ 陈智富、郭忠新：《现代汉语大词典》下册，上海，汉语大词典出版社，2000。
④ [美]林南：《社会研究方法》，本书翻译组译，18页，北京，农村读物出版社，1987。
⑤ [美]艾尔·巴比：《社会研究方法》，邱泽奇译，43页，北京，华夏出版社，2005。

"理论就是旨在解释和理解事物而进行的思维过程"①。从理论的解释中，我们能归纳出至少两点共同点：第一，理论必须要有概念，并由围绕概念的命题、观念构成；第二，理论是对事物发生、发展的缘由做出解释。

由此推出，教师学习理论是理解并解释教师学习的发生、变化过程等，从而提出概念、观点的系统思维过程。根据社会科学对"理论"的解释，有些学者的研究可以被称为教师学习理论，它包含"概念"，并对教师学习的发展变化等做出解释，同时，相对而言具有系统性。

二、理论基础

在西方教师学习研究日益延伸、拓展的同时，审视教师学习研究的理论视角必然日益复杂、多元。然而，随着研究的深入，学习论已经不能说是某一个学科了，正如学习科学所呈现的多学科交叉性发展趋势一样，本研究最主要的理论基础如下。

首先，经验学习理论。经验学习理论中的"experience"也有学者译为体验，二者的侧重点可能有差异，如库伯的论著有学者直接翻译为体验学习。然而，伊列雷斯的著作中谈到库伯理论时又有学者翻译为经验学习。为了避免这些混论，笔者认同"经验学习"的翻译。不论是勒温、杜威还是皮亚杰都重视经验与学习的关系。"经验"也是教师学习研究中普遍提及的话题，而研究的直接理论来源就是经验学习理论。经验学习有着较为长远的理论渊源，勒温、杜威、皮亚杰、库伯都是经验学习的代表人物。勒温的经验学习理论是在培训的过程中形成的，他通过行动研究与实验室训练的方法得出了学习过程的循环。杜威的经验学习主要被关注的是在高等教育中如何把理论与实践结合起来。杜威、勒温、库伯都将学习与经验、概念、行为等相互关联。皮亚杰是大家熟知的心理学家，他提出了著名的认知发展阶段论，不论何阶段的学习，都发生于个体与外在环境的互动中，并使经验持续发展变化，经验图示是其理论的核心。库伯在前人研究的基础上，创立了经验学习圈。他认为，学习是从具体经验到反思观察、抽象概念化、主动实验的循环过程。可见，经验学习是过程性的、交互的、体验性的、冲突解决的、创造的。在众多的研究者中，库伯的经验学习理论是至今引用最多、影响最显著的。所

---

① [挪威]托布约尔·克努成：《国际关系理论史导论》，余万里、何宗强译，2页，天津，天津人民出版社，2004。

有对"经验"在学习中的解释在教师学习研究中都具有重要地位：一方面，是由于人就是在经验的不断积累、革新中发展的；另一方面，是由于教师作为成人，经验在学习中尤为重要、不可忽视。

其次，组织学习理论。组织学习理论是多学科研究的成果，但是最直接、最有影响的是管理学。教师学习研究也主要受管理学中的组织学习理论影响，这与教师学习共同体研究的兴盛有密切关系，教师学习共同体就是一种组织学习的形式。早期组织学习研究的代表性人物有彼得·圣吉、阿基里斯、舍恩。他们的研究中对组织学习的界定，以及单环学习、双环学习、行动学习等都是教师学习共同体研究的重要基础。单环学习、双环学习前文已有论述，在此仅简单论述行动学习。行动学习的创始人是管理学家瑞文斯（Revans），他提出了 L(学习)＝P(结构化知识)＋Q(提问)的模式，后来有人把此模型扩展为"L(学习)＝P(结构化知识)＋Q(提问)＋R(反思)"①，这成为目前行动学习的基础。20 世纪七八十年代瑞文斯正式提出"行动学习"之后，逐渐形成了不同的行动学习流派。有学者归纳出 4 种学习流派：绩效流派、科学流派、经验流派、批判反思流派。② 行动学习的核心都是为了解决真实的问题，在行动中学习与发展，实质是做中学。随着组织学习理论对教师学习研究的影响，行动学习作为其重要的内容在未来教师学习研究中的地位将会日益凸显。

再次，成人学习理论。教师作为成人，必然需要从成人学习理论的角度分析其学习的过程。成人学习理论研究者极力倡导、论证成人学习的独特性，并形成了一系列的理论，如自导学习、质变学习（也称为转换学习理论）等。其中自导学习是影响力最大的理论之一，波及各个领域。一些学者认为，教师作为成人，其学习方式必然不同于儿童、学生，成人学习具有很强的自主性，能够进行自我引导与规划学习，具有自我学习的能力，能够自己实施、评估学习。质变学习理论是除了成人教育、自导学习之外成人学习的第三条研究路线，它侧重学习的认知过程以及个体价值观所发生的根本性转变。它们是本文分析教师学习理论的重要理论基础。

最后，建构学习论。进入 20 世纪 80 年代，以皮亚杰、维果茨基、列昂

---

① ［美］迈克尔·马奎特、H. 斯基普顿·伦纳德等：《行动学习：原理、技巧与案例》，郝君帅、刘俊勇译，2 页，北京，中国人民大学出版社，2013。

② ［美］朱迪·奥尼尔、维多利亚·J. 马席克：《破解行动学习：行动学习的四大实施途径》，唐长军、郝君帅、曹慧青译，21 页，南京，江苏人民出版社，2013。

节夫、鲁利亚等为代表的建构主义学习理论异军突起。建构主义学习理论流派纷繁复杂，甚至观点针锋相对，然而他们却有一些共识，"知识绝非对现实世界的客观表针，而是人们在与情境的交互作用中所建构的一种对于世界的解释"①。与传统认知主义以客观主义认识论为理论基础所不同的是，他们提出学习是非客观的。本研究主要以建构主义学习的四大属性"情境、合作、会话、意义建构"及社会建构理论为理论基础。情境认知理论虽与建构主义学习论有千丝万缕的联系，然而人类学研究的加入使得情境学习理论更具特性，"实践、身份、情境、建构"都是它的核心范畴。

三、研究方法

研究主要以解释学方法论为主导，具体运用文献法、历史研究法、逻辑归纳法进行研究。

(一)解释学研究方法论

解释学的发展经历了从方法论到本体论再回到方法论、认识论的过程。解释学在不同语境中有不同的所指，它可以指"哲学、观点、方法论、方法、研究领域"等。本研究主要是通过笔者与文本的对话、解释、理解而展开，因此，是从方法和方法论的层面来谈解释学，也就是利科所谓的"解释就是对文本的解释"②。在对文本的解释过程中，研究者会带着自身的主观经验去挖掘其中蕴含的意义，逐渐地形成对文本的整体性和深层次的理解。在文本的阅读、研究过程中，包含着解释和理解，解释是一种方法，理解是基础，与解释相结合。"理解产生、伴随、完结着解释，因而也包含着解释。解释反过来又以分析展开的方式推进着理解。"③因此，解释学是本研究的方法论，并通过解释的方法展开。在解释的过程中，对文本的理解既不可能脱离作品的原有内容、所处的历史脉络、作者个人的精神等，也不可能抛开解释者的经验、先见，二者之间存在难以避免的张力。而"只有解释者的'先见'和被解释者的

---

① 李子健、宋萑：《建构主义：理论的反思》，载《全球教育展望》，2007(4)。

② 曹志平：《理解与科学解释——解释学视野中的科学解释研究》，72页，北京，社会学科文献出版社，2005。

③ 殷鼎：《理解的命运：解释学初论》，105页，北京，生活·读书·新知三联书店，1988。

内容，能够融合在一起，产生意义，才能出现真正的理解"①。这也就是伽达默尔所谓的"视域融合"。在视域融合的过程中，被解释者的视野和个体的先见都在发生变化，也正是在此种变化中不断地开辟未来。因此，解释不仅能把文本中的意义指向现实中的情境，也对解释者自身及精神世界产生影响。对西方教师学习理论的解释过程就是笔者与代表性学者的作品发生视域融合的过程，在力图忠实作品本意的基础上与自我的"先见"相互作用融合的过程中改变、开阔视野。

(二)具体研究方法

1. 文献法

文献法是教育研究中基本的，也是常用的方法之一。笔者通过各大中英文数据库，围绕"教师学习"进行了较为全面的文献搜索，力图在掌握丰富的一手文献的基础上进行分析、研究。"文献研究法主要有非结构式定性分析方法和结构式定量分析方法。……定量分析又叫内容分析，是对明显的文献内容作客观而又系统的量化并加以描述的一种研究方法。"②本文就使用了文献研究中的定量分析，对中西方关于"教师学习"的文献进行了简单的数据统计，对教师学习研究的发展、变化等事实展开描述，力图发现西方教师学习研究的发展趋势。这种定量分析的文献研究方法对本研究从整体上掌握"教师学习"研究的现状及演变非常重要。

2. 历史研究法

历史研究法是"在分析、鉴别教育史料的基础上，通过对人类已有教育理论和教育实践的系统分析和理论认识，揭示教育发生发展规律和趋势的一种研究方法"③。本文通过关注"教师学习"这一现象，在搜集教师学习相关丰富文献的基础上，对教师学习研究和西方教师学习理论的不同发展阶段进行了划分，从而获得了西方教师学习理论的发展、演变线索。同时，结合历史发展阶段，在进一步对当时的实践和不同代表人物的成果进行详细研究的基础上，分析得出西方教师学习理论的发展走向。

---

① 殷鼎：《理解的命运：解释学初论》，262页，北京，生活·读书·新知三联书店，1988。
② 袁振国：《教育研究方法》，151页，北京，高等教育出版社，2000。
③ 陈向明：《教育研究方法》，322页，北京，教育科学出版社，2013。

3. 逻辑归纳法

逻辑归纳法是伴随着近代科学发展而确立的逻辑方法……主要讨论前提和结论之间具有或然性联系的推理和方法的逻辑。① 本研究中逻辑—归纳法体现在对每一个代表人物理论的分析中，通过归纳获得教师学习理论的发展趋势，并在此基础上建构此种走向的教师学习理论的框架。

四、研究思路

以下主要从研究框架、研究对象的确定、研究线索三个方面阐述本研究的思路。

(一)研究框架

西方教师学习理论的历史，呈现了对教师学习的认识从关注知识、技能、认知过程等，到关注教师学习的社会维度，再到关注教师学习多维度的变化过程。这种变化过程恰好与克努兹·伊列雷斯(Kund Illeris)的"学习三维度"理论相契合。伊列雷斯关于学习的内容维度、互动维度、动机维度为我们认识教师学习提供了认识路径，这种路径不仅有利于我们更加深入地理解教师学习理论发展的历史，也有益于我们认识教师学习本身。

克努兹·伊列雷斯是丹麦的科学家、终身学习的教授，他的工作主要围绕"成人学习的方式"展开。2005年，他成为哥伦比亚师范大学的名誉教授。三维谱系学习理论是其主要成就。伊列雷斯通过汇集从不同的角度研究学习的代表性理论，凝练、分析、归纳形成了三角形的学习谱系，从而为大家呈现出如何理解学习、学习是如何发生的等问题。他并不是从单一的维度解释学习的含义，而是建构了一种整体性的理论，在3个维度——内容、互动、动机的张力中理解学习。"一个综合性的学习理论必须包含所有3个维度，以及三者间的关联。"②伊列雷斯经历数十年的潜心研究，发现传统的学习理论需要完善，他的理论建立在两个假设之上。首先，所有学习都包含两类不同的过程：外部活动过程，学习者与所处社会、文化、物质环境之间的互动；内部心理获得过程，新的冲动与以前的学习结果关联。其次，所有的学习都

---

① 陈向明：《教育研究方法》，64页，北京，教育科学出版社，2013。
② ［丹］克努兹·伊列雷斯：《我们如何学习：全视角学习理论》，孙玫璐译，276页，北京，教育科学出版社，2010。

包括3个维度：知识与技能的认知维度；感情和动机的情感维度；植根于社会、情境中的交流与合作的社会维度。① 伊列雷斯在《我们如何学习》中也以学习的内容、互动、动机（三维度在表达或翻译时略有不同，根据伊列雷斯的研究它们的所指相同）作为理解学习的三维度。首先，学习的内容维度。简言之，就是学习"什么"的问题，当我们提到学习的内容维度时，感觉上通常指的是"知识、技能"，而伊列雷斯后来拓展了对学习内容维度的认识，除了知识、技能外，反思、元学习、自反性和自传性也是学习内容的关键概念，还包括理解、洞见、意义、学会学习、自我理解等内容。其次，学习的互动维度。"它关系的是个体与其所处社会性及物质性环境之间的互动。"②任何学习都不可能离开某一情境而在真空中发生和进行，互动维度表明，学习一方面是与人际情境的互动；另一方面是与社会情境的互动。最后，学习的动机维度。"它涉及学习所需心智能量的运用，我们彻底地将自己投入这一运用，以能够持续地维持心智与身体的平衡。"③动机是对学习者形成的挑战，造成了认知不协调，与个体的观念与理解等存在冲突、矛盾，从而形成了彼得·贾维斯所谓的"分裂"。当这种力量促进了学习时，就引发了动机。动机是学习中必要的力量，是学习能够发生、持续的重要动力。学习是此三维度的融合，教师学习亦然。只是有些学者在研究过程中侧重某些维度，有的以整体视野关注教师学习。结合教师学习理论的发展，笔者发现教师学习理论也明显经历了从内容维度到互动维度逐渐深入的变化过程；至于动机维度，绝大部分研究都会提及，但专门研究的学者较少。

在分析了教师学习理论的发展历程及教师学习整体的研究后，研究发现教师学习理论不同发展时期关注点的变化都在学习的三维度范围内。因此，"学习三维度"理论可以作为教师学习理论的研究框架。

(二)研究对象的确定

基于不同历史时段对众多教师学习研究者以"教师学习理论"概念的要素

---

① Knud Illeris, "Towards a Contemporary and Comprehensive Theory of Learning," *International Journal of Lifelong Education*, 2003, 22(4), pp.396-400.

② [丹]克努兹·伊列雷斯：《我们如何学习：全视角学习理论》，孙玫璐译，26页，北京，教育科学出版社，2010。

③ [丹]克努兹·伊列雷斯：《我们如何学习：全视角学习理论》，孙玫璐译，27页，北京，教育科学出版社，2010。

（概念、观点、相对系统的解释）进行筛选时，费曼-内姆斯、雪莉·霍德、玛杰里·金斯伯格、盖瑞·霍伯恩进入了研究的视野。而费曼-内姆斯的教师学习理论侧重内容维度、雪莉·霍德的教师学习理论侧重互动维度、玛杰里·金斯伯格的教师学习理论侧重动机维度，盖瑞·霍伯恩的教师学习理论注重各要素、维度互联、互动的关系。因此，本研究以学习的三维度作为教师学习理论的认识路径，从而勾勒了20世纪80年代中期后教师学习理论的图景及发展趋势。

  教师学习的内容维度，即研究教师学习什么的问题。如前所指，在超越"知识、技能"为学习内容的狭隘理解之外，教师"学习内容"的所指更加广泛。从外部知识、技能、文化的获得角度而言，教师要"学会学习"。学会学习，必然包含理解、反思、批判性思维、推理、归纳、演绎等；从自我的角度而言，教师要"学习认识自我"，分析自己的优势与不足，这是恰当的角色定位、良好身份的形成、有意义行为选择的前提条件之一。费曼-内姆斯的教师学习侧重内容维度的研究，教育思维、反思、批判性思维、理解等是研究的核心范畴。不论是教师职前学习还是职后学习，费曼-内姆斯对知识、技能的论述都很少，而以加深教师对教育问题的理解，提升教育意识及思维，形成专业实践和身份为重要研究任务。不过，在教育思维的分析中"经验"成为其研究的突破口。所谓教师学习的互动维度，即教师学习与外在环境的互动，环境包含物质环境、人际环境等。雪莉·霍德的教师学习共同体侧重学习的互动维度，她在管理学中"组织学习"理论的基础上，探讨教师通过共同愿景以合作、探究的方式促进教师发展。学习共同体既是教师专业发展的一种形式，也是为教师发展创设的学习环境。教师学习的动机维度，即"学习所必需的动力能量"[①]。金斯伯格在多元文化的背景下研究教师学习动机及如何成为动机型教师，当教师面临一定的矛盾、冲突或与自己的情感模式相符、不符等情况时，动机都会出现，它是学习不可缺少的要素。霍伯恩通过复杂论系统分析了教师学习，就教师学习的内部，他关注教师学习中的各维度；从教师学习与外部的关系而言，他把"教师学习"视为与外部各要素互动、相连形成的网络系统中的一点。教师学习理论的认识路径如图1-1所示。

  从图1-1可见，本研究选择了4位教师学习的代表人物作为分析对象，同

---

① [丹]克努兹·伊列雷斯：《我们如何学习：全视角学习理论》，孙玫璐译，79页，北京，教育科学出版社，2010。

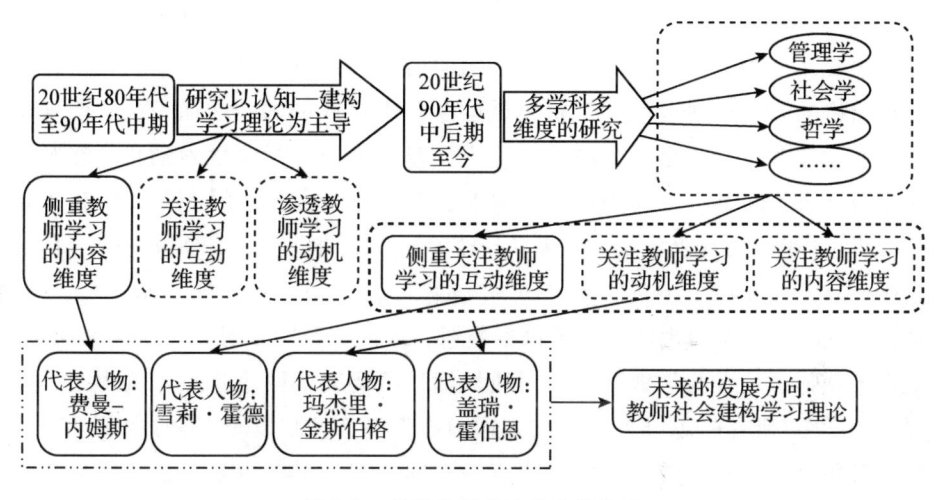

图 1-1 教师学习理论的认识路径

时笔者也强调每位学者在研究中，实际上都有意无意地展现了教师学习的多个维度，只是侧重点不同而已。具体而言，不同研究阶段代表人物选择的缘由如下。首先，教师学习内容维度的研究者：费曼-内姆斯。之所以选择费曼-内姆斯有以下几点原因：第一，20世纪80年代关于教师知识、思维、反思、信念等都是热议话题，其中有3个研究团体（上文已提及）影响较大，以费曼-内姆斯为代表的研究团队专攻教师学习。第二，费曼-内姆斯本人从20世纪80年代至今的成果都关注教师学习尤其是初任教师学习教学的问题，直到2012年出版著作《教师作为学习者》（*Teachers as Learners*）。由于教师学习是一个新兴的研究领域，它拥有一定数量集中的文献成果是被选的重要依据之一。第三，多种一手文献显示，费曼-内姆斯在教师学习研究领域中具有一定影响力。资料中多用"先锋""拓荒者""关键角色"等形容词描述她在教师学习研究中的地位。其次，教师学习互动维度的研究者：雪莉·霍德。霍德以教师学习共同体研究闻名。选择霍德是因为：第一，霍德享有教师专业学习共同体首倡者的称号，她提出了"教师专业学习共同体"的五大维度，对后世理解教师学习共同体具有奠基作用。第二，研究成果颇丰。她发表论文几十篇，著作多达四五本（在后面专章中有详细介绍），在教师学习共同体研究者中较为突出。第三，霍德享有多个荣誉。她是国家专业发展委员会（National Staff Development Council，NSDC）的名誉学者。2004年，她获得NSDC苏珊·卢克斯—霍斯利奖，同时由于对得克萨斯州奥斯汀市西南教育发展实验室（Southwest Educational Development Laboratory，SEDL）的研究做出巨大贡献，SEDL 的主席和首席执行官授予她罗杰斯·巴顿奖。这是其研究活动被认可的表现。再次，教师学习的动机维度的研究者：玛杰里·金斯伯格。选择金斯伯格的原因相对简单，动机是教师学习不可或缺的，然而专门、明确就此研究的学者极少。金斯伯格集中研究了教学动机、学生学习动机、教师专业学习动机等问题。她围绕"动机"独著、合著的作品有 6 部之多，其中 2011 年出版了《变革性专业学习：系统提升教师和学生动机》(*Transformative Professional Learning：A System to Enhance Teacher and Student Motivation*)。即使如此，教师学习动机的文献仍显薄弱。最后，教师学习的系统复杂研究：盖瑞·霍伯恩。有的学者指出，国外教师学习研究的两个特点，其中之一即"'教师学习'研究的思维方式正在走向复杂"[1]。这种"复杂"是对教师学习的认识日益全面，以系统整合的思维审视教师学习中的各要素，以多元的视角理解教师学习。霍伯恩正是以复杂论作为思维方式研究教师学习，2002 年出版了《为了教育变革的教师学习：一种系统的思维方式》(*Teacher Learning for Educational Change：A Systems Thinking Approach*)。这是教师学习研究的必然走向，也是教师学习研究走向整合的体现。在对教师学习文献与历史发展总体把握的前提下，我们选择了这 4 位学者作为重点研究对象。

(三)研究的线索

本研究整体上贯穿了两条主要线索：第一条线索，即在教师学习理念发展的历史阶段中，根据研究的认识路径，选取重点研究对象；第二条线索，即在主要的理论视角下每类教师学习理论的具体观点是什么，该如何认识这些理论，教师学习理论的发展走向如何。在整体研究中都贯穿着解释学方法论，运用文献法、历史研究法、逻辑归纳法展开，从而形成一个丰富、立体的当代西方教师学习理论研究图谱。

---

[1] 毛齐明：《国外"教师学习"研究领域的兴起与发展》，载《全球教育展望》，2010(1)。

第二章 教师作为学习者及其连续互动学习论

教师作为学习者及其连续互动学习论是费曼-内姆斯教师学习研究的核心。费曼-内姆斯是教师教育和学习教学研究领域中领先的专家，是教师学习研究的拓荒者，对初任教师学习教学、师徒关系等进行了开创性的研究。她在2001年去布兰迪斯之前，曾在美国芝加哥大学、密歇根州立大学任教，主管创新型教师教育项目，引领教师学习和教师教育研究。1985年，美国国家教师教育研究中心[①]在密歇根州立大学成立，为教师学习研究提供了良好的机构平台，费曼-内姆斯就是此中心一位资深的研究者。然而，费曼-内姆斯对教师学习问题的关注却早于此时。这与她中学的从教经历相关，在20世纪60年代中期她成为一名高中英语教师，初任教师该如何教学、如何学习教学等也同样成为萦绕在费曼-内姆斯脑海中的问题。在此后10多年的时间里，她都一直执着于对教师学习、学习教学的深思。正是从教中遭遇的现实问题为费曼-内姆斯埋下了持续研究此主题的种子。后来，在攻读博士学位期间及成为教师教育者的过程中，她也在"积极寻找不同的研究方式，并试图

---

① 目前，国内很多学者都认为，教师学习研究中心成立的时间为1985年，并认为此时拉开了教师学习研究的序幕，费曼-内姆斯《教师作为学习者》一书中清晰地论述到美国国家教师学习研究中心得名于1991年，它的前身是美国国家教师教育研究中心。笔者认为，国内学者对"教师学习研究中心"的成立时间很有可能存在争议，但普遍赞同此时拉开了教师学习研究的序幕，因为在命名为"教师学习研究中心"之前，此机构也一直关注学习教学等教师学习问题。

在行为主义培训范式之外培养教师学习"①。她所探寻的如何培养教师学习，主要是深入研究教师要学习什么、教师是如何学习教学的。20世纪80年代至90年代，密歇根州立大学教师学习研究获得了长足发展。在这里，费曼-内姆斯和她的同事成为研究教师学习、教师思维和教师教育新模式的先驱。② 费曼-内姆斯的丰富经历为她开展教师学习研究提供了良好条件，职业生涯中先后承担高中英语教师、教师教育者、教师学习及教师教育研究者等多重角色，这既给予她思考教师学习以坚实的实践基础，也为其形成教师学习理论独到的见解提供了前提。2001年之后，她前往美国布兰德斯大学工作。费曼-内姆斯专注于"教师学习"问题的研究，并于2012年出版了《教师作为学习者》一书，此书汇集了她多年来在此领域中的研究成果，具有里程碑意义，也充分反映了她对"理智"(intellectual)的追寻之旅。可以说，"费曼-内姆斯自1980年来到密歇根州立大学，在过去的40多年的时间里她在教师学习发展中扮演着关键的角色"③。

第一节 教师连续互动学习论的产生背景及理论基础

费曼-内姆斯自20世纪80年代初在密西根州立大学任职直到2001年转入布兰迪斯大学，至今一直都致力于教师学习研究，她所研究的教师学习主要是指初任教师学习教学，可以说在她的论著中教师学习就是指教师是如何学习教学的。20世纪80年代初，她就发表了《成长与反思作为教师教育的目标：研究的指南》("Growth and Reflection as Aims in Teacher Education: Directions for Research"，1980)、《教师发展：消费者指南》("A Consumer's Guide to Teacher Development"，1981)等论文，至今仍笔耕不辍。费曼-内姆斯教师学习理论的产生与她所处的时代、自身经历戚戚相关，同时她的理论也受到杜威、舍恩等思想家，尤其是杜威的深刻影响。本研究把费曼-内姆斯的教师学习理论称为"连续互动论"主要是出于两方面的原因：一方面，费曼-内姆斯本人在其论著中提到过理解教师如何学习教学的核心是"教师认知(不是非常

---

① Sharon Feiman-Nemser, *Teachers as Learners*, Boston, Harvard Education Press, 2012, p. 1.

② Sharon Feiman-Nemser, *Teachers as Learners*, Boston, Harvard Education Press, 2012, p. 1.

③ Carla A. Warren, "Teachers as Learners: A Review of Teachers as Learners," *The New Educator*, 2013, 9(2), pp. 164-166.

严谨地讲教师头脑中发生了什么)与外部学习情境之间的互动"①。同时,费曼-内姆斯就教师学习的研究,不论是从师范生已有的经验、初任教师所遭遇的经验,还是从教师职后专业发展等方面都把"经验"贯穿其中,凸显了经验的重要地位及经验连续性的观点。另一方面,作者在其论著中明确表达了对杜威思想的喜好,并作为其观点形成的重要理论基础。同样,"经验"是杜威研究中的核心概念和理论,"相互依赖和相互联系的统一的观点是杜威教育哲学方法论的核心"②。费曼-内姆斯在分析教师学习问题时,处处都体现出受杜威思想的影响,并把它作为自己主要的理论基础。因此,笔者把费曼-内姆斯的教师学习观概括为"连续互动",它既是费曼-内姆斯的核心学习观也是其审视教师学习、学习教学的方法论,同时也与其研究的理论基础相吻合。

一、教师连续互动学习论的产生背景

从费曼-内姆斯发表的成果来看,可以说她对教师学习的研究真正开始于20世纪80年代。20世纪80年代,是美国教育质量尤为令人担心的时期。在人们高呼教育处于危机之中,重视教师质量的同时,教师的负面信息随之频频出现,进而引发人们对美国教师教育质量的思考。于是,教师教育也开展了对自身的反思与改革。20世纪80年代后期,教师教育面临了第二次改革浪潮,作为此次改革三大取向中的"学术取向、专业取向"都体现了对教师学习什么和学习过程的重视,从而表明人们对教师学习理解的深入。一方面,改革重视教师学习中具体知识的学习;另一方面,改革重视教师学习过程中思维能力的培养。因为,思维能力的发展是一个人自主学习能够达到何种程度的内在硬性条件,学习必须要由教师自己承担,才能真正促发教师的兴趣和责任意识。正是人们对教育质量的热烈讨论及关注,使教师质量成为不可避免的话题,很多人也形成共识,对教师质量的强调有过之而无不及。然而,如何培养优秀教师、提升教师学习的质量、通过何种形式开展教师学习等引起了研究者的关注。另外,从教师教育与教师发展研究关注点的变化来说,20世纪20年代至80年代,教师教育研究的关注点经历了从"课程问题"到"培

---

① Sharon Feiman-Nemser & Janine Remillard, *Perspectives on Learning to Teach*, Michigan, Michigan State University, 1995, p. 21.

② 李春玲:《相互倚赖和相互联系的统一的观点——杜威教育哲学方法论的核心》,载《华东师范大学学报(教育科学版)》,2001(2)。

训问题"再到"教师学习问题"的变化过程。从教师发展的外在支持条件转移到教师本身因素的探究是教师教育研究的基本路向。自 20 世纪 80 年代始,教师学习的话语代替了教师培训,学者们关注教师思维、教师教育对教师知识、态度、信念影响的调查研究。① 可见,教师学习研究自 20 世纪 80 年代开始成为教师教育中的主要研究话题。费曼-内姆斯的思想毫无疑问受到她所置身的时代背景的影响,同时她的不同之处在于对杜威理论的偏好,形成了具有自身特色的教师连续互动学习论:凸显对以经验为基础的教师学习的探讨,以及在教师学习的方式、过程中如何形成教师的教育思维。

除了生活的时代背景外,就费曼-内姆斯个人而言,她对学习教学产生兴趣缘于一个偶然的机会。她在芝加哥大学攻读英语文学硕士期间,恰巧芝加哥实验中学的一位教师离职,费曼-内姆斯通过应聘,从兼职继而成为全职教师开始了对教学工作的好奇与探索。在从事英语教学期间,她也意识到从教多年的教师未必会教学,教学是一项复杂的非确定的工作,需要不断学习。由此她对教师学习、学习教学产生了浓厚的兴趣。另外,费曼-内姆斯个人也很具批判性,她时常会对教学中习以为常的观点和做法产生怀疑,并尝试用新的思路思考问题。她的职业经历及批判品质都为研究提供了有价值的资源。

二、教师连续互动学习论的理论基础

20 世纪 80 年代,越来越多的学者呼吁打破"技术理性"作为教师培养的理念。以技术理性为导向的过程—产品式研究,已经不能在指导教师培养中提供太多有意义的研究结论。因此,研究者重新在教师教育中燃起了对杜威反思性实践的兴趣和舍恩反思实践者(reflective practitioner)②的诉求。同时,认知心理学超越行为主义成为心理学的主导,它的特点是对心理过程的复杂活动进行描述、解释。当研究者以此理论为视角,以教师学习作为研究对象时,"计划""决策""教师思维""问题解决"等都成为研究的热点。作为教师学习研究的先锋,费曼-内姆斯极具研究敏感力。整体而言,其研究的主要理论基础如下。

---

① Sharon Feiman-Nemser, *Teachers as Learners*, Boston, Harvard Education Press, 2012, p.1.

② "reflective practitioner"一词有些学者译为反思性实践者,有些学者译为反映实践者,研究者认为不同的译法他们的解释各有不同。在这里,笔者为了研究之便,统一把"reflective"译为反思。

(一)教师连续互动学习论思想的直接来源：杜威的经验哲学

费曼-内姆斯在其《教师作为学习者》的著作中明确表达了对进步主义的偏好。她曾提及"教师作为学习者的观点在几十年前像激进主义教育家杜威、米切尔都表达过"①。在《教育理论与实践关系》一文中，杜威认为，教师是教学学习者(student of teaching)。因此，杜威的"教师作为学习者"的认识可以看成费曼-内姆斯思想形成的基础与初始源头之一。具体而言，首先，杜威"相互依赖、相互联系"的方法论成为费曼-内姆斯教师连续互动学习论的方法论。杜威深受赫胥黎和达尔文两位学者的影响，他们都以互联、统一的方式看待外在世界、生物世界，蕴含了审视世界的全新思维方式。正是这种"互联""互依"的思想深深触动了杜威，也是他后来经验理论和教育哲学的核心。费曼-内姆斯在她的论著中不仅时常以杜威的观点作论据，她还极其强调教师学习（专业学习）必须是一个连续统一体，这是教师学习的核心问题。除此之外，她对教师学习与外在环境之间的互动关系、初任教师的前见与入职后的经验之间的关系等问题，都体现了浓厚的"互依""互联"的思维方式和观点，可以说这是统领她教师学习理论的重要方法论。

其次，杜威的经验观是费曼-内姆斯教师学习中"经验"研究的直接思想来源。"经验"在费曼-内姆斯的理论中占有重要地位，尤其在她最为关注的内容之一——初任教师学习的研究中显得尤为重要，并作为关键性的解释理论，而这些解释都与杜威密切相连。杜威的经验包含3层含义：①经验是生活，从旧到新的生活；②经验是人对付环境的能力；③经验是一个有意义的连续的系列，而不只是非反思的感情事件、僵死的"刺激—反应"。② 可见，经验与人的生活、生长是有机联系的。同时，杜威看重经验"连续性和交互作用这两个原则彼此不是分开的。……它们是经验的经和纬的两个方面"③。费曼-内姆斯在诸多关于初任教师学习的论述中再三强调，师范生和初任教师通过多年亲身教育经历会形成关于教学的"前认知""前经验"，这是教师职业与医生、律师等

---

① Marilyn Cochran-Smith & Sharon Feiman-Nemser, *Handbook of Research on Teacher Education: Enduring Questions in Changing Context Third Edition*, London, Routledge, 2008, p.698.

② 刘华初：《杜威的经验自然主义》，博士学位论文，复旦大学，2010。

③ [美]约翰·杜威：《我们怎样思维·经验与教育》，姜文闵译，262页，北京，人民教育出版社，3005。

其他职业截然不同之处。这种"前认知"是师范生及初任教师学习中不容忽视的重要起点,也影响着师范生与外在环境的相互作用。费曼-内姆斯对学习中的"前认知""经验"极其重视,因此教师培养中要重视以经验为基础、以实践的方式在教学中实习、从工作场中学习的重要性。经验包含一个主动的因素和一个被动的因素,这两个因素以特有的形式结合着。[1] 个体积极做出某种行动体现了主动,而在行动的过程中个体接受其带来的结果和影响体现了被动。这二者的结合才是真正的、有意义的经验。现实中我们常说的偶然性、随意的行为,虽然也是个体的一种经历,但是这种经历如果没有前后相继性,就不是经验或至少不是有意义的经验。因此,费曼-内姆斯极其反对教师培养和教师发展项目不顾教师已有经验、与教育实践脱节等问题,但同时她认为,教师教育者的重要任务就是帮助教师理解和审视他们的经验,在实践中学习,不断提升反思能力。

最后,杜威关于"思维"的理论对费曼-内姆斯教师思维研究的影响。杜威认为,学习教学是一个学习关注学习者思维过程的问题。强调教学是智识工作,并为"实验室"方法辩护。他认为,这种方法能够帮助初任教师探究儿童如何思维而不是通过师徒关系让教师模仿教学的表面特征,然而模仿学习往往主导着初任教师的注意力。[2] 所谓"实验室"的教师教育注重发展教师在教育实习中对教育实践的反思能力,从而对教育理论有更加深入的理解与体会,提升教师的教育思维能力。他认为,"从师徒(模式)发展到实验室(模式)是历史的进步"[3]。在教师的思维与探究能力的提升中,杜威强调的理论学习、反思具有不可或缺的作用。理论学习能为教师审视实践中的问题提供认识路径,反思能力不仅能够帮助教师内省,也会使其理性、敏锐地把握教育实践中的人和事。这里所指的思维是反思思维,是确立信念而探究证据的过程。杜威强调准教师学习中智识、思维培养的必要性,甚至相对技能而言理论学习具有优先性。学术本身就是最有效的培训工具和培养好教师的方式。[4] 因为,在杜威眼中,理论学习能发挥思维训练的作用。杜威同时认为学术知识中就渗透

---

[1] [美]约翰·杜威:《民主主义与教育》,王承绪译,153页,北京,人民教育出版社,2001。

[2] Sharon Feiman-Nemser, *Teachers as Learners*, Boston, Harvard Education Press, 2012, p. X.

[3] 丁书娟:《试论杜威的教师教育思想》,载《教师教育研究》,2007(6)。

[4] John Dewey, "The Relation of Theory to Practice in Education," https://pdfs.semanticscholar.org,2014-06-04。

了实践因素，需在实践中不断修正。他的反思思维虽然带有科学思维的特点，但并没有割裂理论与实践的关系。也就是说，学习者通过理论学习、学术探究发展思维、心智，但也不排斥其中蕴含实践的因素，并须在实践中不断完善。费曼-内姆斯引用并赞同杜威的观点，并提出此种教师教育的取向。她在1990年时表示，"我非常关注教师教育的学术取向，而这通常被教师教育者所忽视"[1]。学习学科知识与教学法知识同等重要，教师不仅要知道学科知识，还要能达到为了学生的理解而教，提升学生对学术概念的理解程度。在此过程中，为了达到理解而非灌输知识，要高度重视教师的反思思维。因此，费曼-内姆斯批判很多学者把反思作为教师教育的取向之一，她认为反思应当是教师的专业品性。也就是说，反思应融入所有教师教育，融入从事教师职业的个体。

（二）在实践中学习：舍恩"行动中反思"理论

20世纪80年代美国麻省理工学院教授唐纳德·A. 舍恩出版了"反映实践者"的力著，他的思想在专业教育领域中产生了巨大影响，也直接影响到教师教育的改革方向。在批判研究型大学专业学院凸显"技术理性"思想的基础上，他转向了关注"实践"、强调实践教育，并以此来思考我们通常身临不规则、变化无常的专业实践，强调反思在专业人员的学习和实践改进中的价值，从而引起了人们对教师教育领域中实践反思的广泛关注与探讨。而"舍恩书中的目的是为了探索行为中反思的独特结构"[2]。舍恩虽然是杜威思想的继承者，但是这也被认为是他与杜威的不同之处。

舍恩认为，我们的认识通常是内隐的，内隐知识会无形中影响个体的行为，成为指导行为的潜在力量。然而，由于人具有在行动中思考的能力，因此人们也会对行动中的缄默知识能动地进行即时的思考，并调整将来的行为。舍恩的框架包含不同类型的反思，其中有批判性反思。他的"行动中反思"和"对行动的反思"是以"行动中认识"和"行动中知识"为基础的专业实践认识论。[3] 对行动的反思是在实践过后的回望与审视。而"行动中反思"（reflection-

---

[1] Sharon Feiman-Nemser, "Conceptual Orientations in Teacher Education," https://c2.hntvchina.com/scholar?, 2014-06-05.

[2] Nona Lyons, *Handbook of Reflection and Reflective Inquiry*: *Mapping a Way of Knowing for Professional Reflective Inquiry*, Germany, Springerlink. 2010, p. 14.

[3] Hatton, H. & Smith, D., "Reflection in Teacher Education: Towards Definition and Implementation," *Teaching and Teacher Education*, 1995, 11(1), p. 35.

in-action)要求行动主体就是一位研究者,反思与行为同步发生,而不拘泥于现成的理论和观点,同时审视、探究行动,建构出新的解释理论。教学就是这样一个充满偶发性、不确定性的场景,不可能有一个所谓的预设理论、"万能原则"适用于千变万化的具体教学情境中。教师作为专业人士必须要具备基于教育、教学实践的反思、判断的意识与能力。因此,费曼-内姆斯极其强调在教学实践中学习和反思。贯穿在论著中,她有几个体现"行动中反思"的重要观点:第一,教师学习也就是"在教学中的学习,从教学中学习";第二,重视在工作场中的学习;第三,倡导通过教学实践中的师徒关系进行学习,这里师徒关系的学习方式已经超越了仅从实践中获得知、技能,而兼具认知、思维的培养。所有这些观点中的学习都带有反思的特性,所指的学习主要是教师教学实践中的学习。

(三)教育思维的形成:认知学习理论的影响

认知科学是影响教师学习研究的一个重要理论。费曼-内姆斯也认为,认知科学与教师学习密切相连,她多次在教师培养、初任教师学习教学中提到"概念转变""认知师徒"。不过这里的认知都包含建构的意义。费曼-内姆斯教育思维的形成除了受杜威思维理论的影响外,认知学习中的"概念转变""师徒制"也是其重要理论基础。

1. 概念转变理论

其实,教师的成长过程就是一个不断发生转变的过程。而"转变"不仅仅是教师简单的获得知识、技能等,其中面临的主要困难是教师的概念转变。费曼-内姆斯认为,"当教师教育者认识到改变未来教师的信念和形成新的教与学的观念所面临的挑战后,他们就开始转向概念转变模型,并审视在什么样的情况下人们很有可能改变自己的思想"[1]。也就是说,概念变革与教师学习之间直接相连,教师教育者就是主要探讨概念转变的情形与条件。其实,杜威虽然没有提出概念转变,但是他认为经验对人的发展既有促进也有阻碍作用。学习同样如此,那么如何积累对学习有积极价值的经验,同时又要改变某些经验?经验是概念形成的基础。概念转变是学习科学最核心的概念之一,对概念转变的研究可以追溯到皮亚杰、科恩。皮亚杰提出了"同化—顺

---

[1] Sharon Feiman-Nemser & Janine Remillard, *Perspectives on Learning to Teach*, Michigan, Michigan State University, 1995, p. 23.

应"的过程说,"平衡过程"的机制说。在平衡过程中,新旧经验不断相互作用,不断达到某种稳定的适应状态。这表明不论概念发生何种转变,都与原有观点密切关联。因此,20世纪70年代"概念转变的研究"便开始了。在概念转变的研究中,比较显著的是对迷思概念的研究。迷思概念与前认知中形成的概念有本质区别,迷思概念是在前认知中形成的错误观念。这种概念显然会对学习产生干扰或使学习走入歧途。既然迷思概念会干扰学习,研究者自然把目光聚焦于促进迷思概念的转变。不论是杜威的经验理论还是概念转变研究都有相同之处:一方面重视已有经验、前认知的重要性;另一方面促进概念的转变。费曼-内姆斯认为,教师在职前培养中的前认知、教师形象、信念等都会对学习教学产生重要影响,是教师在教育实践中获得意义的过滤器,前认知既是未来教师学习的基础,也可能会由于其本身与日常生活经验根深蒂固的联系而难以发生改变从而阻碍教育变革。因此,在教师培养中既要充分利用有益于教育变革的教师前认知,又要注意迷思概念的转变。

2. 师徒制理论

费曼-内姆斯在教师学习中广泛运用师徒制,主要是试图练就初任教师的教育思维和理解能力。师徒制的发展经历了从传统师徒制到认知师徒制的转变。传统师徒制通常是徒弟在师傅的指导下通过观察、操作,不断地练习掌握技能的过程。然而,研究者发现这种方式不能适应现代社会的要求,由于教学的复杂性,在教学中许多学科的教师在执行教学任务时,除了处理可见的、外显的技能外,其实还有很多隐性的、内蕴的东西。而这却是传统师徒制学习没有覆盖的领域。因此,柯林斯(Collins)、布朗(Brown)、纽曼(Newman)等学者在20世纪80年代末提出了认知师徒制。认知师徒制强调的重点是能够使徒弟有意识地关注认知过程而非简单的表面行为。也就是说,认知师徒制不仅培养徒弟教师灵活处理教学的能力,还关注其认知能力的培养。虽然,在教师教育领域中,传统师徒制和认知师徒制都发挥过重要的作用。但在认知师徒制中,师傅教师会帮助初任教师对其教学行为、教学决策过程等加以分析,从而提高徒弟教师的教育思维能力。虽然,费曼-内姆斯没有专门提出她所指的是哪种学徒制,然而《帮助初任教师学习教学》一文就从学徒制入手,主要阐述师傅教师如何帮助初任教师学会关于教学、儿童、学科的理解与思考,这是典型的认知师徒制。

20世纪80年代早期,师徒制作为改善教育的一种模式出现。政策制定者和教育领导者都对师徒制在改善教学和教师教育中寄予了厚望。① 20世纪90年代，师徒制的范围在美国迅速扩展，并成为支持初任教师的一种重要形式。逐渐地，师徒制也延伸到职前范围。在师徒制理论的发展及实践影响下，费曼-内姆斯也非常重视师徒制在教师学习教学中的作用，并使用很多篇幅谈论师徒制的运用。面对师徒制的潮流，她认为，师徒关系对教师学习的影响需要理性面对：经验丰富的师傅教师毫无疑问能够对初任教师的成长提供帮助和支持，然而师傅教师自身思想的局限性也会限制初任教师的发展。另外，长期以来师徒关系中师傅教师的角色定位模糊不清。师傅教师只是供徒弟学习的模子，还是应该引领徒弟深刻地理解自我及教育教学，从而培养徒弟的批判精神不断改革教育实践。这些都有待深入研究，但是为了进一步推进师徒制在教师培养中的作用，师傅教师的角色需要得到进一步的厘清，经验丰富的教师对初任教师学习教学的影响需要一个更加理性化的认识。

第二节 教师作为学习者及连续互动学习观

费曼-内姆斯认为，教师是学习者，教师学习过程是无止境的。在学习教学一章中她列举了一位有35年教龄、经验丰富的教师与实习教师之间的对话。对话显示出经验丰富的教师出于对教学的深入理解，认为它是一项需要终身学习的事业。"相对而言，经验丰富的教师相信教学工作不能完全基于过去的知识和经验。它必须由对特定学生和课堂情境的研究获得的知识而转化。并且，教师认识到课堂不仅是一个教孩子的地方，也是自己学习更多教学技能和拥有学习机会的地方。"② 因此，在动态的教育情境中教师需要始终保持学习的激情，教师培养机构和从教学校也要给教师创造条件，注重培养其学习能力。教师学习既是一个过程也是一种结果。③ 所谓过程是指随着外在教育环境的不断变化、教育教学情境的复杂化，教师始终都处于学习的状态。而在教师学习的过程中又会逐渐形成规范的教育实践，并构筑教师的专业身

---

① Sharon Feiman-Nemser, "Teacher Mentoring: A Critical Review," https://c2.hntvchina.com/scholar?, 2014-06-10.

② Sharon Feiman-Nemser, *Teachers as Learners*, Boston, Harvard Education Press, 2012, p.27.

③ "教师学习既是过程也是结果""学习教学就是要教师学会思维、认知、感受、行动"，这是笔者与费曼-内姆斯的通信中她明确谈到的观点。

份。因此，教师作为学习者既是一种状态持续存在于教师学习过程中，也是在此过程中教师专业身份形成的结果。在终身学习已经成为国际化思潮的背景下，加之教学的特性，教师作为学习者更具重要意义。

一、教师作为学习者：TKFA 的连续统一体

研究者对教学日益深入地研究后，发现教学并不是人们想象的获得知识—传递知识的简单过程。实际上，教学充满了复杂性、不确定性，难以用教师提前习得的知识或预设的原理来应对变化中的教育教学情境。教学专业中几乎没有现成、明确的答案，而充满了各种各样让人捉摸不定的情形。"因此，在教师培养的过程中，需要给初任教师提供的是，允许他们用自己的理智、敏感来觉察困境，并做出深思熟虑的、明智的决策，从而指导教学行动。"①显然，这里凸显了学习中教师的主动性，及"思维"在教师身处教学不确定性中的价值。由于教学的特性，教师总是需要持续地学习，是学习的存在(learning to be)，学习者是教师的存在状态。费曼-内姆斯提出，教师作为学习者，教师学习就是要"学习像教师一样思维(think)""学习像教师一样认知(know)""学习像教师一样感受(feel)""学习像教师一样行动(act)"，即"TK-FA"。所谓连续，是指教师学习中不论是思维、认知、感受，还是行动，它们都以"经验"为最根本的基础，而经验具有连续性。其次，思维、认知、感受、行动是教师学习、学习教学不可分割的部分，任何一个方面都不可能孤立存在，它们在教师学习中是相互作用的统一体。当今整体论者也认为，在看待学习时"除了了解我们如何思维和感受，我们也必须了解行为何时被思维支配，何时又被情感所支配"②。毫无疑问，教师学习中"思维"能力的提升越来越多地是关于教育教学有意义经验的获得，情感是教师对待学习的态度、反应与动力。它们都蕴含在教师学习中，并在行动中不断完善。它们是以经验为起点而相互交织、作用的统一体。

(一)教师作为学习者：思维的维度

教师思维研究是 20 世纪 80 年代的一个重要研究话题。当时研究者所持

---

① Wassermann, S., "Shazam! You're a Teacher: Facing the Illusory Quest for Certainty in Classroom Practice," *Phi Delta Kappan*. 1996, 80(6), p. 466.

② [美]D. A. 库伯：《体验学习——让体验成为学习和发展的源泉》，王灿明等译，28 页，上海，华东师范大学出版社，2008。

的"核心假设是教师思维是尝试解释教师在学校、课堂中理解的方式,调整和创造环境的方式"①。然而,费曼-内姆斯却反对此观点,她认为,人们似乎相信如果研究者发现优秀教师是如何思维和计划的,教师教育者就能够相应地把这些教师思维和计划的方式教给未来教师。很少有人追问教师是如何学习此种思维或者计划的,这就是我的起点。② 显然,对费曼-内姆斯而言,研究优秀教师学习的过程要比优秀教师拥有何种思维、计划能力更重要。费曼-内姆斯说道:"学习像教师一样思维——指向了教学工作是一项智识工作,体现了认知科学对教师学习研究的影响。学习像教师一样思维需要批判性地审视现存的认识,需要转换为教育思维(pedagogical thinking),发展元认知意识。"③也就是说,学习像教师一样思维在此至少包含了3层含义:首先,审视前认知;其次,转换为教育思维;最后,发展反思意识。实际上,我们可以把教师思维的这3个层面视为一个层层递进的关系。

1. 审视前认知

教学和其他专业不一样,准教师在10多年小学、中学的教育经历中无意识地对教育教学形成了直接感知,对教师、教学、学生、课堂等各个方面已经具备了基本的认识。那么,准教师在学生时代其实已经在潜移默化地进行着学习教学活动,形成了许多前认知和经验。而经验可区分为"原初经验"和"反思经验",原初经验具有"直接性(前认知是其体现)""具体性""暂时性""情感性","原初经验的潜能可以引起或者提高人们对于具体经验的尊重以及对潜能本身的关注"。④ 反思经验能以思维洞见行为与结果、事物之间的关联。原初经验是反思经验的一手材料,反思经验要经过原初经验的验证,并丰富其意义。因此,准教师的前认知作为原初经验,是拓展、充实经验意义的发源地。在准教师的前认知中,对教学比较常见而显著的两种认识是:教学

---

① Christopher Day, James Calderhead & Pam Denicolo, *Research on Teacher Thinking: Understanding Professional Development*, London, The Falmer Press, 1993, p. 22.

② Sharon Feiman-Nemser, *Teachers as Learners*, Boston, Harvard Education Press, 2012, p. 20.

③ Marilyn Cochran-Smith & Sharon Feiman-Nemser, *Handbook of Research on Teacher Education: Enduring Questions in Changing Context Third Edition*, London, Routledge, 2008, p. 698.

④ 刘华初:《实用主义的基础——杜威经验自然主义研究》,111~112页,北京,人民出版社,2012。

观——教学是一个给学生传递知识的过程,学生的学习就是吸收和记忆知识、练习技能;知识观——学科内容被视为是一个既定的、不变的知识集合体,在教学之前掌握即可。依照这种知识观,绝大部分准教师都认为,只要掌握了所教学科的知识,就可以顺利地教学;有些准教师甚至认为,他们在短期内掌握教学所需的知识并达到一定水平后,学习就可以停止了。由于这些观点往往根深蒂固,准教师很难跳出固有思想的樊篱并真正接受新的思想、理念,从而引发行为的改变。毋庸置疑,在教师培养中,一方面这些认识可以为其发展奠定一定的基础,另一方面前认知也可能引发误导、保守、懒惰、迟钝,进而限制准教师的思想与行为。可见,前认知对持续的教师学习固然重要,却并不完全是有利的。因为,准教师倾向于待在舒适地带,使用熟悉的思维方式,无意或有意中忽略与前认知冲突、矛盾的新事物、新思想,从而限制了反思思维的发展,阻碍了探究、创造的释放。这也是教师教育和教师教育者在培育师范生时遭遇的重大挑战——面对他们带入教育实践中的前认知,该如何正视它,并加以利用和完善。正如学习科学所言,"概念转变这个词很贴切地表达了主要的困难:学生必须在原有观点境脉下建立新的观点。因而,强调的重点在于'转变'而不是简单的获得。许多证据表明原有观点在多方面束缚了学习"[1]。那么,在教师学习中前认知是发生概念转变必须考虑的一个关键要素,审视前认知是概念转变的前提。

概念变革理论建议变革教师的认识取决于他们意识到自己的观念和那些关于教学、学习的新观点之间潜在的差异。如果可供选择的认识是鲜活的、具体的、详细的,并具有合理性,概念转换更有可能发生。[2] 同时,要使教师改变他们的思维,概念转变研究认为必须具备一些条件:第一,教师必须对自己现存的信念不满;第二,他们必须审视、重视可信度高的、可供选择的新方式;第三,他们必须想出把新的认识与他们早期的概念整合起来的一些方法。[3] 显然,仅仅批判性地审视、思考先前认知是不够的,这还需要外在支持,未来教师也不可能单独完成此任务,如果想让教师把新的思想和行

---

[1] [美]R. 基思·索耶:《剑桥学习科学手册》,徐晓东等译,304 页,北京,教育科学出版社,2010。

[2] Sharon Feiman-Nemser & Janine Remillard, *Perspectives on Learning to Teach*, Michigan, Michigan State University, 1995, p. 23.

[3] Sharon Feiman-Nemser & Susan Melnick, *Exploring Teaching: Reinventing an Introductory Course*, Columbia, Teachers College Press, 1992, p. 5.

动方式融入自己的教学,必须给予他们持续的支持和监督。

2. 转换为教育思维

许多教师认为通过10多年的"师徒观察"自己已经学会了教学,事实并非如此。我们要深入追问的是,当进入真实的教学活动时,实习教师或教师的所作所为是以自己的经验常识为基础还是自觉以理性为导向,他们在做教学决定时是否具有教育思维的意识。虽然,"在文献中我们发现了教学内隐理论的概念,它暗示一种模糊的思维,这种思维在教学中根本不需要教学思维……但是在教师教育中,我们尝试让实习教师在教育目的的基础上做决定"①,从而尽量避免教师教学决定的盲目性、随意性。从教育的角度思考问题,"取决于我们(教师们)如何理解教师的工作,赋予教师什么样的角色"②。所以,好教师虽然有天赋的成分在内,但却不是天生的,教育思维要经过有意识、专门的培养与学习。从费曼-内姆斯的论述中可以得知她也赞成此观点,并认为要帮助准教师形成教育思维,教师教育者的主要挑战之一也是帮助准教师形成概念。因为,"概念建立起来的是可靠的、有根据的意义……是判断的工具,因为它们是参照的标准"③。特定的学科拥有特定的概念,它们都是加强理解的工具。如果没有相应的概念,师范生就不能很好地理解、识别教育教学中的经验、现象、问题,并进行推理。概念是开展完整的反思思维活动所必要的。师范生要从常识、日常经验向教育思维的方向转变,除了强调概念之外,"教师培养是准教师首次与专业思维模式和行动相遇。目的—手段思维和对学生学习的关注都是教育思维的核心"④。费曼-内姆斯列举了两位具有不同前认识的准教师,其中珍妮丝(Janice)参与学术学习项目(Academic Learning Program),此项目强调理论和学科知识在教师学习中的重要性;莎拉(Sarah)参与决策—制定项目(Decision-Making Program),此项目强调一般教学方法的学习、培养以研究为基础的决策和个人反思,通过此过程

---

① Kansanen, P., "Pedagogical Thinking: The Basic Problem of Teacher Education," *European Journal of Education*, 1991, 26(3), p. 251.

② Kansanen, P., "Pedagogical Thinking: The Basic Problem of Teacher Education," *European Journal of Education*, 1991, 26(3), p. 252.

③ [美]约翰·杜威:《我们怎样思维·经验与教育》,姜文闵译,127页,北京,人民教育出版社,2005。

④ Sharon Feiman-Nemser, *Teachers as Learners*, Boston, Harvard Education Press, 2012, pp. 181-182.

来呈现转换为教育思维的过程。① 对两则案例进行整体观察，结果表明，"决策—制定项目"拥有较好的效果。在费曼-内姆斯教师学习的研究中，教师转化为教育思维的着眼点是：目的—手段思维(ends-means thinking)、关注学生学习、决策制定。

第一，目的—手段思维。目的—手段思维与手段—目的思维方式不同。手段—目的思维认为，教师的首要任务是决定需要实现或准备实现的目的，然后选择恰当的学习活动实现这些目的，它带有明显的预设性及对活动的控制色彩，是预设式思维。目的—手段思维中，教师首先关注提供给学生的学习活动类型，目的仅仅存在并出现于活动展开的情境中，它以学生自身经验为着眼点，与所追求的目标结合，手段与目的作为一体化的方式存在，是生成式思维。费曼-内姆斯倡导，以目的—手段的思维方式作为教师教育项目的理念来培养教师思维。两种思维方式差异显著：手段—目的思维方式先预设目的，忽视教学是一个动态的变化过程，以简单、机械的方式应对复杂问题，一旦出现意外困难，就不能及时做出必要的调整；手段—目的思维方式中的"目的"往往来源于外部，外在于教学活动本身，教师只是执行者，不是基于教学的实际情况，因而往往会限制行动的意义、学生的发展。目的—手段思维方式的目的和手段都内在于教—学活动之中，它关注教学的实际情况，具有较强的灵活性，不以外部的要求牺牲学生的发展。

费曼-内姆斯列举了不同的教师培养项目，充分体现了不同的思维方式。珍妮丝(Janice)由于缺乏田野经验，在学习教育理论、学科知识时，时常感到学习远离教学实践，处于迷失与挣扎的状态。她学习的模式是"阅读—记忆"式，并把教学称为"机械的真实教学"。莎拉则不同，她所参与的项目的学习模式是"观察、行动和思考"，此模式中课程与实践间有密切的联系与互动，项目通过问题解决让她经历"思考"的过程，学会从专业的角度思考问题。② 这两个项目导致的不同结果是：珍妮丝仍然深受前认知的影响——耐心为教学做好准备，同时她教学的思维方式也很少发生变化，"记忆""预设"是她处理课堂教学的主要理念。而莎拉在决策制定项目中正在形成教育思维的能力，

---

① Sharon Feiman-Nemser, *Teachers as Learners*, Boston, Harvard Education Press, 2012, pp. 181-182.

② Sharon Feiman-Nemser, *Teachers as Learners*, Boston, Harvard Education Press, 2012, pp. 181-182.

她把教育理论逐渐应用到教育实践中，从教育的角度审视现实。显然，这两种思维方式在教师教育项目中都不可缺少，不同的教师培养项目会体现不同的思维导向，从而形成教师不同的思维方式与行为习惯。在教师教育项目多以手段—目的思维为主的现状下，费曼-内姆斯更重视以目的—手段的思维方式设计项目。

第二，关注学生的学习。关注学生的学习，要求教师从学生的角度思考问题。海耶特（Highet）振振有词地说："你必须思考，不是你知道什么，而是他们知道什么；……然后你把自己放在他们的思想中，像他们一样倔强地、好奇地探索、犯错误，解释他们需要学习什么。"[1]在教师、学生、学科的三角关系中，学科只不过是连接教师与学生的桥梁与中介。教学活动就是要帮助学生学习知识，教师不仅要自己理解所教知识，更重要的是如何使自己的理解与学生间的学习建立连接。对初任教师而言，这是他们面对的最大困难，如何从关注自我、学科转向关注儿童及其需求。从珍妮丝和莎拉二者的学习过程可知，她们都清楚地认识到重视儿童的思维方式、理解方式和前认知对教学至关重要。费曼-内姆斯的研究表明，教师学习仅仅有知识、信念是不够的，师范生的培养和准教师的培育都需要重视有关儿童的知识、儿童的多样性、儿童的需求、儿童的思维等。因为准教师曾经经历过什么样的教育和教学方式，都会给他留下深刻的印象，相应地在今后从教中就会应用于自己的学生。然而，只有教师关注学生的学习，教学才能真正产生意义。

第三，决策制定。教师决策制定的研究受认知心理学的影响，它主要探究教师的认知过程。决策能力提升是莎拉参与决策制定项目的重要目标。由于教学的不确定性，教师时时都需要做出决策。早在1973年谢弗尔森（Shavelson）就指出决策制定是教学技能的基本特征，并继续宣称决策制定与教师专业生活的每一方面都息息相关。[2] 教学是一项复杂的、需要认知高度参与的活动，教师的思维、决策能力会决定教师的行为，从某种程度上也决定着会形成何种教学和学习环境。从教师决策的过程讲，其通常涉及教师如何整合学生、学科、课堂管理等因素。从类型讲，"目前的研究区分了两类教

---

[1] Sharon Feiman-Nemser, *Teachers as Learners*, Boston, Harvard Education Press, 2012, p. 86.

[2] Delores A. Westerman, "Expert and Novice Teacher Decision Making," *Journal of Teacher Education*, 1991, 42(4), p. 292.

师决策——计划决策和互动决策。计划决策是在教师教学行为之前所做的决策；互动决策被定义为教师在教学行为过程中所做的决策"①。而珍妮丝和莎拉项目学习的研究显示，在决策过程中珍妮丝考虑的因素比较单一，莎拉考虑的因素相对较多；二者在项目学习中都涉及计划决策与互动决策。珍妮丝和莎拉都倾向于计划决策；莎拉虽然认为经验越丰富，教学就越好，但也认为在教师培养中同样要注重计划决策。她说："提前计划很好，你在提前计划之后不会走入歧途……如果你的计划是好的和具有动机的，那么你就不会有管理问题。"②当然，这并不意味着互动决策不重要，尤其是对莎拉而言，只不过准教师没有足够丰富的经验和实践的经历，还没有充足的机会学习使用互动策略。

简言之，费曼-内姆斯认为，教育思维必须在外在帮助下形成，从而克服"迷思概念"对教师实践产生的影响，并跃出我们熟悉的教学与学习的世界看问题。她阐释了不同教师培养项目对未来教师转换到教育思维的影响，不管项目的差异何在，教师培养项目应以"概念的形成""目的—手段思维""关注学生学习""决策制定能力"为规划重点，培养、提升教师的教育思维能力，从而把准教师对教学—学习的思考置于教育的框架中。

3. 发展反思意识

费曼-内姆斯非常重视反思在教师学习中的地位，但与其他很多学者态度不同的是，她明确批判把反思作为教师教育的取向之一，认为反思是教师专业的内在品性。费曼-内姆斯对教师反思的认识主要建立在杜威的理论上，杜威所说的反思不仅仅指的是问题解决的 5 步方法，也是一种满足或回应问题的方式。反思涉及问题解决过程中态度与技能的整合，单独的态度和技能都是不充分的。③ 教师既要学习反思的方法也要时刻具备反思的态度——虚心、

---

① Peterson, P. L., Marx, R. W. & Clark, C. M., "Teacher Planning, Teacher Behavior, and Student Achievement," *Educational Research Journal*, 1978, 15(3), p. 418.

② Sharon Feiman-Nemser, *Teachers as Learners*, Boston, Harvard Education Press, 2012, p. 194.

③ Kenneth M. Zeichner, "Reflective Teaching and Field-Based Experience in Teacher Education," *Interchange*, 1981, 12(4), p. 6.

专心、责任心。① 忽视反思的态度只能体现为对问题的机械反思，囿于问题的高效解决，而缺乏道德伦理维度的思考。反思实践需要"积极的、持续的、仔细思考任何信念或者假设的支持理由及它所导致的深入结果"②。反思思维要求教师学会思考教育教学背后的深层依据及其与社会政治、经济等的关系。然而，现实中教师教育长期以来受效率的驱动，注重教师反思技能的培养，却忽视了反思态度。学习像一位教师一样思考意味着超越单纯的信念、认识，学会把教学、学习活动置于教育的框架中，这种框架与目的、手段相连。教师要形成从某人的角度思考问题的能力，反思和调整自身的实践。③ 这里的"反思"首先是对教师反思技能的强调，其次要求教师的反思时刻与带有价值倾向、责任要求的教育目的相连，以考虑学生的成长来反观自我及外界。

(二)教师作为学习者：知识的维度

教师作为学习者，学习什么是一个不可回避的话题。费曼-内姆斯解释道："学习像教师一样认知——强调良好教学所依赖的不同类型的知识，包括教师从实践中产生的知识。"④她所说的学习像教师一样认知，其实是指教师应该学习的知识，包括静态的知识和实践中产生的知识。但是，究竟成长为未来教师应学习的知识是什么，费曼-内姆斯并没有给出一个固定的框架，只是从3种现代教师知识的研究成果入手展开了分析，这与她的知识观不可分割。费曼-内姆的知识观体现在以下几点：第一，教师学习的知识应以教师经验为基础。这是费曼-内姆斯对知识最基本的认识，她不仅批判教师教育项目忽视师范生与教师已有的经验，还指出在教师培养、培育的过程中教师所学的知识往往也与日常教育教学实践相脱节，职前、职后教师教育项目缺乏以经验为基础的连续性、一体化的设计。所有的教师学习活动都应以经验作为

---

① [美]约翰·杜威：《民主主义与教育》，王承绪译，33～35 页，北京，人民教育出版社，2001。

② Kenneth M. Zeichner, "Reflective Teaching and Field-Based Experience in Teacher Education," *Interchange*, 1981, 12(4), p. 5.

③ Marilyn Cochran-Smith & Sharon Feiman-Nemser, *Handbook of Research on Teacher Education: Enduring Questions in Changing Context Third Edition*, London, Routledge, 2008, p. 698.

④ Marilyn Cochran-Smith & Sharon Feiman-Nemser, *Handbook of Research on Teacher Education: Enduring Questions in Changing Context Third Edition*, London, Routledge, 2008, p. 698.

起点，经验在教师学习过程的每个阶段都很重要。第二，教师是知识的参与者。这里指教师要通过实践探究学习知识。长期以来，在二元论的关照下，知识与认知者是分离的，是外在于认知者的实在。费曼-内姆斯批判此种认识论长期以来对教师学习的影响。她认为，教师学习应该是探究教学实践，是基于工作场在实践中的学习，知识就是在此过程中形成的结果。在实践中，教师更有可能生产有价值的知识。因为，知识的所指发生了变化，它不再是我们通常理解的静态的、外在的符号系统，它是对变化不定的教育教学情境的认识，知识是个体通过与外部互动而建构、获得的有意义经验。就教师应该学习什么的问题有一点值得注意，"学习教学的内容和过程必须要相结合看待，因为教师如何学习影响他们学习了了什么"①。相对而言，教师参与学习过程的"学习内容"需要进行更多的研究，其实质是要探究教师学习中个体的变化和支持此种变化的情境。因此，知识是变化的、需要不断修正的。第三，教师所学习的知识在于解决问题，是工具性的。费曼-内姆斯并不否认教师要学习现成的知识，她更关注教师如何思考、使用这些知识；知识如何在教育实践中转换，并有助于学生的理解；教师如何应对变化的教育情境，处理实践问题。所以，教师学习知识并不是目的，它是朝向目的的中介和工具。费曼-内姆斯的知识观决定了她对教师应学知识的认识。

费曼-内姆斯虽然没有提供教师学习知识的内容框架，却分析了3种关于"教师应学什么知识"的研究成果。"第一，初任教师的知识基础，勾勒了初任教师以教学所需为指向的知识领域研究。第二，识别核心教学任务。此研究为以初任教师执行任务所需能力为导向的知识和技能研究。第三，基于以NBPTS提供的优秀教学所需为导向的知识、技能和品质标准整合的研究"。②简言之，她围绕"教师所需的专业知识领域""执行核心任务的知识需求""专业标准的知识要求"3个方面展现了对初任教师所需知识的分析。首先，教师的专业知识领域。教师的知识基础是成为好教师和教师行为的基础。专业的知识基础能够帮助教师建构理论概念，以便在决定教师如何执行任务的过程中使用。很多学者都关注初任教师专业知识的问题。琳达·安德森和安妮·雷

---

① Sharon Feiman-Nemser & Janine Remillard，*Perspectives on Learning to Teach*，Michigan，Michigan State University，1995，p. 20.

② Sharon Feiman-Nemser & Janine Remillard，*Perspectives on Learning to Teach*，Michigan，Michigan State University，1995，p. 12.

诺兹(Anne Reynolds)认为,初任教师有4项知识基础:一般教学学习原则;内容知识;内容的具体教学法;良好的教学技能。① 费曼-内姆斯的不同之处在于她突出教师对儿童的了解。教师首先要掌握所教学科的知识,同时教师不仅要知道教什么,更要了解成长变化中学生的需要,站在学生及教育目的的角度思考问题,如何以恰当的、吸引人的方式把自己知道的知识通过转换、建构传递给学生。其次,教师执行核心任务所需的知识。从核心任务中推出教师所需的知识和技能。初任教师教学需要关注三大重要任务:活动前任务(preactive tasks)、互动过程中任务(interactive tasks)和活动后任务(postactive tasks)。② 这与通常所说的准备教学、实施教学、教学的评估与反思的环节基本吻合。只不过费曼-内姆斯更强调教师在执行任务的过程中对现实情境的理解。"教师不光是要解决问题,相反他们要为各种竞争性目标导航,因为他们时刻都要思考在具体的教学情境中该做什么样的决定。"③这样的任务要求教师提升自己的实践智慧、形成实践知识,以恰当的方式对变化不定的情境做出反应。最后,以NBPTS为标准的知识要求。NBPTS通过5条核心建议反映了教学工作的基础。标准中每一条建议都隐含了教师应学习的知识。比如,第一条,要求教师掌握与学生相关的知识;第二条,表明教师要具备扎实的学科知识;第三条,显示教师要具有管理课堂、班级的知识;第四条,要求教师具有反思探究的知识;第五条,暗示教师要具备合作学习的能力。费曼-内姆斯赞同标准中对教师的问题解决能力、判断能力、实践探究能力的强调。总之,她在现有研究成果的基础上从3点突出教师应学习的知识内容:教师的教育思维、教师的探究、教师对教育教学情境的理解。

(三)教师作为学习者:感觉的维度

费曼-内姆斯提出教师的学习要"感觉像一位教师"(learn to feel like a teacher)——意味着教学和学习教学是一项极具个性化的工作,夹杂着教师的

---

① Reynolds, A., "The Knowledge Base for Beginning Teachers: Education Professionals' Expectations Versus Research Findings on Learning to Teach," *The Elementary School Journal*, 1999, 95(3), p. 200.

② Reynolds, A., "What Is Competent Beginning Teaching? A Review of the Literature," *Review of Educational Research*, 1992, 62(1), p. 4.

③ Sharon Feiman-Nemser & Janine Remillard, *Perspectives on Learning to Teach*, Michigan, Michigan State University, 1995, p. 17.

情感、身份和理智。形成专业身份是一个复杂的过程，融合过去、现在和将来。① 教师学习的感觉维度有 3 个基本要素：情感、身份和理智。"感觉像一位教师"倾向学习教学中的非理性因素，它指情感和身份的关系。当教师在一个感到安全的文化氛围中学习教学时，就有助于教师身份感的形成；随之，当教师具有浓厚的身份感时，往往会带着积极的情感投入教育教学。

首先，从情感的角度讲，哈格里夫斯（Hargreaves）曾说："情感是我们自身的动力，不论它们是积极的还是消极的，所有的组织，尤其是学校充满了情感。"②初任教师在他们的成长与专业发展中总需要各种各样的支持，费曼-内姆斯和许多学者都认为，学校需要为初任教师第一年的学习提供各种支持，这些支持会给教师留下深远的影响和对教育教学的感受、情感。尤其是师徒关系对初任教师会产生直接、关键的作用。在师徒关系中，师傅教师是师徒交往、情感状况的主导因素，有些师傅教师会限制初任教师的发展，给初任教师造成消极、负面的情感，挫败其学习的激情。但是，一些师傅教师会把他们的责任定义在对初任教师情感支持和技能支持上……乐意帮助初任教师解决遇到的任何问题，当初任教师逐渐自信时，师傅教师就退回。③ 不论师傅教师以何种角色帮助初任教师成长，都会对初任教师所从事的职业产生情感影响。教师的情感状态是积极的还是消极的会影响教师学习的动力、教学的理念和行为，以及对教学持有的期望。良好的师徒关系能为初任教师的学习提供令其感到安全的氛围，有助于激发其创造性、灵活性。当教师感受到学习教学的乐趣时，最终也有助于教师身份感的形成。

其次，"感觉像教师"的核心其实是教师专业身份的形成。费曼-内姆斯提出，初任教师必须巩固专业身份。初任教师通过结合他们过去对教师身份的认识，学校教育中的经历、他们心目中崇拜的教师形象和期望的课堂④形成

---

① Marilyn Cochran-Smith & Sharon Feiman-Nemser, *Handbook of Research on Teacher Education: Enduring Questions in Changing Context Third Edition*, London, Routledge, 2008, p. 699.

② Paul A. Schutz & Michalinos Zembylas, *Advances in Teacher Emotion Research: The Impact on Teachers' Lives*, Germany, Springerlink, 2009, p. 33.

③ Sharon Feiman-Nemser, *Teachers as Learners*, Boston, Harvard Education Press, 2012, p. 124.

④ Sharon Feiman-Nemser, *Teachers as Learners*, Boston, Harvard Education Press, 2012, p. 122.

了最初的教师身份感。

然而，建构专业身份是复杂、持续的过程，不是一蹴而就的。它是不同阶段学习中对教师的期望形成的结果，它是身体、智识、情感经受考验的结果，是自身成为教师的结果。① 教师专业身份的形成与情感密不可分。哈维兰-琼斯（Haviland-Jones）等学者对身份与情感之间的关系进行了有益探索，把情感看成身份的黏合剂。琼斯认为，如果人们的思想、记忆和未来的希望都是围绕快乐的事组织，这些情境就会循环，当此组织运转良好时，教师身份就能形成；反之，就不能形成。② 也就是说，情感具有选择功能，它决定了是趋向还是逃避某事，而身份的形成具有历史维度，教师在长期情感的趋避作用中逐渐形成身份。教师专业身份包含一种稳定、长久的情感和对教师职业的看法。因此，初任教师情感是形成专业身份的重要影响因素。

（四）教师作为学习者：行为的维度

以上论述了初任教师学习中思维、认知、情感等维度，但所有这些维度都与实践相关并最终要落实到行动中。学习像教师一样行动（learning to act like a teacher），意味着教师需要一系列技能、策略和判断力来决定什么时候该做什么事。通常，我们需要确定教学常规来指导课堂事务的处理。然而，教学的不确定性意味着教师一直都要吸收新信息，不断学习，从而决定下一步做什么。费曼-内姆斯"学习像教师一样行动"的观点就是要发展教师的"适应性专长"③。适应性专长一词由哈塔诺（Hatano）等学者于20世纪80年代提出，用以区分"常规专家"和"适应性专家"在解决实践问题时的方式、表现特性的不同。费曼-内姆斯认为，教师应具备适应性专长，要求教师要"趋于改变自己的核心知识和特长，并不断扩展其专门知识的范围、加强理解的深度。这种核心知识、基础信念和特长的重组可能会在短期内降低教师的工作效率，

---

① Paul A. Schutz & Michalinos Zembylas, *Advances in Teacher Emotion Research*: *The Impact on Teachers' Lives*, Germany, Springerlink, 2009, p. 42.

② Paul A. Schutz & Michalinos Zembylas, *Advances in Teacher Emotion Research*: *The Impact on Teachers' Lives*, Germany, Springerlink, 2009, p. 42.

③ Marilyn Cochran-Smith & Sharon Feiman-Nemser, *Handbook of Research on Teacher Education*: *Enduring Questions in Changing Context Third Edition*, London, Routledge, 2008, p. 700.

但最后会增加他们解决问题的灵活性"①。适应性专长指的是一种能力——在某一领域的非确定情境中利用经验、知识不断学习的能力。从学习科学的角度讲，适应性专长的表现特征是：对教学和学习的深度理解，即解决问题的过程常规专家知其然，适应性专家不仅要知其然还要知其所以然；面对新情境，常规专家惯于遵循刻板的程序，擅长解决常规问题，适应性专家往往以新的视角重新深思问题，形成新的解决方案；面对学习，常规专家往往能快速、准确地完成教育教学任务却缺乏理解，以效率为指向，适应性专家具备建构有意义学习的能力，注重自身元认知能力的培养。因此，教师作为学习者要灵活地应对教学实践，就要具备适应性专长。有学者提出发展适应性专长的学习环境设计要注重以下几方面：强调渐进式的挑战性的复杂问题解决；强调弹性认识；强调知识创建和革新；强调元认识。② 费曼-内姆斯也强调适应性专长是教师学习者的发展方向，她对元认知、问题探究等的重视从研究中可见一斑。

二、连续互动教师学习观

基于对费曼-内姆斯教师学习的理论基础和论著的分析，她的学习观可以称为连续互动的教师学习观，在《教师作为学习者》一书中她也明确提出，论著中贯穿的三大主题是：教师学习是一个连续统一体，而不是一个有限的事件；必要的——但还存在问题——学习教学中经验的角色；教师学习是个体、项目、情境互动的结果。③ 在研究分析中，教师连续互动的学习观主要包括3层含义：教师学习的连续性；教师学习的互动性；教师学习的统一性。

(一)教师学习的连续性

教师学习的连续性主要是指学习中经验的连续性。费曼-内姆斯"思想的

---

① [美]琳达·达琳-哈蒙德、约翰·布兰斯福德：《教师应该做到的和能够做到的》，陈允明译，39页，北京，中国青年出版社，2012。

② 王美：《面向知识社会的教师学习：发展适应性专长》，博士学位论文，华东师范大学，2010。

③ Sharon Feiman-Nemser, *Teachers as Learners*, Boston, Harvard Education Press, 2012, p.2.

核心是纯粹利用经验和使经验具有教育性"①。她把研究的主要精力放在初任教师如何学习教学上,而在研究中她一再强调易于被教师教育者低估或忽视的一点,那就是教师在进入正规教师教育项目之前就已经拥有的经验,而此种忽视会造成教师学习中经验的分离,隔断在教师学习过程中无处不在的经验的影响,从而产生机械学习,阻碍思维的发展。根据杜威的观点,不论是"原初经验"还是反省经验,它们之间都是连续的、相互作用的。"估量一个经验的价值标准在于能够认识经验所引起的种种关系和连续性"②。因此,未来教师、初任教师不能被看成真空的个体,教师学习不能被看成从事纯粹理智活动的过程,应该被看成如何在已有经验的基础上获取有意义经验的过程。

教师每一个阶段的学习都离不开已有经验,经验对学习教学很重要。首先,从宏观层面上讲,在人类发展过程中积累的经验所形成的文化,会对教师学习产生潜移默化甚或根深蒂固的影响。归属于不同群体的学习者具有不同的经验、文化特点、共享假设,会影响教师学习的发生和进行,直接影响教师学习的思维模式、学习风格等。此外,不同文化经验中由长者、家长、教师等形成的"教师"形象、教师角色、行为方式也存在差异,而这些印象往往会一代代地延续下来。教师教育项目及教师教育者不仅要关注不同教师群体的经验,还要关注由文化传承下来的关于教师的认知。在师范生的培养中,由经验形成的背景性因素不容小觑。因为,"未来教师已经分享了这些无意识的教育倾向,同时以他们认为应担当的使命感延续相同的影响。正如斯蒂芬斯所说,这种结合比我们目前教师培训所做出的努力产生的影响要更强大"③。正如杜威对"原初经验"地位的重视,人类世代的教导方式和价值观在教师学习过程中的作用就有相似的功能。作为经验流中的重要组成部分,它是考虑如何使不同阶段的教师能够有效学习的基础和起点。其次,从中观层面上讲,教师学习受学生时代教育中所获得经验的有力影响。通过"观察"的学习往往对未来教师产生深刻影响。洛蒂(Lortie)认为,"从事教学的人正常有16年与教师和专家接触的时间。事实上,美国年轻人观察教师工作的时间

---

① Sharon Feiman-Nemser, *Teachers as Learners*, Boston, Harvard Education Press, 2012, p. XI.

② [美]约翰·杜威:《民主主义与教育》,王承绪译,149页,北京,人民教育出版社,2001。

③ Sharon Feiman-Nemser, *Teachers as Learners*, Boston, Harvard Education Press, 2012, p. 30.

要远远比其他职业的时间长,我们能够估算出学生直到中学毕业平均直接与课堂教师接触的时间是 13 000 小时"①。相对其他职业而言,准教师经历了漫长的、潜在的学习教学过程。他们在不知不觉中模仿着教师的一言一行。根据符号互动论的观点,"通过试误和周围人有意义的训练,最终使个体和周围环境中的其他成员形成对姿势一致的理解,并形成能够表达相同意义的常规姿势,这些常规姿势就是符号"②。在师生交往过程中,学生会渐渐获得教师使用的"常规姿势",潜移默化地"扮演他人的角色""习得特定的文化"。由于此时学生处于特定的年龄阶段,往往会从某一个具体的点或面审视教师,而缺乏整体意识和理性思考;学生从"旁观者"的角度获得对教师的认识,会看到很多表面行为而忽视行为背后的根据、理由,不能把此类经验纳入教育框架进行分析。即便如此,对学生产生重要影响的教师会对学生终身留下深刻的印象,当他们从事教师职业后,极有可能以相应的行为行事。显然,学生以"观察"的方式所获得的经验虽然重要但有较大局限性。最后,从微观层面讲,教师学习受其职业生涯中重要他人的影响。表面看来,重要他人与教师学习间的关系还较模糊,但从学习的社会性分析,人际互动中的重要他人显然与教师学习有不可割舍的关系。重要他人是在学生成为教师的途中或教师专业发展的过程中产生过重要影响的人。确切地讲,这包括教师所生活的场域中,通过互动而形成的人际环境和所接触的个体对自己产生的直接或间接的影响。从个人角度而言,重要他人可以是教师、父母、朋友、领导等。从环境作用的角度而言,不同类型的人际环境会对教师学习提供不同的支持。孤立、分离型的教师关系可能挫败教师学习,进而形成以竞争为目的的关系;合作探究的教师关系可能激发教师主动参与的学习,形成以"成长"为目的的关系。教师在职场生活中与重要他人交往形成的经验,影响着未来教师学习的目的观、价值观,关联到他们如何看待自己,拥有何种职业梦想。可见,不论从宏观、中观、微观层面,经验都从方方面面渗透到教师学习中,既是教师学习的起点,也是不断通过反思思维把其转化、提升为有意义经验的基础。不论经验对未来教师有何影响,不可否认它具有独特性、长期性,是经

---

① Dan C. Lortie, *School-Teacher: A Sociological Study*, Chicago, The University of Chicago Press, 1975, p. 62.

② Dan C. Lortie, *School-Teacher: A Sociological Study*, Chicago, The University of Chicago Press, 1975, p. 62.

验流中不可或缺的部分，从而构成教师的成长。遗憾的是，现实中教师学习对这种经验的重视程度不够，对个体原初经验利用、改变的力度微弱。

总之，无论如何，人们都不可能阻断经验在人发展中的作用，虽然每一个经验可能会独立于具体的情境中，但无数的经验却具有前后相继性，从而形成流动不息的经验流。人就是经验流中的存在，现时的存在状态都将成为过去，是形成未来状态的基础。教师的学习就是以经验为基础不断变动的过程。

(二)教师学习的互动性

费曼-内姆斯一向抵制把教师学习问题简单化，而致力于在人、项目和情境的复杂互动中进行探索，并把这种互动作为三大主题之一贯彻于论述中。教师学习的互动性主要是指教师在学习过程中基于自身经验与外部的联系交互作用的过程，从而形成有意义的建构。杜威在谈到经验的客观条件、内部条件的交互作用时，认为"二者结合在一起，或在他们的交互作用中，他们便形成我们所说的情境。情境和交互作用这两个概念是互不可分的"①。而真正的经验也是交互作用的结果。费曼-内姆斯极力倡导杜威的观点，她认为在能力本位的教师教育时期，杜威的观点不过是汪洋中的一叶扁舟，但是他"提供了教师作为实践知识分子(teacher as practical intellectuals)、教师关于学生所学学科和儿童的思维及自己作为学习者的经验都是从经验中习得的观点"②。教师学习是以经验为基础，与外部互动的过程。这种连续、互动和意义建构的经验学习论与狭隘的、机械的教学观和能力本位的教师教育观形成了鲜明对照。同时，这也是思考教师学习的有益理论。费曼-内姆斯对教师学习的认识也经历了从行为主义向认知学习关注概念转变、情境互动、意义建构等真正复合人类学习的转变，突出了建构主义的意义。

费曼-内姆斯的各种教师学习项目研究(如探索教学 101 项目等)，也充分体现了教师学习互动性的特点，尤其受到科学教育哲学家大卫·霍金斯(David Hawkins)"我、你、它"思想的影响。根据"人的存在是一种有局限性的肉身存在(localized physical body)，他不能被称为人，除非把他视为存在于与他

---

① ［美］约翰·杜威：《我们如何思维》，伍中友译，266～267 页，北京，新华出版社，2010。

② Sharon Feiman-Nemser, *Teachers as Learners*, Boston, Harvard Education Press, 2012, p. 12.

周围世界相关的工作关系中。工作关系被阻断的越多,越容易把人置于狭小的盒子内,并使其逐渐消失"①。这种互动互联的关系是人的本性,唯有在这种关系中人才能获得存在的意义,当"个体"越来越限制"另一个个体"与外在世界的关系时,最终"另一个个体"只能作为行尸走肉的"躯体"而存在。与此同时,"个体"自身也将变得日益狭隘。"互动的关系"是教师学习中各要素获得意义的必然,也是教师、学生获得人存在本真的必由之路。在教育中形成的互动关系中不同的是"它"——学科或课程内容的存在,教师、学生、学科形成了教学的三角关系。初任教师学习的过程中亦然,形成各要素的互动关系能给教师提供认识、理解专业身份以丰富的学习环境和学习机会,能让未来教师在互动关系中学习积累有意义的经验。其实,不同要素的组合关系就形成了教师学习的特定情境。费曼-内姆斯从总体上阐述了教师学习过程中的各个要素——实习教师、合作教师、专业项目、学校氛围等——的相互关系与作用。实习教师独特的思维方式、品性、自我期待影响他们与合作教师相处的方式、项目学习的方式以及从经验中学习的能力。合作教师作为实习教师的教育者,他所设置的教育教学氛围,思考、扮演角色的方式直接与实习教师的学习相连。学校的精神特质和学术规则体现在教师生活的特定场域,既渗透于教师学习中也受教师形塑。学校给教师提供何种专业发展项目,项目设计的教育理念对教师如何获得知识、技能具有引导作用。所有这些因素都在教师学习的互动中形成了不同的关系和情境。

(三)教师学习的统一性

除了以上两点,教师学习还具有统一性。当然统一性与连续性、互动性都相关。之所以把它作为教师学习的特性之一,是因为在费曼-内姆斯的思想中凸显了教师学习统一体(teacher learning cotinuum)的观点。这里所说的统一性特指从师范生的培养到实习教师学习教学的时段,主要体现在以下几个方面:教与学的统一体、概念的连贯性、田野经验的整合。

第一,教与学的统一体是指教师如何学习与教师如何被教之间相互作用、关联的关系。"就学生而言,如果我们想让学校呈现更加高效的学习,就必须

---

① Hawkins, D., "The Informed Vision: Essays on Learning and Human Nature," https://c2.hntvchina.com/scholar/scholar, 2014-06-20.

给教师提供高效学习的机会。"①获得教师认可的高效学习方式自然会被教师运用到教学中，影响学生的学习。第二，概念的连贯性是对我们通常谈论的职前学习、在职学习统一体的重新思考。一般情况下，人们所说的职前、在职统一体强调的是从教师培养、入职到在职形式上连续的学习阶段。但是，现实中这些项目在设计时常常缺乏概念上的连贯。而概念的连贯性是一个连续的教师发展项目的奠基石。即使在一系列贯通的、核心的价值观、信念、概念的基础上，项目连贯性的实现也需通过连贯的教师教育课程内容，为学习教学提供一体化的经验。这是对传统教师教育课程中概念、内容结构碎片化的挑战。第三，明确的目标设计、充分利用田野经验是项目连贯性的另一个表现……在职前教育中，观察、师徒制、知识应用、探究都在田野学习中有一席之地。② 教师学习的连贯性需要经验和理论学习的整合，这样才能培养灵活的、有实践智慧的教师。教师教育项目设计考虑田野经验，一方面是重视教师能将所学知识运用到教育实践中，在教育实践中接受检验、分析现场问题、解决问题，增强教师对实践问题的敏锐感；另一方面通过设计各种田野任务，使教师从行动中学习，在行动中反思。简言之，教师学习的统一性实际上主要是针对教师项目中普遍存在的学习经验的非连续性、学习内容的碎片化、理论与实践脱离等问题而提出的，它是教师高效学习的必然诉求。

总之，教师学习连续统一观是费曼-内姆斯学习教学思想的灵魂，经验处于中心地位。因此，正如学生的学习是教学的结果，教师学习是教师教育的结果。为了达成良好的学习效果，教师在学习教学的过程中应关注以准教师已有经验作为学习的起点，在教师教育者的帮助下不断形成个人理论，加深对自我的理解和身份的建构；职前教育要支持准教师学习的持续性，给他们提供连续的课程，在个体、项目、情境的互动中营造动态的学习文化，提升教师的学习能力；为了获得良好的学习效果，教师教育者要给学习者提供回馈和帮助，既要给予恰当的引导也要提出相应的挑战。

---

① Sharon Feiman-Nemser, *From Preparation to Practice：Designing a Continuum to Strengthen and Sustain Teaching*, Columbia, The Teachers College, 2001, pp. 1013-1014.

② Sharon Feiman-Nemser, *From Preparation to Practice：Designing a Continuum to Strengthen and Sustain Teaching*, Columbia, The Teachers College, 2001, p. 1024.

第三节 教师学习过程的"五段说"

费曼-内姆斯"教师学习""学习教学"的概念贯穿在教师的职业生涯之中，前面已经对她关于教师学习的一些基本理论问题进行了探讨，下面将从职前阶段的教师学习、入职阶段初任教师学习中，重点分析教师学习的过程。由于研究基于这两个阶段论述了教师学习的过程，费曼-内姆斯明确表达了"没有一个单独的理论或学习模式能充分地解释学习教学的所有方面"①，因此，下面只是呈现教师学习过程的大致情况，职前和入职时期教师学习的过程均可概括为侧重点不同的"学习五段说"。

一、师范生阶段："教育思维能力"指向的学习五段说

优秀教师不是天生的，需要外在教师教育的支持。根据费曼-内姆斯的研究，笔者建构了师范生"教育思维能力"指向的学习五段说，这个理论是以师范生自身的学习过程为核心（内圈），以职前培养阶段给予的支持帮助为辅（外围）形成的。（见图 2-1）

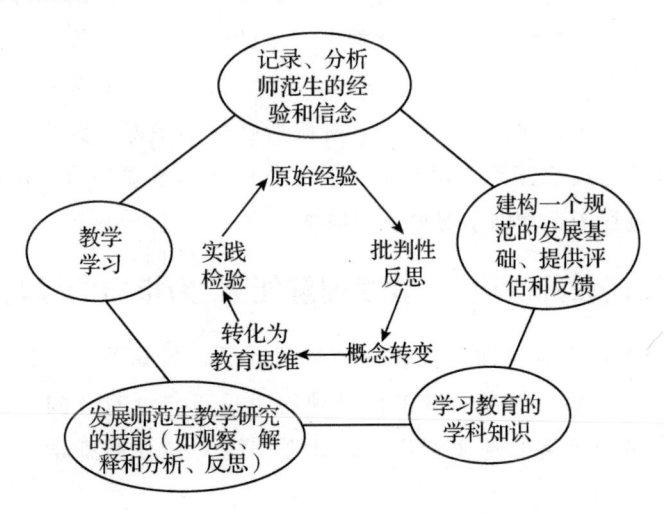

图 2-1 师范生学习五阶段

---

① Sharon Feiman-Nemser & Janine Remillard, *Perspectives on Learning to Teach*, Michigan, Michigan State University, 1995, p. 22.

所谓"教育思维能力"指向的学习五段说具体指：第一阶段，原始经验的把握。师范生以通过长期教育经历中的"观察"形成了对教师和教学既有的经验、信念，并带入教师培养项目的学习，这种经验既是师范生学习的起点，也对其产生重大影响；此时教师教育者应记录、分析师范生固有的经验，从而对其学习的基础、需求和关注点具备初步的把握。第二阶段，批判性反思。师范生既有的经验、信念对学习教学可能有促进作用，也可能限制、误导他对教学的思考，因此要进行批判性反思；教师教育者在前期对师范生了解的基础上，面对师范生对教学的迷思，提供评估和反馈，帮助其成为具有"改革思想"(reform-minded)的实践者。第三阶段，概念转变。师范生不仅需要审视、反思先前形成的信念和观点，也要自觉"转变"阻碍其学习的观念，即概念转变；为了促进师范生发生概念转变，教师不仅要学习教育教学的理论知识，还要对其进行解释并提供有说服力的、可供选择的其他方案。第四阶段，转化为教育思维。师范生经历了概念转变后，要逐渐培养从教育的角度而非单纯经验、常识的角度考量问题、做出判断的能力；此时师范生要注重培养教学研究能力，提升理性思维意识。师范生可以通过分析学生的作业、对比不同课程材料、与学生访谈来审视自己的思维；研究不同的教师如何迈向同样的教育目标，观察他们的教学对学生产生的影响，从而提升自我教学研究的能力。① 第五阶段，实践检验。教师的教育思维最终要落实到实践中，并在实践中不断修正、适应；教师培养阶段所提供的最好实践机会就是教学实习，它是理论与实践互动、师范生开展专业反思的重要环节，在理论与实践不断互动的过程中，增强学习教学的信念。

二、初任教师阶段："教学理解能力"为指向的学习五段说

费曼-内姆斯尤为关注初任教师的学习问题，她认为，初任教师的独特性是从事教学和学习教学两份工作必须同时进行。她对此问题的关注与美国初任教师易于离岗的现实相符，因此在美国对初任教师学习进行探究尤为重要。

教师学习主要发生在工作场中，并在工作最初的5~7年都是教师学习教学的阶段。作为初任教师，入职第一年是他们开始迈入课堂、面对教学实践

---

① Sharon Feiman-Nemser, *Teachers as Learners*, Boston, Harvard Education Press, 2012, p.111.

中的问题,真正学习的时期;第一年的教学是紧张的,这是不断发现、适应教学的时期①,是师范生从课堂学习向教育实践转变,从学习教学向实习教师转变的时期。实践中,由于初任教师对现实中出现的各种问题往往无以应对,因此会在不断试误中学习。教育教学给他们带来了巨大压力,也使他们形成了教学是孤独的、是教师个人责任的感受。那么,给初任教师提供必要的支持就显得尤为重要。特别是"成为教师涉及在学习中形成专业身份和建构专业实践,这两个方面必须以推进教师的发展、提升初任教师能力的方式展开"②。教师学习最终要形成专业身份和专业实践。然而,具体到每个发展阶段都会有差异。师范生向初任教师转变,会遇到许多师范教育时期没有遇到的问题。从适应教学情境到不断加深对其的理解,初任教师的学习会经历"我能做什么"到"我如何做"再到"教学如何促进学生的成长",这是对教育教学体悟逐渐深入的过程。整体上,初任教师的学习是以"教学理解能力"为指向的,结合教育理论和教育实践,通过反思不断提升教育实践情境中的教学理解力。初任教师的学习是连接职前教育和职后专业发展的桥梁,应纳入教师学习的连续统一体。由于初任教师的学习基本都是在实践中进行的,入职初始的教学工作就提供了一条自然的路径,使初任教师的学习置于核心的教学任务——计划、教学、评估学生学习、反思教学中。③ 在初任教师的整个学习过程中"为了理解的学习教学"(learn to teach for understanding)尤为突出。"理解"之所以在初任教师的学习中如此重要,是因为"观念终结于理解,而使事物获得了意义。理解了的事物,即有意义的事物,一方面和观念不同,另一方面也和粗糙的、物质的事物有别"④。可见,事物要获得意义必须要通过理解,要与实际的行动与背景相连,意义的生成是旧意义的应用、新意义生成的螺旋过程,理解的程度由浅入深。初任教师的学习是职前阶段所学的理论知识、获得的概念、经验与实践情境相连,与现实相互作用,不断提升教

---

① Sharon Feiman-Nemser, *Teachers as Learners*, Boston, Harvard Education Press, 2012, p.119.

② Sharon Feiman-Nemser, *Teachers as Learners*, Boston, Harvard Education Press, 2012, p.120.

③ Sharon Feiman-Nemser, *Teachers as Learners*, Boston, Harvard Education Press, 2012, p.154.

④ [美]约翰·杜威:《思维与教学》,孟宪承、俞庆棠译,75页,上海,华东师范大学出版社,2010。

学理解力，灵活应对实践问题的过程。在此过程中学校也需给予教师必要的支持。（见图2-2）

"教学理解能力为指向的学习五段说"分别是：第一，计划，主要指对教学过程的计划。在教学前，对教学目标、学生、教材、教学方法等进行系统的规划；在此过程中教师要学习做计划、做决策。第二，实践，教师要从教学中学习、在教学中学习。此过程如同探究过程，教师产生疑惑、形成问题、尝试对策、采取行动，培养开放的态度、拓展对教学的认识，逐渐形成改善教学的技能和素养。第三，评估，主要指教师通过学生的表现、目标的达成程度等评估学生的学习，从而获得对自己课堂教学的反馈。第四，反思，以评估结果为依据，反思教学中存在的问题，思考改进的方法。第五，理解，指教学理解，即教师对学生、教学内容、自我的三角关系的理解，教学理解的层次不同直接影响教师的教学行为，教师要学习用教育的思维理解教学，形成专业身份。初任教师的所有学习过程，从个体的角度而言是形成专业实践、专业身份的过程；从学习型组织而言，是一个文化适应的过程（a process of enculturation）。根据初任教师学习的五阶段，学校和教师专业发展项目一是为教师入职初期提供学习知识、技能的支持，帮助其职业适应；二是给初任教师提供持续的建议与评估，使其更清晰地认识自身的实践；三是为初任教师创造反思探究的学习平台，如建立教师学习共同体、师徒制、U-S合作等，提升教师对教育教学的理解力。可见，初任教师的学习过程突出：在教学实践中展开；通过反思加深对教学的理解，提升教育思维能力；专业身份的形成过程及教师文化的适应。显然，教师职前职后学习的侧重点不同，不论是职前还是职后学习，费曼-内姆斯都重视教师教育思维能力、教学理解能力的培养。

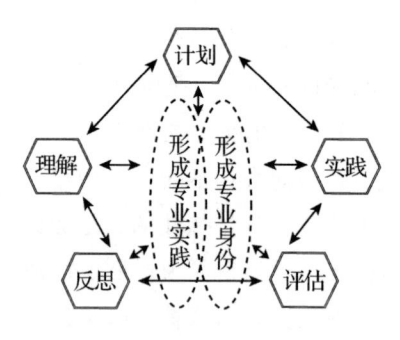

图 2-2 初任教师学习五阶段

三、初任教师学习的支持途径

费曼-内姆斯所说的教师学习主要是以初任教师为对象。上文已经论述了教师学习的过程，下面就支持初任教师学习的主要途径——师徒制、入职项目——详细阐述。

(一)师徒制

费曼-内姆斯对师徒制在初任教师学习中的作用极其重视,"师徒制"是一个高频词,在其《教师作为学习者》一书 10 章的内容中,标题中以"师徒"(mentoring)为核心词的就有两章。人们对师徒制的认识也经历了一个过程。从二者的关系角色而言,师傅教师经历了从被动到主动的外在期待。在早期的研究中,人们似乎约定俗成地在使用师徒制时表达的含义就是师傅对初任教师的"指导",以此来描述期望师傅教师做什么。后来,学者们把师傅教师定性为初任教师的"支持者"。二者的不同在于,后者明确师傅教师既要给初任教师留有自我成长的空间,又要有针对性地提供帮助而非控制。从师徒制对初任教师的作用角度而言,其经历了从传统师徒制到认知性师徒制的发展。传统师徒制主要是观察、实践师傅教师的技能。但是,此种师徒制几乎不关注认知过程,尤其是高级认知。因此,它很难适应现代社会对教师更高层次的要求。学校场域的师徒关系不能仅关注初任教师的教学技能,初任教师有对教育理念、思维等深层次知识学习的诉求。费曼-内姆斯也是站在此种立场思考师徒制的。她关注认知师徒制。从根本上讲,认知师徒关系建立在杜威的教育性经验的概念基础上。[①] 对教育而言,有些经验有教育价值,而有些经验则没有。那么,二者该如何判定呢?根据杜威的思想,将"经验的连续性和经验的交互作用比喻为'经'和'纬',二者相互制约,相互联合,密不可分,成为衡量经验的教育意义和价值的标准"[②]。因此,对经验的判断应当有几点基本的认识:首先,经验的价值判断。在教育中,对个体的成长而言,并不是所有的经验都是积极的,能促进儿童生长的经验才具有教育性。其次,经验应该是前后相连的,而不是偶然的。最后,经验交互性指个体既要适应又要作用于环境。具体到师徒关系中,认知师徒关系指师傅教师在教育性经验的基础上,培养初任教师的教学理解能力。一方面,师傅教师要了解自己已有的经验,不断积累有利于初任教师发展的经验;另一方面,师傅教师要为初任教师创造良好的学习环境,促进其教育思维能力、对实际教育情境的理

[①] Sharon Feiman-Nemser, *Teachers as Learners*, Boston, Harvard Education Press,2012,p. 253.

[②] [美]约翰·杜威:《我们怎样思维·经验与教育》,姜文闵译,4 页,北京,人民教育出版社,1991。

解能力的发展，使其在不断适应教育教学工作的同时创造地的反作用于外在的教育。我们从费曼-内姆斯所举的案例中抽象出认知师徒制开展的过程如下。

师傅教师南希(Nancy)帮助初任教师贝特西(Betsy)的基本程序如下：第一阶段，南希进行生物课教学，贝特西观察、记录。第二阶段，贝特西给不同的班级教学同一个内容，南希观察、记录。第三阶段，南希进行教学，贝特西观察。第四阶段，相互交流、理解。二者共同探讨生物课堂中发生了什么，为第二天的教学做计划，当贝特西的参与度逐渐增强成为二者关系的主角时，南希就弱化自己的作用。当他们探讨课堂中发生的事情、共同做计划时，贝特西慢慢了解了南希的思维过程，南希也知道该给贝特西提供其所需的学习帮助了。

师傅教师在给初任教师提供帮助时，要注意以下几点。

第一，师傅教师"支持者"的角色定位。在认知学徒中，师傅教师以支持者的角色出现。然而，支持者的角色定位却面临着一个核心的张力：在鼓励个人(初任教师)表达和维持专业化的责任之间的矛盾，支持个体教师(初任教师)独特的素质、风格和对良好教学实践要达成共识的矛盾。[1] 因此，在支持初任教师学习的过程中要重视：帮助初任教师在工作中探索他们是谁的表达方式；帮助初任教师参与形成教师团体的实践，思考关于儿童和学习我们知道什么。[2] 师傅教师兼顾帮助初任教师形成自己的风格和符合专业通识要求的双重任务。支持者不是让初任教师复制自己的教学，而是帮助他们发现自己的风格和行事方式，去粗取精。

第二，注意初任教师在学习中的成长。作为支持者，教师要善于观察初任教师的行为，给他们具体的反馈，并不断鼓励、表扬以满足初任教师的心理、情感需求。与此同时，也能让初任教师及时认知自己的行为，产生自觉意识，改善行为。

第三，师傅教师要帮助初任教师形成"关注学生"的意识。学生的思维和获得的信息对教师而言是无价的反馈，是发展、丰富课程的思想资源。[3] 然

---

[1] Sharon Feiman-Nemser, *Teachers as Learners*, Boston, Harvard Education Press, 2012, p. 257.

[2] Sharon Feiman-Nemser, *Teachers as Learners*, Boston, Harvard Education Press, 2012, p. 258.

[3] Sharon Feiman-Nemser, *Teachers as Learners*, Boston, Harvard Education Press, 2012, p. 264.

而，抓住日常教育生活中一些细微的事件，并从中获得珍贵的信息，远远比标准化测试的分数更能反映学生的思想，这是师傅教师帮助初任教师学习的必要途径。

第四，加强初任教师对理论的理解。师傅教师必须要有较好的理论素养，具备用理论的眼观分析现实问题的能力。唯有如此，师傅教师才能帮助初任教师建立理论与实践之间的关系，从而达到对实践和理论双向的深入理解，强化将实践问题纳入教育框架中分析的意识，提升教育思维能力。

其实，师徒制不仅仅是为了帮助初任教师适应初期教学。师徒制也可以作为教育改革的策略发挥作用，这就要求师傅教师支持、鼓励初任教师成为具有探究、变革教育意识的人。在看到师徒制积极方面的同时，与初任教师学习相关的师傅教师的研究还较缺乏，师傅教师到底应该做什么、他们真正做了什么、初任教师又学了什么等仍有待解决。[1]

(二)入职项目

师徒制是支持初任教师学习的有效的、常用的项目之一。然而，从入职项目的设计来看，师傅教师不仅是入职项目的构成要素，他还要与整个项目的期望、任务和结构相融合。要做一位优秀的师傅教师，必须要经过培训，并与入职项目中的其他要素相结合。[2] 随着人们对初任教师学习的深入认识，对综合化入职项目的呼吁声越来越强。高效的入职项目有3个基本特征——"综合性、连续性、持续性"。在费曼-内姆斯的研究中，她列举了一些初任教师入职项目：决策项目、阅读—记忆项目、学术学习项目等。对这些项目进行批判、分析后，她倡导教师专业发展项目要注重概念的连贯性、田野经验的连贯性、时间的持续性、评估的持续性、项目设计的系统性、支持性环境的创设。可以说，这几大要素是教师入职项目综合化的必要特征。

---

[1] Sharon Feiman-Nemser，"Teacher Mentoring：A Critical Review，"https：//c2.hntvchina.com/scholar？，2014-06-10.

[2] Harry K. Wong，"New Teacher Induction：The Foundation for Comprehensive，Coherent，and Sustained Professional Development，"https：//c2.hntvchina.com/scholar，2014-06-12.

第四节 教师连续互动学习的影响因素观

初任教师在学习的过程中,会受到各种因素的影响,如教师教育项目的连续性、学校是否提供教师学习的条件、教师候选人的信念等,在诸多的影响因素中,共享身份假设(presumption of shared identity)、性别差异、人际文化是初任教师学习的主要影响因素。

一、共享身份假设的阻碍

所谓共享身份假设,在此特指教师以自我的立场、经验、思维方式为出发点想当然地推测他人的行为和思维方式。教学过程中表现为教师不站在学生的角度思考问题,忽视学生已有的经验和个性发展,以自身经验为尺度衡量学生。因而,面对日益多样化的学生,现代社会呼吁教师具备超越共享身份假设的意识和能力,真正形成教育思维,提升教师的专业教学能力。因此,费曼-内姆斯提出"教师教育的核心问题之一是帮助教师候选人克服'共享身份假设',学习关注其他人的思维和行动"①。为了搭建学生与学科之间的桥梁,教师要知道学生在学习什么、如何思考,关注学生的思维意味着尝试站在他们的立场看世界。但是像大多数人一样,教师通常假定与自己使用相同语言和拥有相似文化的学生,具有与自身相同的经验。② 正因为如此,师范生和教师习惯性地以自我为出发点审视学生。然而,随着时代的发展,学生和学生文化都日趋多样化,准教师保守、固化的思想就是令人担忧的问题。

"共享身份假设"之所以是未来教师学习的重要影响因素有两点原因:首先,未来教师"狭隘的经验框架"对学习的影响。任何个体在进入师范教育之前,都带着多年学习经历中对教师、教育教学的认识和经验,这些对个体进入师范院校学习和未来从教中的自我身份定位、行为方式具有重要导向。也正因为教师经验的顽固性,他们易于故步自封。加之教师教育项目"提供与不同民族、文化的人接触的机会有限,在正规的学校教育中教师也很少思考与

---

① Sharon Feiman-Nemser & Janine Remillard, *Perspectives on Learning to Teach*, Michigan, Michigan State University, 1995, p. 8.

② Sharon Feiman-Nemser & Janine Remillard, *Perspectives on Learning to Teach*, Michigan, Michigan State University, 1995, p. 8.

其他人不同的学习方式、理解方式和体验方式"①。于是，未来教师不仅在审视、实施教学时会无意识地使用自己学生时代教师所用的教学方式和处理问题的方式，也会无意识监视学生的思维方式、行为方式与自己的异同。如此，在教师学习的过程中狭隘的经验会阻碍教师换位思考及限制其从教学中学习的视野。其次，美国学生人口日益多样化，"然而教师并没有如此多样化。因此，面对日益多元化的学生，教师评估运动与教师教育改革也许加强了同质化教学的力量"②。学生不同的文化、学习风格、行为习惯等都要求教师具备多元文化意识，在教学设计中体现差异，从而能真正以促进每名学生的发展为出发点开展教学。但是，由于绝大部分未来教师缺少理解学生多样化的经验，因此个体经验对教师学习发挥着主要影响；还有些教师认为，学习是一个独立的"试误"过程，缺乏教育思维和思考教育问题的理论自觉意识。研究者琳恩·佩（Lynn Paine）提供了"多样化"的4种取向分析未来教师的多元意识。它们分别是个体差异取向、类型差异取向、情境差异取向和教育差异取向。所谓个体差异取向主要是从心理学和生物学的角度解释多样化。类型差异是以个体共有的某种显著特征分类，归属类型有社会阶级、种族、性别等。情境差异建立在第一、二种差异的基础上，强调个体间的差异存在于社会情境中，或与动态情境相连的不同行为模式中。教育差异指教与学的差异。然而，以4种"多样化"取向为分析框架，未来教师停留于思想中而不贯穿于具体实践中的"多样化"，就过于理想化了。他们的差异观主要是从心理取向关注个体差异；其次是类型差异。③ 研究结果表明，未来教师很少关注情境差异和教育差异。相应地，当未来教师缺乏"多样化"的实践能力时，他就很少会真正关注学生的差异性，也很少会从学生的角度思考问题。因此，在多元化的社会中，教师学习中的"共享身份假设"会阻碍他们成为一名合格的、优秀的教育工作者。

---

① Sharon Feiman-Nemser & Janine Remillard, *Perspectives on Learning to Teach*, Michigan, Michigan State University, 1995, p. 8.

② Lynn Paine, "Orientations Towards Diversity: What Do Prospective Teachers Bring?," https://c2.hntvchina.com/scholar?, 2014-06-15.

③ Lynn Paine, "Orientations Towards Diversity: What Do Prospective Teachers Bring?," https://c2.hntvchina.com/scholar?, 2014-06-15.

二、女性学习独性特的忽视

费曼-内姆斯在分析"未来教师是谁"时，批判在教师学习中对女性认知方式重视不足。"典型的教师候选人是女性，75%的中学教师候选人和93%的小学教师候选人都是女性。"[1]显然，未来教师群体中绝大部分是女性，但是有3种经验似乎没有引起人们的关注："首先，未来教师作为女性的经验；其次，未来教师对民族、文化多样性的有限接触；最后，未来教师在学校做学生时的经验。"[2]其中，女性的经验置于首位。女性的经验何以成为影响教师学习的重要因素？

首先，"关心"取向女性经验的分析。对女性经验展开研究，就是试图追问女性是否具有不同于男性的独特经验。20世纪80年代，吉利根（Gilligan）在自己的《道德方向与道德发展》一文中，借助格式塔心理学理论，说明了女性道德选择和行为的独特性。[3] 女性的经验不同于男性，但长期以来这并没有得到人们的重视，人们往往把对男性的道德衡量标准强加到对女性的衡量中。吉利根批判以往研究中对女性经验的忽视，呼吁要重视女性的声音，肯定了女性独特的道德体验——关心、关系、母性的关怀。而关怀的本质是一种关系，女性正是在关系中认识自我。自我是一个联系的自我，一个人不是越与他人分离就越有自我，而是越与他人联系才越有自我。自我处于人际关系网络的中心向四周发散，网络的范围越大，自我就越有价值。[4] 因此，女性的自我是体验的自我，是在与他人互动的过程中，给予彼此尊重、关怀和自由。相应地，女性的认知过程就带有女性的色彩，正如诺丁斯在基于女性经验提出的道德处理模式中指出的，"关心者的意识本质上是一种直觉的（intuitive）或接受的（receptive）的模式，有点神秘"[5]。正因为如此，"许多职前教师，尤其是那些女性，选择教学是因为其养育和关心的品性。在一个400

---

[1] Sharon Feiman-Nemser & Janine Remillard, *Perspectives on Learning to Teach*, Michigan, Michigan State University, 1995, p.6.

[2] Sharon Feiman-Nemser & Janine Remillard, *Perspectives on Learning to Teach*, Michigan, Michigan State University, 1995, p.7.

[3] 肖巍：《女性主义教育观及其实践》，80页，北京，人民大学出版社，2007。

[4] 肖巍：《女性主义教育观及其实践》，65页，北京，人民大学出版社，2007。

[5] 郭芳：《20世纪下半叶美国教师哲学思想研究——基于本体论视角的考察》，博士学位论文，北京师范大学，2013。

多位小学教师候选人的调查中,布克、布尔斯等人发现许多人把教学视为孩子养育的拓展形式,教师依赖本能与直觉从经验中学习"[1]。

其次,女性的认知方式分析。费曼-内姆斯在分析女性的认知方式时多次引用玛丽·贝兰基(Mary Belenky)的研究。玛丽·贝兰基以《女性的认知方式:自我的发展、声音和思维》(Women's Ways of Knowing: The Development of Self, Voice, and Mind)一书闻名,此书更多地介绍了女性在社会中的特殊经验,尤其是关于女性如何学习的观点很具有说服力。作者使用令人耳目一新的方式研究学习,从"地位"(positions)与"学习框架"的角度展开探究,并提出女性的社会地位与其学习方式密切相关。玛丽·贝兰基的思想建立在对威廉·佩里(William Perry)于1970年主要依据男性的采访数据提出的大学生学习、认知发展阶段理论的批判基础上。威廉·佩里提出了大学生学习的4个发展阶段:被动接受的学习阶段、怀疑的学习阶段、相对主义的学习阶段、承诺的学习阶段。在这4个阶段中学生表现出3种角色:二元论者、复合论者、情景相对主义者。这种基于男性大学生调查的结论被视为大学生学习认知发展阶段的理论,成为整个20世纪80年代人们对大学生普遍的认识。直到玛丽·贝兰基发表了女性认知、学习方式的理论,才对此前以男性大学生认知发展论取代女性认知方式的偏见提出了挑战。玛丽·贝兰基勾勒了一个不同的认知发展系统,更加精确地反映了女性的经验。它们是:①沉默(silence)。女性认为语言是不可信任的,它既不能表达内心的自我,也不能准确地传达外部的信息。②接受性认知(received knowing)。女性认为权威是真理的源泉、有传播力,一个人可以理解、回答每一个问题,但是作为接受性认知者的女性不相信自己有创造答案的能力,因此往往只是响应权威的声音而不是坚持自己。[2] 很显然,玛丽·贝兰基的认知学习理论更多地反映了女性的经验,与威廉·佩里的观点针锋相对。虽然,威廉·佩里其实是从认知风格的角度论述,而贝兰基倾向于从认知结构的角度论述。然而,无论如何贝兰基唤醒了人们对大学生中女性认知方式的关注。同样,在一个绝对以女性为主的职业群体中,教师教育必须高度重视女性教师认知、学习的不

---

[1] Sharon Feiman-Nemser & Janine Remillard, *Perspectives on Learning to Teach*, Michigan, Michigan State University, 1995, p. 6.

[2] Janis Tedesco, "Women's Ways of Knowing/Women's Ways of Composing," *Rhetoric Review*, 1991, 9(2), pp. 248-250.

同特征，忽视这个方面，就将影响教师学习的效果。

最后，学习取向分析。许多选择教师职业的学生都有勤奋、认真的学习特点。有学者认为，教师的学习方式、特点与教师教育机构直接相关。长期以来，师范生成长在一个期望赢得奖赏，被动服从，缺少自由、自主、创造的学习环境中。师范生感到教师和教材是权威知识的来源，很少被鼓励建构自己的知识、重视自己的观点、提出质疑。① 如此，他们就潜移默化地形成了一种认识，即学习是接受的、被动的、沉闷的，没有创造力。这些大学的学习经历长久地影响着未来教师学习的状态，影响着他们对教学的认识，甚至对自身作为学习者的认识。不仅如此，此种影响甚至会一代代延续。

总之，面对以女性为主的教师群体，由于她们关心取向的经验倾向、接受为主的认识方式、被动服从的学习习惯，都对教师教育者形成了挑战——如何在关注女性经验和认识方式的同时，给予她们发展理智的自信，加强她们逻辑思维、推理等能力，从而让学生能在一个更加丰富的学习环境中成长。

三、新教师的文化壁垒

教师究竟在何种文化氛围中成长对其专业学习具有至关重要的影响。文化首先最重要的是：它是一种人们根据共享的历史共享经验的方式。埃里克森(Erikeson)解释道："通过文化，人类共享经过定义的意义系统，并且在一个特定领域实践，在其中人们似乎已经创造了相似的意义解释方式。"②初任教师进入教师群体，就要经过一个文化适应过程，就要学习一种不同于己的新文化。在一种新文化中学习，就会使初任教师把自身置于熟悉的意义系统之外，而进入相对陌生的意义系统。这个过程会让初任教师产生困惑。他们一方面会发现自身熟悉的意义解释和行为需要改变，同时又感到新的意义系统不能在短时间内习得、内化。因为，学习一种新的文化意味着开始分享其他的理解方式，而不是得益于彼此共享的历史。③ 初任教师在学习新文化的

---

① Sharon Feiman-Nemser & Janine Remillard, *Perspectives on Learning to Teach*, Michigan, Michigan State University, 1995, p. 6.

② Wayne Jacobson, "Learning, Culture, and Learning Culture," *Adult Education Quarterly*, 1996, 47(1), p. 15.

③ Wayne Jacobson, "Learning, Culture, and Learning Culture," *Adult Education Quarterly*, 1996, 47(1), pp. 16-17.

过程中要学会分享、理解经验丰富的教师的文化,当然学习一种文化并不是要初任教师放弃自己的文化,全盘采纳他人的理解与行为方式,而是要学会用更加多元的意义解释途径。在一所学校中只有初任教师与经验丰富的教师之间保持文化的开放态度,相互理解、接纳与批判性的吸收,才能形成一个良性的学习文化环境、一片有助教师专业发展的沃土。

然而,在费曼-内姆斯的研究中,我们可以归纳出几种阻碍初任教师学习的文化现象。第一,初任教师的"文化孤岛"生活。很多初任教师都认为,教学是一个可以完全靠自己,通过不断尝试、纠正错误,探索如何教学的过程。初任教师由于担心被外界视为教学无能、承受着外界对教学评价的压力,而不愿公开与他人分享在学习教学中存在的困惑与问题。因此,初任教师认为,不需要或者更确切地说不愿意寻求他人的帮助,也不愿向经验丰富的教师请教。在他们的选择序列中,待在舒适地带和维持与他人的和谐关系要比提升教学更具优先性。因此,初任教师就如同在一座孤岛上生活,默默地独自煎熬、封闭自我。第二,以经验丰富的教师为导向的文化。一些初任教师发现自己处于经验丰富的教师形成的以文化为主导的氛围中,在这里经验丰富的教师以牺牲集体互动交流为代价,保护他们自己的权力,从而使初任教师感到孤独和不予支持。① 在此种文化中,经验丰富的教师往往以"长者"自居,不轻易接受新人的思想、观点、行为,甚至排斥初任教师,以免自己受到影响。同时,初任教师对这样的情形也漠不关心。第三,以初任教师为导向的文化。这是与以经验丰富的教师文化为导向相对的另一种文化形式。一些教师发现自己所在的学校以初任教师的文化为导向,这种文化导向的学校中充盈着高度的教育热情和理想,然而却没有人为初任教师的成长提供帮助。② 在此种文化情境中,经验丰富的教师往往对学校的发展漠不关心,放弃自己帮助初任教师成长的责任。初任教师作为一股新鲜的血液注入学校,他们相互交流摸索、自发探究。以上几种文化都不利于初任教师的学习,这些二元对立的文化实质是教师学习的阻碍,只有在初任教师和经验丰富的教师和谐的文化氛围中,教师才能积极主动地参与专业发展,定期相互交流经验、共

---

① Sharon Feiman-Nemser, *Teachers as Learners*, Boston, Harvard Education Press, 2012, p. 158.

② Sharon Feiman-Nemser, *Teachers as Learners*, Boston, Harvard Education Press, 2012, p. 158.

商问题的解决对策。如此，初任教师才能拥有一个良好的学习环境，这不仅利于初任教师的学习，也利于其专业身份的形成。"学习不仅仅是成为（某一群体）成员的条件，它本身就是成员身份的演变形式，身份、认知和社会成员身份彼此需要。"①在教师最可能流失的初任期，给初任教师提供有益的学习环境，是他们将来继续从事教师职业，保障教师队伍稳定及可持续发展的前提条件；从另一方面讲，经验丰富的教师由于固守旧经验，易于对教育教学形成刻板认识，但是初任教师的文化，也对促进经验丰富的教师不断自我反思、自我完善具有积极作用。

四、小结

从对费曼-内姆斯的研究中可见，她的价值在于：首先，凸显教师学习中经验的基础性地位。费曼-内姆斯整个教师学习研究对经验的重视无处不在。这对现实中教师教育、教师学习对教师"经验"的忽视无疑是警示与提醒。对师范生而言，在进入教师教育机构之前就从各种途径形成了对教师、教育等的前认知和经验；对教师而言，工作场、教学实践是教师学习的主要场域，经验是教师学习的基础。同时，教师总是在前后相继的经验中形成自我，究竟在教师已有经验的基础上让教师获得何种新经验，关系到培养什么样的教师，教师会朝何种方向发展。其次，教师学习中凸显教育思维的培育。这是教师学习内容维度明显的体现。作为教师学习研究的领先人物之一，费曼-内姆斯专注于初任教师学习问题。她向我们显示了在不同的教师学习项目中，教师形成的思维方式和行为风格具有差异。因此，教师教育项目应注重让教师会学习，培养教师的教育思维、教育理解能力。费曼-内姆斯指出，只有培养教师的反思意识、元认知能力，才能形成教育思维。教育思维直接关系、决定教师的教育决策是否符合教育的本质和内在规定性。这意味着教师学习既要立足经验，也需要教育理论的指引，从而在教师学习过程中，有利于教师身份的形成。这对于仅注重知识传授与获得的教师专业发展无疑暗含批判。再次，教师学习的理解从单维向多维发展。仅注重教师知识的学习是对教师学习内容的通常认识。作为教师学习研究的先锋之一，费曼-内姆斯超越了这种狭窄的视域，教师学习包含思维、情感、知识、行动4个方面的内容，它

---

① Wayne Jacobson, "Learning, Culture, and Learning Culture," *Adult Education Quarterly*, 1996, 47(1), p. 21.

们在教师学习中应统一存在，即教师要学习教育思维、学习从事教学的基本知识，在学习中认可并形成教师身份，最终体现在行动中发展教师的"适应性专长"。因此，学习成为教师并不是拥有单一的知识维度即可，教师学习应是多维的诠释，具有复杂性。最后，教师学习要指向适应性专长的发展。近年来，在学习科学领域受到日益关注的"适应性专长"，被认为是面向知识社会的每个领域的学习者都值得追求的目标。[①] 费曼-内姆斯也展现出对适应性专长的重视，并作为教师学习的指向。教师作为专业人员而非技术人员，应终身学习并逐渐具备应对变化不定的教育教学情境的能力，从而适应教育改革；不断反思、超越自我，灵活、批判地处理实践中的问题。在教育变革的背景下教师究竟何去何从，是跟随不断翻新的教师发展理念随波逐流，还是蜷缩在自己的"舒适地带"止步不前，是当下不少教师存在的两难状态。费曼-内姆斯的教师学习理论和"适应性专长"至少提醒我们在信息时代需高度重视"教师学会学习""适应性专长"等课题，培养教师学会直面教育变革。这样教师才能逐渐独立自主地处理教育问题，从而拥有更多专业自主权，培养出更多会学习、会思考的学生。

[①] 王美：《什么知识最有价值：从常规专长到适应性专长——知识社会背景下对知识价值与学习目标的反思》，载《远程教育杂志》，2010(6)。

第三章 教师学习共同体及其集体互动学习论

费曼-内姆斯对教师学习的研究侧重学习的内容维度,本章将研究雪莉·霍德的教师学习成果,她侧重学习的社会维度。教师学习研究的不同受学习研究本身的深刻影响。从近些年教师教育的文献来看,教师学习共同体已经成为一个热点话题,有学者提出"专业社群(professional community)是教师成长的第二摇篮"。雪莉·霍德是教师学习共同体研究的典型代表之一,她是美国国家人力资源发展协会(National Staff Development Council)的荣誉学者,自1986年1月至2007年10月都在得克萨斯州奥斯汀市西南教育发展实验室(Southwest Educational Development Laboratory,SEDL)工作。退休之后,她在此实验室参与指导如何促进学生成功,继续监督为了变革的领导力项目(Leadership for Change Project),支持"基于关心的变革采纳模式"(Concerns-Based Adoption Model,CBAM)。另外,她还设计了与教育变革、学校改善、学校领导力相关的教师专业发展活动。[1]

在加入SEDL之前,霍德早年是一位小学教师,犹他州奥斯汀科学教育中心的成员,得克萨斯州奥斯汀大学教师教育研究与发展改进中心的主任。这些工作使她关注在执行教育改革的过程中,教师在知识、教学实践方面的困惑与需求,以及学校领导提供何种条件、如何干预以支持教师学习。虽然,后来霍德的角色发生了变化,成为美国国家"学校高效率

---

[1] http://www.sagepub.com,2014-08-24.

研究和发展中心"①的成员以及一些基金会项目的要员。然而,她依然专注于"学校改进""教学改进"这一研究主题。但是,最近这些年,她的研究兴趣主要聚焦于创建教师学习共同体。其实,20世纪90年代初期,SEDL着手研究一个为期10年的专业学习共同体(Professional Learning Community,PLC)项目,霍德作为成员之一就对此问题进行了思考。1994年,她与博伊德·维多利亚合作发表了《校长与新范式:学校作为学习共同体》("Principals and the New Paradigm: Schools as Learning Communities")。之后,她关于教师学习共同体研究的著作主要有《共同学习,共同领导:通过专业学习共同体变革学校》(*Learning Together, Leading Together: Changing Schools Through Professional Learning Communities*,2004)、《引领专业学习共同体》(*Leading Professional Learning Community*)、《专业学习共同体指南》《专业学习共同体:共同体的持续探究与改进》(*Professional Learning Communities: Communities of Continuous Inquiry and Improvement*,1997)。以雪莉·霍德为代表的SEDL首先对教师学习共同体进行了系列研究。不同研究者根据需要对学习共同体定义的范围不同。在研究中,霍德教师学习共同体的研究范围基本限定在学校领域中并以教师群体为主。她指出,专业学习共同体的目的就是提升教师、管理者的有效性,从而使学生获益。② 通常,教师都在孤立的教室中工作,与学生各种挑战性的需求做斗争,与同事缺乏有益互动,……很多教师也不能给学生提供带有自由思考空间的学习任务,校长也不知道该如何帮助教师满足学生关键的学习需求。我们认为,专业学习共同体可以解决这些问题。③ 可见,霍德眼中的专业学习共同体主要是解决教师在教育教学中面临的问题,从而满足学生的需求。我国有学者也指出,"教师专业学习共同体的首倡者雪莉·霍德提出教师专业学习共同体五大特征,相对全面且影响更大"④。这五大特征也被越来越多的研究者视为教师学习共同体的五要素,是后续研究者重要的理论基础。从她一系列的作品中可知,她所谓的学习共同体就是教师学习共同体,也称为专业学习共同体,二者没有区分。

---

① http://www.sedl.org/pubs/catalog/featured,2014-08-28.
② Shirley M. Hord., "What Is a PLC?," http://www.sedl.org/pubs/sedl-letter/v19n01/what-is-a-plc.html,2014-04-10.
③ Melanie S. Morrissey, *Professional Learning Communities: An Ongoing Exploration*, Texas, Southwest Educational Development Laboratory, 2008, p.3.
④ 孙元涛:《教师专业学习共同体:理念、原则与策略》,载《教育发展研究》,2011(22)。

第一节　教师学习共同体及集体互动学习论的产生背景及理论基础

研究者之所以会把研究兴趣点转向"学习共同体",与变革时代的诉求相关。20 世纪 90 年代后,研究者为学校的改革和发展提出了惊人相似的模型,那就是将学校建成一个以共同体目标、协作的持续学习和集体责任为特征的专业学习共同体。[①] 越来越多的学者都批判了教师心中根深蒂固的授—受式教师学习的观念,他们认为专业学习共同体是变革学校、促进教师发展、学生学习的有效途径。霍德的研究正是这一研究趋势的体现与代表。

一、教师学习共同体及集体互动学习论孕育的背景

20 世纪 80 年代美国教育质量的下滑,《国家处于危险之中》的报告推动了新一轮的教育变革,人们满怀期望——变革能够改进学校教育。与 20 世纪 60 年代关注给教师提供具体的课程方案、70 年代强调教师行为开发的教学策略不同,到了 80 年代,关注的焦点又转向作为变革基本组织的整个学校教育的有效性和发展上来。[②] 可见,在 20 世纪 80 年代,学校组织成为教育变革的关注单位,而学校的运作模式、管理模式、文化氛围的弊端日益显现。教育变革理论的著名研究者迈克·富兰在阐述 20 世纪 60 年代至 90 年代的教育变革时,也表示教育变革在一个保守的组织内部是难以实现的,人们需要一种不同以往的思维方式。这种新的思维方式的实质就是把教师变为学习型个人、把学校变为学习型组织、把社会变为学习型社会,从而激活学习的变革力量。具体到学习型组织,教师的关键作用不言而喻,教师之间的竞争、合作、探究与共享是建构教师学习共同体、学习型组织的重点。在学习型组织的情境中教师集体、合作、互动的学习成为重中之重。此外,从政策的角度而言,1990 年霍姆斯小组的《明日的学校》提出建立"专业学习共同体",《明日之教育学院》提出建立大、中、小学的合作,来为教师营造良好的发展环境和平台。然而,人们通过建构教师学习共同体作为教师发展路径的探究开始于 20 世纪

---

①　郑汉文、程可拉:《论专业学习共同体》,载《教育评论》,2008(5)。
②　[美]吉纳·E.霍尔、雪莱·M.霍德:《实施变革:模式、原则与困境》,吴晓玲译,26 页,杭州,浙江教育出版社,2004。

70年代。到20世纪80年代末期，社会及媒体都指出当时的学校存在不合时宜的组织管理、不良的组织文化氛围、不和谐的人际关系。这一问题亟须改善。大约同一时间，民营企业和公共教育部门的研究者开始关注工作环境和组织文化对工作人员的影响。20世纪80年代晚期，教师工作场因素也被引入教学质量的讨论。① 教师所生存的学校场域、组织环境、文化等因素在教师发展中的关注度日益提升。霍德在1986年之前也在奥斯汀得克萨斯大学与一些研究团体共同研究中小学和大学的教育变革，进入SEDL之后，开始关注教师学习共同体，而这两个阶段的研究在理论上具有很强的内在关联和相继性。她的教师学习共同体也是在学校教育变革的格局中探讨的。本研究之所以把霍德的教师学习理论称为"教师学习共同体及集体互动学习论"有两点原因：首先，从霍德的论述和思想可见，她深受彼得·圣吉学习型组织理论的影响，并主要以此作为教师学习共同体研究的基础。霍德阐述到在圣吉的书籍发表后的几年，"他的学习型组织的理论开始进入教育领域。当教育家研究此理论并在教育杂志上分享时，被称为学习共同体"②。"教师学习共同体"是霍德一直以来研究的中心，在她的论著中学习型组织、教师学习共同体、教师专业学习共同体在使用时没有进行区分，甚至可以说是一致的，它们是霍德研究的关键词。其次，霍德在对教师学习共同体界定时，指出"专业学习共同体(Professional Learning Community，PLC)应该从两个维度被考虑：一个是外圈提供了结构，内圈是PLC的发生部分。内圈中的核心和灵魂是集体学习，它有助于持续的、高质量的教师教学和学生学习的发生"③。集体学习是教师学习共同体的核心，彰显了对学习社会属性的重视，它是组织学习理论内含的意义。就组织学习理论而言，此理论批判人们总是惯于用切割式、碎片化、片段化的方式思考世界，而应该用整体互动的思维方式探寻"群己的一体感"，教师学习共同体既能让教师在群体互动中获得个体身份感，也能让教

---

① Shirley M. Hord, *Learning Together，Leading Together：Changing Schools Through Professional Learning Communities*，Columbia，Teachers College Press，2003，pp. 5-6.

② Shirley M. Hord, *Learning Together，Leading Together：Changing Schools Through Professional Learning Communities*，Columbia，Teachers College Press，2003，p. 6.

③ Alan M. Blankstein, Paul D. Houston & Robert W. Cole, *Sustaining Professional Learning Communities*，Oaks，Corwin Press，2007，pp. 35-36.

师体会到群体互动的巨大潜能及智慧。因此,不论是霍德研究的理论基础还是其本身对教师学习共同体的认识,集体互动既是教师学习的社会性,也是教师学习共同体的核心和灵魂。所以,她的教师学习理论可称为"教师学习共同体及集体互动学习论"。

二、教师学习共同体及集体互动学习论的理论基础

学习共同体虽然是近20年才受到研究者的关注,但是它并不是新事物,至少可以追溯到爱德华兹·戴明(Edwards Deming)。戴明第二次世界大战之后在日本以从事创造优良的工作文化环境而闻名,随后被邀请去解决美国福特汽车公司销量下滑的问题,1993年发表了《为了工业—政府—教育的新经济》("The New Economics for Industry, Government, Education"),其中作为14项管理要点之一的即是让组织中的每个人为产品质量负责,这种思想逐渐迁移到了教育领域。① 当每个人开始为组织中面临的问题共同负责时,共同体就产生了。不论是戴明,还是彼得·圣吉,都对专业学习共同体思想的产生和在实践中的运用有直接影响。此外,当代学习研究其实已经达成共识:学习的本质是社会性的,学习是共同体本身内在的属性。② 学习就是在合作互动的过程中发生的。"教师学习共同体"也成为教育研究的重要趋势。正因为如此,体现教师社会合作的专业学习共同体被认为是提升教师学习有效性、实现"深层学习"的关键。③

(一)教师学习共同体的直接思想来源:组织学习理论

霍德的教师学习共同体理论直接来源于组织学习理论,尤其受阿基里斯、彼得·圣吉等人的影响。组织学习是管理学的理论,也是一个年轻的研究主题。国外组织学习的研究大体经历了两个阶段④:第一阶段,从20世纪60年代至80年代,以克里斯·阿基里斯、唐纳德·舍恩等为代表,此时研究者开

---

① Lois Brown Easton, *Professional Learning Communities by Design: Putting the Learning Back into PLCS*, Oaks, Corwin Press, 2011, p. 25.

② 赵健:《学习共同体——关于学习的社会文化分析》,博士学位论文,华东师范大学,2005。

③ 孙元涛:《教师专业学习共同体:理念、原则与策略》,载《教育发展研究》,2011(22)。

④ 齐卫平、李春来:《国外关于学习型组织研究综述》,载《长白学刊》,2011(6)。

始把组织视为有机系统,如"我认为组织正在有意识地建构一个自我强化或反学习的流程,该流程将过分保护其参与者,使得人们很难检测错误和纠正错误"①。第二阶段,20世纪90年代至今,以彼得·圣吉的《第五项修炼——学习型组织的艺术与实务》为典型代表,他对学习型组织的理解更进一步。圣吉从5个方面提出了建构学习型组织不可或缺的因素,这为后续学者认识学习型组织奠定了基础。阿基里斯的组织学习理论对霍德的教师学习共同体影响较大的是其提出的两种学习形式:单环学习和双环学习。他指出,"学习被认为发生在两种情况下:第一,当组织取得预期的成果时会发生学习,也就是说,在行动设计与行为结果之间有一个匹配;第二,当发现并纠正预期结果与实际结果之间的不匹配时会发生学习,也就是说,不匹配会转换为匹配"②。简单地说,单环学习就是不对整体系统产生疑问和反思,而是通过错误纠正不匹配,从而达到匹配的过程。单环学习是依照组织目标而知道"做什么、如何做"即可。然而,双环学习在不匹配发生时,不仅要知道如何做,还要追问为什么要这样做,通过反思、推理过程,检查和改变控制变量,从而发生行动的改变。前者是适应性学习,后者是创造性学习,它们之间的不同为是否对行为背后的支配假设进行思考。一个组织既需要单环学习,也需要双环学习。其实,在单环学习、双环学习的过程中,还有使用理论和名义理论的影响。使用理论是人们在学习实践中使用的理论,大都处于无意识状态,"而且无论是这种无意识的还是反作用的行动都是因为高度的熟练、内在化而产生隐性、自动的反应"③。名义理论是人们所提倡的价值观和假设,"通常以一种固定的信仰和价值观表现出来"④。但现实中,人们的学习过程往往无意识中由使用理论主导,却倡导、赞同名义理论。这往往会使个体学习止步不前。处于舒适地带的个体不愿意改变自己习惯的观念和行为方式,自然就会抑制质疑、反思和真正的学习。如此就会产生组织防卫,抑制双环学习的

---

① [美]克里斯·阿基里斯:《组织学习》第二版,张莉、李萍译,15页,北京,中国人民大学出版社,2004。
② [美]克里斯·阿基里斯:《组织学习》第二版,张莉、李萍译,15页,北京,中国人民大学出版社,2004。
③ [美]克里斯·阿基里斯:《组织学习》第二版,张莉、李萍译,109页,北京,中国人民大学出版社,2004。
④ [美]克里斯·阿基里斯:《组织学习》第二版,张莉、李萍译,73页,北京,中国人民大学出版社,2004。

发生。霍德的论著中都有这些理论的影子。尤其是受霍德前期变革研究的影响，教师学习共同体的意图就是促使教师、管理者、学生甚至整个学校组织发生变革，不断去反思、改变个体与组织的使用理论，从而更加创造性地思维与学习。这种大的转变只能在双环学习的过程中发生。霍德的教师学习共同体就是变革的重要途径，变革是既简单又复杂的学习过程。

除了阿基里斯，学习型组织理论的里程碑式的人物彼得·圣吉显然对霍德也产生了很大影响，尤其是他从系统的视角提出了学习型组织的5项修炼：自我超越、改善心智模式、建立共同愿景、团体学习、系统思考。① 整体上，他表达了一个学习型组织中的成员需要具有不断与自我相比的意识，在追求进步与卓越中成长；组织需要革新已经成型的惯性思维方式和突破已经定性的发展模式的意识；组织要建立共同愿景，共同愿景是组织中人们所持有的共同愿望，它能够使成员齐心协力、团结一心，也是组织成员深入变革过程，引领变革的重要步骤；组织的发展仅凭个别人的单打独斗是不可取的，在形成共同愿景的同时，集体学习就会逐渐形成，从而激发出改变组织的巨大力量；贯穿于组织发展始末的中心还有一点就是"系统思维方式"，也就是要把组织视为在各要素关联而非孤立发展的过程中。具有这5项特征的学习型组织的本质是深层学习循环的形成。

教育变革中学校的失败和缺乏动力的现实状况，促使霍德思考是否有更好的办法来解决此问题，这也是引发她关注学习共同体的缘由。正值此时，霍德说"我有幸在一个与彼得·圣吉所描述的学习型组织相吻合的组织中工作"②。在这里霍德感受到人们相互合作、共同努力地去理解、实现变革的过程。这种经历对她后续在西南教育发展实验室里深入研究教师学习共同体产生了作用。尤其是霍德正式提出教师学习共同体的五要素——共享的价值观和愿景、共享和支持性的领导、集体学习和学习的应用、支持条件、共享个人实践。③ 很显然，此五要素继承与发展了学习型组织的理论，甚至可以说，霍德的教师学习共同体主要是组织学习理论在教师学习领域中的迁移。

---

① ［美］彼得·圣吉：《第五项修炼——学习型组织的艺术与实务》，郭进隆译，6～10页，上海，上海三联书店，1998。

② Melanie, P., Morrissey, S., *Professional Learning Communities: An Ongoing Exploration*, Texas, Southwest Educational Development Laboratory, 2008, p.3.

③ Shirley M. Hord, "What Is a PLC?," http://www.sedl.org/pubs/sedl-letter/v19n01/what-is-a-plc.html, 2014-04-10.

(二)教师学习互动维度的视角：社会建构主义学习理论

合作探究、交流共享是霍德研究中对教师学习共同体常用的描述与一般特性的表述。而建构主义特别是社会建构主义学习理论是其对专业学习共同体中学习认识的重要理论基础。在学习论的影响下，人们对教师学习的认识也发生了从个体认知到社会互动的变化，教师学习理论也从前期关注个体的"思维""反思""理解"，发展到关注"人际互动""集体合作"。这足以说明，知识的社会本质和学习的社会性在日益受到人们的重视。尤其是 20 世纪 90 年代初，社会建构主义及以其为基础的情境学习理论的发展受重视的程度，再次彰显了学习的社会性、互动性。维果茨基对社会建构主义学习理论具有奠基作用，他的思想建立在皮亚杰个体建构主义之上。以此为基础形成了社会建构主义的诸多派别，它们虽然所持观点各有差异，但人际互动、人与外在环境的互动是不可缺少的。霍德认为，在教师学习共同体中，主要的成员是教师、管理者等，他们的目标直指学生的需求与发展。这些成员在学习型组织中以互动和谈话的方式深入学习，从而获得在集体学习中的益处。教师学习共同体能为教师相互交流、合作、互动提供良好的学习情境，营造教师知识共享的文化；从知识获得的角度而言，教师学习共同体中的教师是在与他人的对话、反思中建构知识。这些对教师学习共同体的认识都充分体现了社会建构主义学习观。霍德认为，知识的学习必须具有情境性、交互性和实践性，从而不断提升教师适应学生发展能力的需要，适应教育变革的需要，甚至引领教师学习共同体的创新。

第二节 教师学习共同体及集体互动学习观

霍德自 20 世纪 90 年代中期开始，陆续发表了教师学习共同体的研究论著。她的重要性体现在正式从 5 个维度建构了教师学习共同体的概念。迄今，教师学习共同体的影响已经波及学校教育的各个层面。正如前文所述，20 世纪 70 年代，人们就已经开始关注工作环境对员工的影响。涂尔干(Durkheim)等学者认为在一个社会组织中，只有大部分人拥有相同信仰时变化才能真正发生。这种相同的信仰是组织成员的共同愿景、价值观。罗森霍兹(Rosenholtz)于 1989 年把教师工作场因素带入了教学质量的讨论，并提出在教师持续学习和课堂实践中感受到支持的教师，比没有被支持的教师更坚定、努力。①教师协作性团体学习的形成既可成为教师学习的动力，也可以为教师营造和谐的学习环境。1990 年，罗森霍兹进一步通过调研得出，初任教师和经验丰富的教师都会受到组织管理结构及组织内部质量的影响。此后，富兰、麦克劳克林及达琳-哈蒙德等学者认为，教师工作场、合作探究的组织氛围对教育的变革、教师责任感的产生都有重要意义。同时，他们都认为，教师学习不仅仅是教师个体的事，教师学习共同体不仅仅是教师群体的事，教师学习与学生学习、教育变革是密切相连的。霍德在探寻教育变革的道路上也意识到教师学习共同体是促进教师发展、学校改变的可能路径。那么，如何理解教师学习共同体及教师集体互动学习观？

一、教师学习共同体的"二维五要素"

至今，人们对教师学习共同体的认识依然见仁见智。虽然，教师学习共同体的理解因人而异。但却存在一个广泛的共识，即它意味着一群人以持续的、反思的、合作的、包罗广泛的、学习导向的、促进成长的方式共享和批判性地质疑自身的实践。②霍德也不例外，她提出，"专业学习共同体是学校的教师和管理者持续共享的学习，并依照学习行动。他们行为的目的是提升作为专业人士有效地让学生获益的能力，此过程也是共同体持续探究和改进的过程"③。换句话说，在教师相互学习的过程中共同体逐渐进入了持续发展状态，并在朝向共同愿景和目标迈进的过程中形成。与此同时，教师学习共同体也在循环中不断得以改善。这个定义中包含了两层意义：教师学习共同体的建构过程和教师学习共同体能够产生预期结果。教师学习共同体是教师、管理者通过合作学习、交流反思、共享实践，提升教学效率、改善学校状况的持续过程，并以满足学生的学习需求、确保学生成功学习为最终指向。霍德提出的教师学习共同体由二维五要素构成。

---

① Judy Stoehr, Maria Banks & Linda Allen, *PLCs, DI, & RTI：A Tapestry for School Change*, Oaks, Corwin Press, 2011, p. 12.

② Louise Stoll, Ray Bolam & Agnes Mcmahon, *Professional Learning Communities：A Review of The Literature*, Germany, Springerlink, 2006, p. 223.

③ Melanie S. Morrissey, *Professional Learning Communities：An Ongoing Exploration*, Texas, Southwest Educational Development Laboratory, 2008, p. 6.

(一)教师学习共同体的五要素

霍德的教师学习共同体的五要素广为研究者引用。它们分别是：①共同体共享的价值观和愿景。专业学习共同体的愿景是组织成员共同奋斗并努力实现的未来目标。它需要教师参与愿景的设计，并承诺追求学生利益的实现。②共享的领导。也被称为分布式领导，即学校管理者与教师共享领导力，教师也作为领导者，协同形成扁平化的学习型组织结构。③集体学习。即学校组织中的教师、学生等成员在对话中共同合作探究问题。④支持性条件。支持性条件可分为两类，一类是物质因素，时间、资源等；另一类是关系和人的能力因素。专业学习共同体需要和谐、信任的人际关系，营造关心的氛围；需要培养成员在共同体中学习所需的能力。⑤同侪互助（也称为共享的个人实践）。邀请一位教师进行教学观摩，做记录、提供反馈，共同研讨、改进教学实践，推进彼此教学的完善。这种方式，不仅使个体进步，也增强了组织学习的有效性。教师学习共同体区别于个体学习：首先，它体现为一种集体学习，有一个成员共同认可的目标与明确或默认的规则；其次，它是一种组织行动，组织内部成员间有分工，虽然这种分工也许并不明确；最后，它是合作探究的过程，能使成员、组织都不断超越以前的自己。教师学习共同体的五要素揭示了作为一种学习型组织的必要要素。①

(二)教师学习共同体的二维

霍德指出教师学习共同体由五要素构成，也可从两个维度来审视，也就是"双圈"分别由外圈的"结构"和内圈的"集体学习及其运作"构成。（见图3-1）

概括而言，外圈是教师学习共同体运转的外部支持，由不同条件构成一个"结构"——价值观和愿景是学习共同体成员努力实现的目标或共同认可的文化、规范；共享的领导即为成员赋权，鼓励教师等人共享组织的决策；支持性条件给教师学习共同体提供了运转的外部支持；同侪互助重点强调成员协同合作，共同探究教育教学实践。内圈是集体学习，是专业学习共同体的灵魂，教师团体协同在学习型组织中进行各种学习活动。

---

① 对专业学习共同体五维度的解释是结合霍德的著作《维持专业学习社区》（Sustaining Professional Learning Communities）、《让承诺变为现实》（Making the Promise a Reality）和译著《学习型学校的变革：共同体学习，共同领导》而论述的。

图 3-1 教师学习共同体的二维度五要素①

二、教师学习共同体中的"合议关系"

现实中，人们对教师学习共同体的理解各不相同，往往也表现出对其理解的随意性。比如，我们在一起开会学习，是教师学习共同体；领导要求我们组成小组，也是教师学习共同体；等等。"很重要的是教师学习共同体不仅仅是教师的合作，……教师学习共同体不仅仅是学校中成人间的意气相投，而是'合议关系'（collegial relationships）和信任。"②那么，要形成合议关系，首先就要有合议群体的存在。何为合议群体？在中文中，"合议"一词通常见诸法律，词典中解释："所谓合指结合到一起；凑到一起；共同。议即商议。"③合议可理解为多人结合在一起共同商议。但是，这并不代表共同商量讨论的群体就是合议群体，合议群体"是成员与成员之间能够相互影响、直接交流的目标导向型的紧密群体"④。这个群体要有共同指向的"目标"，在此目标下相互之间共享、交流、对话、影响，遵循一定的规范。在组织学习中，合议关系中的互动是形成成员间共享思想的基础。这种关系区别于简单聚集、私人聚合、多人结合等。合议关系具有目标性、共享性、平等性、协作性。其实，"合议"（collegial）与"合作"（collaborative）经常被人们混用。合议关系中必定包含合作，但合作可以是暂时性的、私人的、无目的的合作，与合议不能等同。

巴思（Barth）曾区分了学校中平行、敌对、意气相投、合议 4 类关系。第

---

① Shirley M. Hord & Stephanie A. Hirsh, *Making the Promise a Reality*, Oaks, Corwin Press, 2008, p. 35.

② Shirley M. Hord, "What Is a PLC?," http：//www.sedl.org/pubs/sedl-letter/v19n01/what-is-a-plc.html, 2017-04-10.

③ 中国社会科学院语言研究所词典编辑室：《现代汉语词典》第 5 版，547~1613 页，北京，商务印书馆，2005。

④ 袁坚：《司法合议制度研究》，博士学位论文，西南政法大学，2011。

一类是平行关系，也就是学校中的人员看似长期在一起，但彼此就如两条平行线相互没有交集，教师们基本处于孤独前行的状态；第二类是敌对关系，这类关系在学校中很常见，竞争教师之间处于相互对立的状态；第三类是意气相投关系，学校中成员间积极地对话、合作，这种关系往往是私人的；第四类是合议关系，合议关系以成员的意气相投为前提，它是学校组织中倡导的也是最难建立的一种关系，它的不同之处在于"教育者都会谈论教育教学实践；教育者共享专业知识；教育者彼此观察他们所参与的教学实践；教育者支持彼此的成功"[1]。

很明显，此4类关系各不相同，首先，合议关系是组织中迫切需要建立的关系。教师学习共同体中合议关系直接影响学校文化的确立、教师与学生的成长，关系到学校的变革。合议关系的不同正是教师学习共同体建立成员关系的关注点。建立合议关系的教师学习共同体首先是出于对自身教育教学实践的责任感，在自愿的情形下逐渐形成共同体成员的共同愿景。"共同愿景最简单的说法是'我们想要创造什么'。""人们寻求建立共同愿景的理由之一，就是他们内心渴望归属于一项重要的任务、事业或使命。"[2]愿景不是某一问题的解决，而是一股精神动力，一种对成员的感召力。

其次，合议关系是建立成员间平等的伙伴关系。教师学习共同体中的成员没有等级、地位的划分，他们平等、互助、合作，彼此相互学习。在合议关系中成员"共同掌权"（collegial leadership），培养领导力，共同体迈向同一目标。在此种关系中，成员逐渐以开放、信任的心态相互交流，挑战各自固有的思维模式，碰撞出思维的火花，形成集体智慧。

最后，合议关系是一种具有开放特质的关系。开放的态度往往被局限性地理解为是个体的包容、真诚等。然而，"最正确的态度是将开放视为与周遭人或事的关系，而不是一种个人的特质"[3]。开放本来就是对某事、某人的态度，局限于自我就是封闭。教师学习共同体是试图打破以往教师封闭式、单子式的生存状态，与他人分享彼此的观点，乐于接受他人的批评与认识，以

---

[1] Roland, S., Barth March, "Improving Relationships Within the Schoolhouse," *Educational Leadership*, 2006, 63(6), p.10.

[2] [美]彼得·圣吉：《第五项修炼——学习型组织的艺术与实务》，郭进隆译，238页，上海，上海三联书店，1998。

[3] [美]彼得·圣吉：《第五项修炼——学习型组织的艺术与实务》，郭进隆译，330页，上海，上海三联书店，1998。

真正开放的态度形成、达成共同体的愿景。开放是学习共同体中的教师不仅有权发表意见,更有相互的理解、倾听、反思。欧白恩曾说过,开放背后的动力是"爱",而且是良师益友型的爱。在教师学习共同体中表现为,教师间没有保留地在朝向共同体愿景的"自我实现"的过程中为彼此提供支持。

三、教师学习共同体在对话中超越

教师从个体走向学习共同体,是强调人与人"对话"对教师学习重要性的体现。霍德在论述教师学习共同体时,不仅认为教师学习共同体愿景的形成必须通过对话,还认为教师学习共同体的启动、发展及其进行的深浅都与对话有关。教师学习共同体也是对话学习的过程。何谓对话?对话是人的需要,由此人们能够不断形成新的共识,形成共享的意义,追求真理。对话中包含协商,它是认真审视不同观点而非固守个体观点,并在观点的碰撞中获得真理的过程。对话是在对话者之间形成、分享意义之溪。在对话的过程中,每个人从自我思维假定出发对任何事都持有自己的观点、看法,但对话不是为了驳倒对方而分出胜负、输赢,而是暂时悬置自己的观点,认真倾听、思考、探究对方的心声。他们不需要彼此劝说、把自己的观点强加于人,而是在合作中逐渐形成共享的认识。在开放的对话中,每个人的观点都很重要,大家彼此共享、相互理解,在分享意义时人人都是获益者,都是赢家,在对话中产生共同的思想。埃利诺等学者归纳了对话的特征:"从部分看整体、从分割看联系、探讨假说、通过询问揭示真相、建立共识。"[①]由此可见,对话具有自身独特之处,它是整体关系的思维方式,是对个体思维假定的探究,以形成共享的意义为目的。对话对个体、组织的学习都是一股重要的力量。

霍德在教师学习共同体的研究中认识到对话的重要性,并在"教师学习共同体指南"中非常注重如何使教师开启对话,培养对话的技能。对话能够让教师学习共同体不断获得超越。这种超越可以从两个层面分析:首先,共同体中教师个体在对话中的超越。对个体而言,教师从对话中深入认识自我、突破自我。教师学习共同体中每位成员的观点、认识都是他人的反射镜。当教师习惯于"还是先听听其他教师的意见"时,其实他也在包容中开始认识自己的思维假定,当教师发现自己的不足,决定改变或抛弃时,新的认识、思想

---

① [美]琳达·埃利诺、格伦娜·杰勒德:《对话:变革之道》,郭少文译,18页,北京,教育科学出版社,2006。

也就开始孕育了。因此，对话中教师的倾听很重要，有 3 种类型：教师倾听他人、教师倾听自己的内心、教师倾听共同体的共识。当教师在共同体中倾听各种观点，并不断质询、反思时，就会更深刻地自我觉醒，不断获得突破，也就更有可能愿意承担起共同体的责任。与教师只是为自己的学习与发展负责不同，在学习共同体中每位教师都是领导，这意味着人人都有责任参与、主持、推动共同体对话的开展。它与传统组织中由权威主导截然不同。对话中通过教师们持续地反馈，共同体会逐渐形成自己特有的对话方式。那么，对话要求共同体中教师角色产生变化，从习惯做沉默的听众转变为积极的发言者、倾听者，从习惯随波逐流转变为共同体共识达成的促进者，从习惯固执己见地发表个人观点转变为真理的探寻者，这些既是对教师惯性的挑战，也是其发展的机遇。当然，对当下备受推崇的"教师学习共同体"应当有理性的认识，它并不一定适合每位教师。然而，人的社会性、学习的社会性都有对人际互动的内在需求，教师学习共同体能够满足此诉求，它也是学校组织中促进教师发展便捷、常见的方式之一。在共同体的场域中教师的对话能够让他们感受到相互的理解、同伴的支持、安全感，从而加深、增进对自我及所从事职业的理解与归属感。其次，教师学习共同体在对话中超越。教师学习共同体本身就不是一群人简单聚集在一起，在学习型组织中对话所起到的变革意义更大，这种变革是组织自我演变与超越的动力。一方面，对话对共同体中的教师具有黏合作用。对话可以让我们寻找共享意义，而当教师获得共享意义时，共同体成员间的凝聚力就可能产生。对学习型组织而言，共同愿景的形成与实现才能具备强有力的基础。意义之共享就像水泥，起到了把社会黏结在一起的作用。[①] 教师学习共同体中成员间的协同合作可能产生比个体单独力量要大的合力。另一方面，对话可以让共同体具有变革性。教师学习共同体就是一个小型社会，它需要对话才能保持组织的生命力，在各种信息的碰撞与波动中，才会激发组织的创造力与变革的可能性。对话有助于集体参与的领导模式的形成，有利于集体理念与共识的达成，这对开发出组织内部的适应性、创造性而言至关重要。

四、教师学习共同体"善"的意指

教师学习共同体中的"共同体"是此概念的核心词，它也可表达为"聚集在

---

① [美]戴维·伯姆：《论对话》，王松涛译，35 页，北京，教育科学出版社，2004。

一个小组——在共同体中——为了学习"①。教师的学习直接针对学生的需要与发展,从而使教师自身的学习更加深刻、有意义。显然,共同体是达成教师学习目标的具体形式和渠道,带有明显的价值色彩,内蕴着教育"善"的意指。具体表现在:一方面,教师、学生在学习共同体中汲取发展的源泉与能量,进而通过集体改善学校教育实践;另一方面,能激发教师对教育教学实践、学校改革与公共生活的参与意识。教师学习共同体作为教育活动,"善是教育存在的根据,但教育的善具有特殊性,其特殊性表现在教育通过知识的传播促进个体发展和社会发展上,而且它同时具有实用价值和本体价值"②。教育的实用价值即教育为社会培养所需的人才,为个体生存提供必要的支持;本体价值即促进人本身的发展,主要表现在理智、精神上。这两方面是教育"善"的基本内容。那么,教师学习共同体的"善"的意指也有实用价值和本体价值两方面:实用价值就是促进教师专业知识、技能、反思等能力的发展,从而提升专业化水平,有利于教师胜任本职工作,进而提高学生学习成绩;本体价值有利于教师、学生的成长,激发教师积极主动地承担学习责任、教育使命,分享教育经验与困境,从而不断完善自我、获得身份认同与职业幸福感。这与社群主义的代表人物麦金太尔对实践活动内在善、外在善的认识相同。实践活动都有与利益无关的根本价值也就是教师学习共同体的本体价值所蕴含的"内在善";而满足外在标准和工具性价值(名誉、地位、金钱等)就是"外在善"。因此,不论体现教师学习共同体本体价值的内在善还是外在善都组成了"善"的意指。从共同体的角度而言,亚里士多德认为"个体的善不能与共同体的善分开来看待。人们是在对共同善的共同追求中使人们获得了相应的利益或善"③。对教师而言,受外在压力影响而产生的相互竞争往往导致他们自顾自地埋头前行,教师与教师之间缺乏对话、合作、共同愿景,教师往往认为通过个体的力量可以完成教育的"善",不可否认教师的自我教育是其专业成长的一条路径。然而,面对不断变化的教育变革,面对不断变化的教学情境,教师在迈向教育"善"的过程中总会遇到各种各样的难题、困境,很多情况都不是教师个体所能承受的,况且个体的心智模式都存在局限性,

---

① Alan M. Blankstein, Paul D. Houston & Robert W. Cole, *Sustaining Professional Learning Communities*, Oaks, Corwin Press, 2007, p. 26.

② 王洪才:《教育是何种善——对教育善的本质的思考》,载《探索与争鸣》,2011(5)。

③ 龚群:《当代社群主义的共同体观念》,载《社会科学辑刊》,2013(1)。

在解决问题时也很容易陷入个人固有的思维定式。教师学习共同体可以帮助教师开阔视野、向外看，悬挂自以为是的信仰，在人际互动中内省、完善自我，从而在专业社群中更好地成长，这是教师发展不可缺少的另一路径。教师个体与教师群体的"善"是相连的，教师个体利益与群体利益根本上是一致的。因此，教师学习共同体中的个体与群体关系都是由"教育实践中面临的问题""改善教育实践""促进教师发展、学生学习"来维系的。可以说，他们具有共同的"善"的意指。

霍德在论著中始终提及教师学习共同体"善"的意指，具体主要有以下几方面内容：首先，促进教师学习。霍德此处的学习聚焦于培育教师的问题解决、知识与技能等教师专业素养的提升。其次，满足学生的成长需求。教师学习的内容、主题以教师教学、学生学习过程中遇到的问题为出发点，而所有的活动最终是为了提升学生的学习质量。最后，激励教师参与学校公共生活。霍德赞同教师学习共同体是教育改革的重要推力。教师学习共同体的建立能够使教师迈出个体的教育世界，并在与他人交往的过程中越来越多地参与学校公共生活，与此同时获得对学校的归属感。学校公共生活的开启，以及开启到何种程度，有赖于教师的公共生活自觉。[1] 当教师学习共同体中的所有教师都为了共同目标、共同愿景而奋进时，教师就被卷入其中，此过程必然会逐渐培养教师对学校公共生活的关注度。这不论对个体的生命需要，还是对教育改革甚或社会变革都有重要价值。

五、教师学习共同体的多环理论

霍德的教师学习共同体学习理论可称为"多环理论"。简言之，它是以教师学习共同体的工作步骤为基础，并由双环学习循环、深层学习循环、集体学习循环共同形成的多环理论。这并不是说在教师集体学习的过程中没有按照组织的要求进行适应性学习，只是更加突出创造性学习。此理论由以下几个部分组成，它们分别如下：第一是双环学习。此理论前文已经论述，不再赘述。第二是深层学习。深层学习是与浅层学习相对应的概念。深层学习突显学习的积极性、理解性、批判反思、建构性；与之相对的浅层学习，强调学习的机械记忆、孤立性。心理学家布鲁纳也提出学习的过程有不同的层

---

[1] 刘铁芳、曹婧：《学校公共生活中的教师：教师作为公民实践的范型》，载《教师教育研究》，2013(2)。

面——表层与深层，二者既相互区别也相互弥补。从组织学习理论讲，其实阿基里斯在阐述他的双环学习理论时就把它称为"深层组织学习"（deep organizational learning）。"阿基里斯相信组织需要开发双环学习能力，因为这是一种更有力的学习方式，组织要想进行变革，开发更深远的能力必须要有双环学习。"①其后的管理学大师圣吉提出了组织学习的本质——深层学习循环，如图3-2所示。②

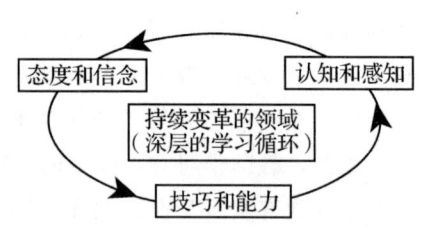

图 3-2 深层学习循环

深层学习循环即组织成员通过学习新技能而改变人们的行为、思想，随之认知和感知也逐渐改变。经过一段时间后，成员会形成新的世界观，进一步推动新技能的获得，循环的运行能够促进个人和组织发生实质性变化。从双环学习与深层学习最终要表达的意义看来，二者所指的实质相同，深层学习是双环学习的进一步发展，它对双环学习的内部过程展开了探索。如果圣吉的双环学习被称为组织学习过程的基本的、主要的类型，那么深层学习就是在经历这个学习过程中发生的实质性变化。进而，在教师学习共同体中双环学习、深层学习外在表现为集体学习。霍德提出教师学习共同体的核心是集体学习。集体学习有自身的运转阶段，即公开反思—意义共享—联合计划—协调行动。③ 双环学习、集体学习都内含深层学习。为了理解方便，在教师学习共同体中集体学习、双环学习、深层学习三者之间可以比喻为"洋葱"关系：集体学习是最外层的形式和表现，中层是双环学习，内层是深层学习。然而，实际上它们之间并没有明晰的界限，甚至常常都是相互交融的。这些学习都内含在教师学习共同体的"基本工作步骤"的运转中。通过观察教师学习共同体成员的工作，霍德及其实验室成员做了一个简单的工作步骤描述：①反思工作，确定为学生提供的服务如何；②识别学生需求，确定优先领域；③研究解决方案，应采取的新实践；④计划专业学习，执行新实践；

---

① ［美］伯特·弗雷德曼、艾瓦·威尔逊等：《第五项修炼教程：学习型组织的应用》，张璨译，75页，北京，经济日报出版社，2002。

② ［美］彼得·圣吉等：《第五项修炼·实践篇——创建学习型组织的战略和方法》，张兴等译，18页，北京，东方出版社，2002。

③ ［美］彼得·圣吉等：《第五项修炼·实践篇——创建学习型组织的战略和方法》，张兴等译，62页，北京，东方出版社，2002。

⑤监督计划和行动进展；⑥以评价为基础进行修改和调整。① 这些步骤之间很多彼此重叠，但凸显了学习共同体中的教师等人要不断地反思现状、识别问题、改进实践、修整并采取新实践，推进个体学习、集体学习，实现个体在集体中学习、集体中个体的创造性从而带动集体的创造性学习。由此可见，教师学习共同体并不是教师随意聚集在一起学习那么简单。它实际上有自身的运转逻辑及内在理论。我们从整体上，把教师学习共同体运转过程的理论概括为"教师学习共同体多环理论"，如图 3-3 所示。

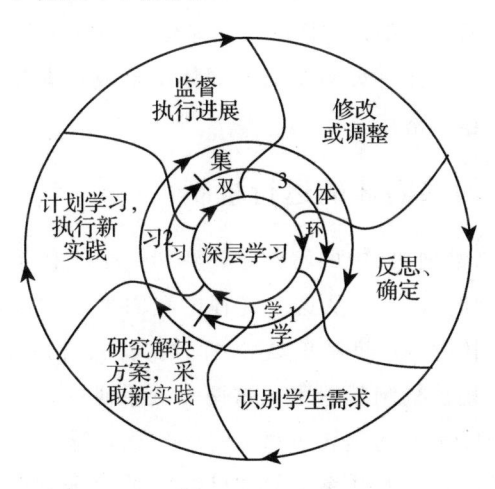

图 3-3 教师学习共同体多环理论

从图 3-3 可知，以霍德描述的教师学习共同体的工作步骤为基础，蕴含其中的是以下学习循环过程：①双环学习的循环过程（数字 1 表示阶段 1，此循环本身就是从具有问题意识的行为开始，思考解决方案和行动；数字 2 表示阶段 2，针对不足采取新行动，在采取和执行新实践的过程中生成新结果；数字 3 表示阶段 3，对行为结果进行监督、修改和调整，再开始新行为的循环）。②在双环学习内部其实发生的就是深层学习循环（阶段 1，教师学习共同体成员需具有反思、深度对话、探究等技巧和能力，这些在反思现状、识别问题和探寻对策的过程中可以逐渐培养；阶段 2，是在采取、执行、监督新实践的行为过程中教师等人的认知、感知发生变化；阶段 3，是在认知、感知发生变化后，经过时间的积淀，最终成员的信念发生变化，从而动摇行为背后的假设，真正修改、调

---

① Alan M. Blankstein, Paul D. Houston & Robert W. Cole, *Sustaining Professional Learning Communities*, Oaks, Corwin Press, 2007, p. 37.

整行为，从而产生变革的深层学习循环）。③这两个循环过程在教师学习共同体中交织展开就表现为集体学习循环。教师学习共同体的工作要素、双环学习循环、深层学习循环、集体学习循环恰好形成了多环构造图。

第三节 教师学习共同体的运行机制观

在分析了霍德教师学习共同体的理论基础和基本观点后，我们更想了解教师学习共同体的运行机制是怎样的？如何建构教师学习共同体的运行机制？有哪些策略、途径可以促进教师学习共同体的形成？本节将揭露教师学习共同体的内部过程和建构路径。

一、教师学习共同体的运行机制

机制在《现代汉语词典》中的解释是：泛指一个工作系统的组织或部分之间相互作用的过程和方式。① 从这一解释中我们可以看出，机制突出强调以下两点：机制是运转逻辑；机制是要素之间的关系、相互作用的方式。由此，教师学习共同体的运行机制就着重从这两点入手研究。一方面，我们要清楚教师学习共同体构成要素的运转逻辑；另一方面，这些要素之间的相互关系及其与外部保障条件之间的联系。前文已经对教师学习共同体的运转逻辑进行了分析，下面主要探讨教师学习共同体运行中要素及要素间的关系，从而对其运行机制获得较为全面的认识。

（一）教师学习共同体运行的要素

根据机制的概念，本节主要从教师学习共同体的主体、动力、过程及外部支持结构等来阐述教师学习共同体运行机制的几大要素。首先，教师学习共同体运行中的主体。当谈到教师学习共同体的主体时，谁是参与者？霍德认为，教师、领导者和教学支持者组成教师学习共同体的主体。例如，许多学校都安排年级范围内的教师定期举行交流会，让教师有碰面的机会并针对学生存在的问题或特定的需求展开探索；除此之外，管理者和教师的频繁会面也很必要，他们可以共同商议学校要达成的目标和员工的学习规划，共同

---

① 中国社会科学院语言研究所词典编辑室：《现代汉语词典》第5版，628页，北京，商务印书馆，2005。

参与决策的制定过程，齐心协力为提升教学效力，最终使所有学生都能成为成功的学习者。① 其次，教师学习共同体运行的动力。此动力指的是教师学习共同体作为一个组织的学习动力。组织学习动力是用来"描述组织学习过程的方向性、持久性和强度等动力特征的一个概念"②。理论界大致采用了3条途径来研究组织学习动力问题，"组织学习动力微观还原研究""组织学习动力转换研究""组织学习动力的张力研究"③。所谓微观还原研究就是从个体学习动机出发类比组织学习动力研究，如绩效差距、情感因素、激励机制等；转换研究即研究个体知识与组织知识的相互动态转化；张力研究即从组织的属性对组织学习既促进又阻碍的张力角度探索组织学习动力。④ 霍德的教师学习共同体运行动力主要是微观还原层面的研究，她的研究具有典型的个体类比特性。通过分析，教师学习共同体主要有如下几种动力：第一，教师的关心点与困惑。这可以说是教师学习共同体中最直接的动力，是顺利实现教师学习共同体变革必须要关注的。这包含两层意思：一是教师本身在实践中遇到的教育教学问题，期望在集体学习的过程中能够得以解决；二是在教师学习共同体走向变革的过程，教师存在的各种困惑、问题及需求。霍德等学者提出了基于关心的变革采纳模式(Concerns-Based Adoption Model，CBAM)，此项目提供了重要的数据来显示教师和领导者的关心点、教育中存在的问题、各种行为的类型，通过对这几方面的分析来理解教师在变革过程中的需求。霍德在教师学习共同体的建构中也强调要关注教师的关心阶段，每个阶段教师的担忧与困惑都不相同，一般来说有"不相干""自我""任务""影响"4种不同的关心阶段。⑤ 不相干阶段即教师对变革不关心；自我阶段即教师开始对变革有所了解，形成了自己的认识，并对个人在变革中的角色、行为等做出反思；任务阶段即教师投入任务的实施过程；影响阶段即关注变革对个体产生的影响。变革中教师如何与他人合作实施变革，共同探索变革的益处与不足，

---

① Shirley M. (Moos) Hord & Wiuiam A. Sommers, *Leading Proffessional Learning Communities: Loices from Research and Practice*, Oaks, Corwin Press, 2007, pp. 54-58.
② 原献学、何心展、石文典：《组织学习动力研究》，载《心理科学》，2007(2)。
③ 原献学：《组织学习动力的理论与实证研究》，博士学位论文，华东师范大学，2004。
④ 原献学：《组织学习动力研究综述》，载《西北师范大学(社会科学版)》，2006(1)。
⑤ [美]吉纳·E. 霍尔、雪莱·M. 霍德：《实施变革：模式、原则与困境》，吴晓玲译，73页，杭州，浙江出版社，2004。

思考是否有更好的改革方案，这是霍德变革理论中的重要内容之一。她认为，在支持教师学习共同体的过程中，很有必要思考作为个体和小组的教师在变革中应处于什么位置，并确定提供所需的帮助来满足专业学习的需求。① 教师的需求就是他们自身的不足、存在的困惑和问题，只有满足了教师需求，并提供必要的干预和支持，教师才能持续不断地促使变革进入下一个阶段。第二，学生学习反馈的激励。在教师学习共同体中教师的使命是促进学生的学习，而学生取得的进步、积极的反馈是教师学习共同体持续发展的最大动力。在以教师学习共同体为特征的学校中，"教师让学生参与高智识的学习任务，结果学生在数学、科学、阅读方面都获得了比传统学校更大的学术成就……在这样的学校中，教师致力于学校的使命，认为自身要为整体学生的发展负责，要共同承担促进学生成功的责任"②。而这种共同承担的责任和使命的力量是巨大的，学生学习的积极反馈正是给予教师远胜于物质激励的最大精神奖励，它作为长久持续的动力不断激发教师朝向共同愿景前进。第三，管理者的推动。这是教师学习共同体的外在动力，也是不可缺少的力量。霍德在论述教师学习共同体时，表明领导、教师要民主参与、共享领导力，教师要被培养成为领导者，领导也应该是领头的学习者（head learner）。那么，首先，教师和领导者要同时承担领导者、学习者的角色。然而，这二者的角色在不同的情形下依然发挥着不同的作用。在建立扁平化组织的过程中，领导推动教师学习共同体发展的作用力依然具有不可替代的重要性。校长的角色和行为是一所学校作为教师学习共同体如何运转的关键。③ 在教师学习共同体共同愿景的建构过程中，领导至关重要，领导的核心任务就是把教师卷入其中，共同决策、共担责任，"当校长持续关注员工学习，学习增加……如果学校中的谈话围绕学习来组织，这就给每个人发出了信号，驱动我们做事

---

① Shirley M. Hord, James L. Roussin & William A. Sommers, *Guiding Professional Learning Communities：Inspiration，Challenge，Surprise，and Meaning*, Oaks, Corwin Press, 2009, p.176.

② Shirley M. Hord, "Professional Learning Communities：Communities of Continous Inquiry and Improvement,"https：//c2. hntvchina. com/scholar？, 2014-06-20.

③ Shirley M. (Moos) Hord & William A. Sommers, *Leading Professional Learning Communities：Voices from Research and Practice*, Oaks, Corwin Press, 2007, p. 28.

的愿景是学习"①。因此,校长作为变革的代表,具备清晰的愿景,具备充沛的精力关注学习,提供共同体所需的条件,营造良好的氛围,都是教师学习共同体具有活力、持续改进的重要动力。其次,教师学习共同体的运行过程。由于机制强调事物背后的运转逻辑,因此,教师学习共同体的运行过程也主要是揭示其运转逻辑。这个部分在前文已经有所论述。最后,外壳结构。教师学习共同体的"外壳结构"(支持共同体的各种条件形成的结构)主要包括人际关系及人力资源、基础结构、指导理念三部分。

(二)教师学习共同体运行要素的关系

明晰了教师学习共同体的要素后,接着论述各个要素之间的相互关系,也就是教师学习共同体要素的作用方式,如图 3-4 所示。

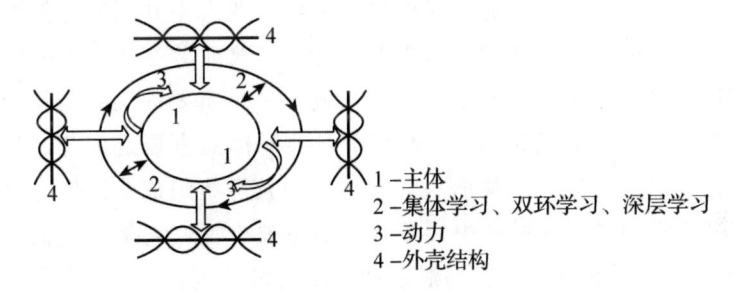

图 3-4 教师学习共同体运行要素的关系

此图既包含了教师学习共同体的要素,也呈现了要素之间的关系。其中数字 1 表示教师学习共同体的主体;数字 2 表示教师学习共同体运行的逻辑,包括集体学习、双环学习、深层学习的循环;数字 3 表示教师学习共同体运行的动力;数字 4 表示教师学习共同体运行的外壳结构,此结构与教师学习共同体内部的各要素发生着互动,它既可以为教师学习共同体的运行提供支持,教师学习共同体的不断变化又能够改变外壳结构。总体而言,各个要素是一个相互影响的运转系统。

二、教师学习共同体发生的外壳结构

圣吉指出,"建立学习型组织的真实工作就是建立深层学习循环,这是所

---

① Shirley M. (Moos) Hord & William A. Sommers, *Leading Professional Learning Communities: Voices from Research and Practice*, Oaks, Corwin Press, 2007, p.29.

有学习修炼者的本质工作。但这发生在一个外壳里面,一个包括指导思想、基础结构革新、理论、方法和工具的建筑结构中"①。霍德在研究教师学习共同体时,也提出建构与发展的过程都需要在一个良好的外部结构(外圈)中发生,我们就把这种结构称为外壳结构。教师学习共同体运行的外壳结构,在某种程度上决定着教师学习共同体是否能够成功启动、良性运转。霍德在研究教师学习共同体的外壳结构时,非常注重3个方面的内容:人际关系、基础结构的革新和指导理念。教师学习共同体外壳结构中三者相互影响,其中指导理念贯穿其中,是外壳结构的灵魂。

(一)人际关系

在学习过程中,维果茨基看到了与他人互动是学习的重要方面。我们与其他人合作学习比单独学习的时间更多。聚集专业人士共同思考作为一种学习的方法,是帮助教师专业发展的主要机会。② 教师学习共同体中的关系是以相互重视、尊敬和关心为基础的。关系成了一个重要的文化变量,它关注教师学习共同体中人的因素。③ 对教师学习共同体而言更是如此,共同体中的成员不是简单的聚集,而是把一个个分散的教师组织成共同体。对霍德而言,"信任"是教师学习共同体中人际关系的重要方面,它是成员彼此给予帮助、反馈的基础。"信任是社会的润滑剂,使组织运转。当信任存在时,组织往往更易于创造性地思考,勇于承担更多的危险,共享更多的信息,从而让成员产生一种被支持的感觉。④ 信任是改革的一个关键资源。什么是信任?霍德的理解受布瑞克(Bryk)和施耐德(Schneider)的直接影响。信任发生于学校共同体中的人际交流,它建立在4个准则之上:尊重(respect)、个体关注(personal regard)、核心角色的职责能力(competence in core role

---

① [美]彼得·圣吉等:《第五项修炼·实践篇——创建学习型组织的战略和方法》,张兴等译,22页,北京,东方出版社,2002。

② Shirley M. (Moos) Hord & William A. Sommer, *Leading Professional Learning Communities: Voices from Research and Practice*, Oaks, Corwin Press, 2007, p. 78.

③ Shirley M. (Moos) Hord & William A. Sommers, *Leading Professional Learning Communities: Voices from Research and Practice*, Oaks, Corwin Press, 2007, p. 48.

④ Shirley M. (Moos) Hord & William A. Sommers, *Leading Professional Learning Communities: Voices from Research and Practice*, Oaks, Corwin Press, 2007, p. 104.

responsibilities)、个体的真诚(personal intergrity)。① 这 4 个准则可解释为：尊重就是学习共同体成员在对话交流过程中的相互尊重；个体关注是指个体关注信任什么，如何理解信任；核心角色的职责能力是共同体想要获得的满意结果在很大程度上依赖于其成员的能力；个体的真诚即成员言行的一致性。具体到教师学习共同体中，交流中彼此尊重要求成员能真正耐心地倾听对方的观点，并对其做出辨识和考虑，批判性地去粗取精。不论个体的观点如何，这种相互尊重的态度会让每个人感到自己在共同体中存在的价值和意义。反之，教师学习共同体中成员间的交流就可能减少甚至终止。个体关注，即共同体作为一个人际互联网，共同体目标的实现取决于所有成员的能力，当成员间不能形成合力时，有些成员总是"搭车"就会破坏教师学习共同体中成员间的信任。霍德看到了信任在教师学习共同体中的力量，没有信任，专业人士只能孤独地行走在学校改进的道路上。尤其是教师与教师之间的信任是最重要的一对关系，信任能营造共同体中关心的氛围。除了信任之外，教师学习共同体中人际关系的另外一个重要影响因素是"权力"。在我们的传统观念中，管理者是权力的拥有者，其他成员服从于权力。但教师学习共同体要求管理者不仅要与成员形成分布式管理，共享权力，还要培养教师的领导力，从而激发教师的主人翁意识、责任感、使命感，领导要成为学习者，时刻更新管理理念、理论知识，把握教育实践的动态、存在的问题，从而共同为教育革新努力。

(二)基础结构的革新

所谓基础结构就是用来支持组织成员工作的资源，这些资源包括时间、空间、信息流、政策、人力物力资源等。基础结构的革新是如何改变各种条件以便更好地促进组织的运行的？第一，时间。霍德不止一次在研究中提到，创建教师学习共同体面临的主要挑战是时间。如何满足成员共同学习的时间需求，这是许多学习共同体普遍存在的问题。要给教师提供学习的时间，就必须通过学校的合理安排。第二，空间。合理的空间距离、空间安排和使用等是建构教师学习共同体的物质支持。霍德论述道："一所学校场地超过 160 000 m²，有 40 幢建筑物，结果他们发现难以把教育者聚集起来共同学习、

---

① Anthony S. Bryk & Barbara Schneider, "Trust in Schools：A Core Resource for School Reform,"https：//c2. hntvchina. com/scholar？, 2014-06-15.

共同工作。……另一个结构性的问题是，如何安排教室和如何组织学校的教育者。"①也就是说教室的布局是集中的还是分散的，是单一的还是穿插的——教师是按同一年级、学科的形式，还是按不同年级、学科的形式来组织，不同的空间结构都会影响成员间的交流与共同体的学习。第三，信息流。信息流被经常用在管理和决策中。信息流就是各种信息之间的关系，信息的不断产生、传播、处理。② 在组织中信息流有传播、分享、重组、创新等环节。教师学习共同体中，"信息"就作为教师学习共同体中成员间相互作用、影响的"中介"。信息在良性循环、有效流通中，会有利于生成新的组织知识，从而使组织在动态变化中发展演变。所以，霍德说"交流结构对运转良好的专业共同体至关重要"③。不论是信息流的哪个环节，都需要交流，也只有交流，信息才能处于动态发展的过程。信息传播、分享的形式有多种，如会议、电子邮件、通知、报纸等。

(三)指导理念

霍德的研究体现了教师学习共同体在建构、实施过程中有以下几点重要理念：教师学习共同体以"对话"为中介、以"共同体"为纽带、以促进学生学习为意旨。

首先，教师学习共同体以"对话"为中介。霍德认为，"未来的学校应该支持他们的教育者持续地研究、反思、对话和学习"④。对话是教师学习共同体形成与发展的一个重要形式。甚至可以说，教师学习共同体是以"对话"为途径的对话学习过程。以对话的方式学习和教学可以追溯到苏格拉底的"产婆术"。现代对话学习的研究源于社会文化理论，重要代表人物是维果茨斯和巴

---

① Shirley M. (Moos) Hord & William A. Sommers, *Leading Professional Learning Communities: Voices from Research and Practice*, Oaks, Corwin Press, 2007, pp. 55-57.

② 龙妍、黄逸素、刘可：《大系统中物质流、能量流、信息流的基本特征》，载《华中科技大学学报(自然科学版)》，2008(12)。

③ Shirley M. (Moos) Hord & William A. Sommers, *Leading Professional Learning Communities: Voices from Research and Practice*, Oaks, Corwin Press, 2007, p. 51.

④ Shirley M. Hord, James L. Roussin & William A. Sommers, *Guiding Professional Learning Communities: Inspiration, Challenge, Surprise, and Meaning*, Oaks, Corwin Press, 2009, p. 18.

赫金(Bakhtin)。① 尤其是在信息日益开放、交流渠道日益增多、教师学习从个体走向群体的情形下，对话学习显得日益重要。那么，如何理解对话？概括而言，它是一种谈话类型。谈话有以"聊"为目的的闲谈，漫无目的地为了打发时间而说话；以"辩"为特征的讨论、辩论，是输一赢式的分析谈话，在这些过程中，人们会否定一些观点、吸取一些观点，但整体上还是试图让自己的观点脱颖而出、居于上风；以"商"为特点的商谈，是为了达成一致，人们各自让步妥协最终达成满意的结果。除了这3种之外，还有一种"谈"，此种"谈"既不是无目的的，也不是一定要分出谁胜谁负，而是一种发自内心的真实表达，在相互尊重和交流的过程中追求真理，这是一个互惠的过程。对话就属于此种"谈"。对话是成员之间经历不同想法的摩擦、碰撞后，得出新的认识、理解和共享意义的过程。在此过程中存在与客观世界的对话、与自我的对话和与他人的对话，从而构成对话学习的3个部分。因此，有学者指出当前学校要"建构三位一体的对话学习活动，建立学习共同体是个很好的选择"②。教师学习亦如此，要改变教师孤立、被动、单一的学习，就要通过对话学习形成教师学习共同体。教师学习共同体能够实现3种对话，教师在共同体中，可以在与他人合作对话学习中、与教育世界的探究对话学习中、与自我的反思对话学习中创造意义。霍德之所以在教师学习共同体中强调对话，无疑是看到了其对教师等共同体成员的深远影响。"成功的学习共同体中的学习以集体探究和成员的反思及他们反思的对话为基础。"③

因此，教师学习共同体的建构要以"对话"为中介，即以"对话"作为渠道形成对话学习。根据以上对"对话"的理解，对话学习即个体通过语言直接与外部客观世界、自我和他人交流，并进行反思、探究，进而实现意义的生成与共享。它允许个体彻底自由地表达内心的想法，在倾听中，意识到彼此思维的差异，从而不再固守己见或进行保护性防卫，而在开放的氛围中形成新的理解和共识。在此过程中对话不能完全与"辩论""商谈"分离，"当下大量对对话的关注往往聚焦于协商，但正如我们所说，那只是对话的初级阶段。当

---

① Renshaw, P. D, *Dialogic Learning Teaching and Instruction*, Germany, Springerlink, 2004, p. 1.

② 王向华：《学习的意义及其实现——对话视野中的学习观》，载《高等教育研究》，2009(2)。

③ Shirley M. Hord, William A. Sommers, *Leading Professional Learning Communities: Voices from Research and Practice*, Oaks, Corwin Press, 2007, p. 12.

人们起初就认定这就是对话时，通常就不会进入更深层的问题探究"①。如果对话仅仅停留在"商谈"阶段，小组成员的对话往往就变成了彼此妥协，成员的观点无法充分表达与碰撞，这样就可能致使共同体成员无法深入思考，朝向"真理"迈进。然而，当从商谈达到对话后，在"对话"学习中，个体与外部世界的互动有助于确认自我价值，丰富生命意义；个体与自身的对话有益于不断认识自我，完善自我；成员在小组中与他人的对话有益于群体中意义的共享。由此可见，教师共同体中愿景的形成必须通过对话，在对话中才能彼此尊重、了解、信任，协同创造知识；对话学习本身就是在对话中合作互动的学习。霍德认为，教师学习共同体愿景的形成要通过对话②；共享个人实践的过程中也需要成员间的对话，对话的过程可以共享信息，创造新的可能性，形成实践共同体③；在共享领导力的过程中，"对话技能是校长必须在成员间发展的首要技能，从而鼓励、提升、维持专业学习共同体"④。可见，通过对话才能形成教师学习共同体，教师学习共同体中的"对话"就是"对话学习"，对话学习的理念渗透在教师学习共同体的要素和建构中。

其次，教师学习共同体以"共同体"为纽带。霍德说："教师每天来到学校后，都以他们的所知应对遭遇的挑战，但他们却发现鸿沟越来越大……因此，他们的知识和技能必须被提升，他们的教学策略必须更加有效。毫无疑问，帮助教师成长从而促进学生发展的方法是让所有教师都参与专业学习共同体。"⑤这表明，她认为，教师学习共同体而不是别的方式是教师成长的最好场域，它不仅有助于教师的成长，还能更好地关照学生的发展。因为，教师学习共同体提供了一种结构，可以加速和支持在共同体情境中的专业学习。……在共同体中学习是改进成员和学生行为的一种方式。⑥ 教师学习共

---

① David Bohm, "On Dialogue," https：//c2. hntvchina. com/scholar？, 2014-07-01.

② Shirley M. (Moos) Hord & William A. Sommers, *Leading Professional Learning Communities：Voices from Research and Practice*, Oaks, Corwin Press, 2007, p. 31.

③ Shirley M. (Moos) Hord & William A. Sommers, *Leading Professional Learning Communities：Voices from Research and Practice*, Oaks, Corwin Press, 2007, p. 85.

④ Shirley M. (Moos) Hord & William A. Sommers, *Leading Professional Learning Communities：Voices from Research and Practice*, Oaks, Corwin Press, 2007, p. 96.

⑤ Alan M. Blankstein, Paul D. Houston & Robert W. Cole, *Sustaining Professional Learning Communities*, Oaks, Corwin Press, 2007, p. 23.

⑥ Alan M. Blankstein, Paul D. Houston & Robert W. Cole, *Sustaining Professional Learning Communities*, Oaks, Corwin Press, 2007, pp. 24-26.

同体以"共同体"为纽带，成员聚集在结构化、组织化的共同体中开展学习。霍德在对教师学习共同体一词进行解释时，也体现了这一理念。如果一个人再次反思"专业""学习""共同体"组成的这个词（PLC），它似乎是合理的，即3个单独的词传达了"聚集在一个小组——在共同体中——为了学习"[①]。

为什么要以"共同体"作为教师学习的纽带。教师学习共同体以"共同体"为纽带，有其独特之处。"Community"一词在我国被翻译成共同体、社群或者社区，共同体和社群基本是被等同使用。滕尼斯赋予共同体以生命，在共同体中的成员互帮互助、相互欣赏。他区分了3种共同体：血缘共同体、地缘共同体、精神共同体。共同体迅速成为社会学的核心概念并延伸到其他领域，涂尔干、贝尔等都进行了论述，对其认识也不尽相同。"现代意义的共同体，是个体寻求独立和归属的两个方向张力的产物……包含协商、异质、脱域和多重互嵌的共同体意义。"[②]20世纪90年代有关"共同体"的研究进入教育领域。从历史发展脉络来看，专业学习社群大致经历了个人独立工作、专业社群和学习社群的原型、专业学习社群的生成3个发展阶段。[③] 以20世纪90年代为分界线，在这之前教师都以封闭孤立的独立工作为主，这种单子式的工作方式使教师易于故步自封，孤立、寂寞地在教育之道前行，不利于专业发展。20世纪90年代以后，在思考如何提升教师质量从而变革学校教育时，人们开始关注"专业社群""学习社群"。在前人众多研究的基础上，霍德提出了教师学习共同体的概念、特征及系统理论。她对教师学习共同体的论述不仅关注了人，还关注了物理条件。成功的教师学习共同体可以促进教师的持续进步从而提升学生的学习成绩。因此，不论是从认识论的角度讲，还是从人的"社群本质"而言，都意味着教师学习共同体是符合成人学习的，"共同体"就是教师聚集、迈向共同愿景的纽带。

最后，教师学习共同体以促进学生学习为意旨。霍德表述说："共同体建构了'改进'的愿景：他们为促进学生的学习而工作。""对学生学习成功的持续

---

① Alan M. Blankstein, Paul D. Houston & Robert W. Cole, *Sustaining Professional Learning Communities*, Oaks, Corwin Press, 2007, p. 26.

② 赵健：《学习共同体——关于学习的社会文化分析》，博士学位论文，华东师范大学，2005。

③ 乔雪峰、黎万红：《从特质视角到发展视角：专业学习社群的研究路径》，载《全球教育展望》，2013(3)。

关注是专业学习共同体的核心（指向）。"①教师与学生是统一的存在，在教师学习共同体的建构中，教师的发展与满足学生的需求密切相连，学生成长是所有教育活动更是教师学习共同体的最终指向。达琳-哈蒙德在"建构21世纪的教师教育"（"Constructing 21st-Century Teacher Education"）一文中写道："教师的能力是学生学习的关键推动者……在过去的几十年，人们期望教师培养一小撮有雄心的智识工作者，但是现在人们期望教师能真正培养所有学生的高级思维和行为能力。"②可见，随着时代的进步，社会要求教师能做出改变，围绕学生的能力需求相应调整21世纪的教师教育，而教师学习共同体的指向及其运行中的深层学习正是新时代之所需。在教师学习共同体中，教师学习的出发点是学生学习的需求及促进学生成长，教师学习的最终效果要由学生学习的发展来衡量，教师学习共同体以"为了学生的学习"为核心宗旨与指向。

三、教师学习共同体的生成途径

许多研究者都津津乐道教师学习共同体的益处，然而这样的共同体究竟该如何建立，探索者还较少。教师学习共同体的生成途径是在共同体中学习，通过相互作用形成学习共同体。因此，围绕"学习"和"共同体"做出思考是建构教师学习共同体的可能路径。

（一）合作学习

霍德认为，教师学习共同体的内圈——集体学习有助于持续地促进学生学习，而教师学习共同体中所说的集体学习一定是合作性、反思性的。"对教师学习共同体来说，重要的是教师合作解决一些重要的问题。"③合作学习是教师学习共同体的基本学习形式，它更是教师的生活方式、价值观，在教师合作解决问题的过程中，建构学习共同体的愿景；它不仅是学习方式，更培养了教师之间相互理解、信任、欣赏的合作文化和生活态度；它不仅是学习

---

① Shirley M. (Moos) Hord & William A. Sommers, *Leading Professional Learning Communities: Voices from Research and Practice*, Oaks, Corwin Press, 2007, pp. 8-9.

② Linda Darling-Hammond, "Constructing 21st-Century Teacher Education," *Journal of Teacher Education*, 2006(4), p. 1.

③ Shirley M. Hord, "What Is a PLC?," http://www.sedl.org/pubs/sedl-letter/v19n01/what-Is-a-plc.html, 2017-04-10.

方式，更是产生教育智慧的来源点，观点的交织、开放地向他人学习可以拓宽视野。共同体中的成员，通过合作学习积极地影响学生的成绩是专业学习共同体的特征。没有这个，也就没有专业学习共同体的存在。共同体是合作、信息共享和反馈相加。①

(二)探究学习

霍德认为，教师学习共同体的形成、存在，其实是一个持续的探究、改进过程。教师学习共同体中来自各个系部、年级的教师共同学习、协同工作，对教学和学生学习进行讨论和反思②。他们洞察学生的成绩与需求、发现问题，并确定哪些领域需要给予更多关注，寻求解决对策，把对策应用到实践中，新的学习循环再次开始。教师学习共同体的这些活动都是探究性的，探究是教师学习共同体形成的动力。"教师和校长需要共同创建学习共同体，帮助成员解决由于年级、学科不同产生的分歧；促进个体对其他人工作的理解和欣赏；帮助教师和校长建立结合的纽带，分享共同的思想。换句话说，要帮助校长和教师成为共同体中的学习者。"③杜威、库伯、布鲁纳等都对探究学习进行了研究。但总体上"开放性、批判性"概括了探究学习特征。从开放性的角度讲，教师学习共同体中的探究学习需要教师之间相互理解、开放交流；从批判性的角度讲，教师学习共同体要求教师具有反思品质，霍德论述了教师学习中的4种反思——对行动的反思、为了行动的反思、在行动中反思、内省(reflection within)，反思有助于缩小组织与其所要达成目标间的差距。在教师学习共同体中，成员开放性地共同探究现实中需要解决的问题，可以激发出智慧的火花，产生成员间的凝聚力；可以在问题解决的过程中，激发教师的求真精神和专业成长的动力。在集体探究学习过程中，教师学习共同体会逐渐得到认可。

---

① Shirley M. (Moos) Hord & William A. Sommers, *Leading Professional Learning Communities: Voices from Research and Practice*, Oaks, Corwin Press, 2007, p.34.

② Shirley M. Hord, "What Is a PLC?," http://www.sedl.org/pubs/sedl-letter/v19n01/what-is-a-plc.html, 2017-04-10.

③ Sergiovanni, T. J., *Building Community in Schools*, San Francisco, Jossey-Bass, 1994, p.154.

(三)对话学习

对话学习是霍德教师学习共同体建构、发展中的重要学习形式，霍德曾说："著名的成人学习理论家简·维勒(Jane Vella)在研究了保罗·弗莱雷等人的理论后，确定成人学习最好是在相互尊敬和安全的氛围中通过对话展开，尤其是植根于他们现实生活的对话。"①她把这种思想运用在了教师学习共同体的建构中。然而，学习共同体中的成员往往把大量的时间、精力浪费在了无效的对话和讨论中。霍德在研究中也提到了谈话，对话是谈话的一种，只不过她指的对话是创造性谈话。因此，霍德认为，教师首先应会识别不同的谈话模式，从而能有意识地改善学习。她提出了4种谈话类型：平行谈话，这些谈话即来即去，只陈述信息，不期望回应；交流谈话，即交流信息，扩展额外的观点和视野；适应性谈话，即在扩展信息或者观点时，学习者重构信息或者以新的方式看待世界；生产性谈话或创造性谈话，这些谈话不仅会散播信息，还会用获得的新信息和新方法解决问题，它可以带来学习的巨大跳跃。② 在建构教师学习共同体时，教师需要就自己在4类谈话中花费的时间进行讨论，搞清楚哪种类型的谈话使用得最多，如何增加创造性谈话，从而改善对话学习。教师学习共同体中的成员在持续的谈话中还要学会倾听。因为他们在谈话中往往会发生冲突，并习惯于各持己见，如此谈话就如"打乒乓球"一样推来推去，使学习无法进行和深入。其实，霍德对谈话的认识与前文提到的伯姆(Bohm)对谈话的研究大同小异。霍德赞赏的同样是谈话中真正的对话，也就是她所称的创造性谈话。因此，要进行深度对话，静静地、全身心地倾听他人是非常必要的，只有对话双方都真正倾听彼此，才能产生有效的谈话，对话才能切实发生。不仅如此，教师还要意识到每个人身上都有一个类似倾听过滤器(listening filter)的东西，人们会在个体固有的认识、观点，以及带有局限性的经验等基础上吸收某些信息、观点，而排斥其他。教师囿于自己的倾听过滤器会限制思维的发展。再次，对话的主题一定是教师需要

---

① Shirley M. Hord, James L. Roussin & William A. Sommers, *Guiding Professional Learning Communities: Inspiration, Challenge, Surprise, and Meaning*, Oaks, Corwin Press, 2009, p. 158.

② Shirley M. Hord, James L. Roussin & William A. Sommers, *Guiding Professional Learning Communities: Inspiration, Challenge, Surprise, and Meaning*, Oaks, Corwin Press, 2009, p. 194.

的，唯此教师才有对话的兴趣和激情。最后，信任是启动对话和教师达到深度对话的重要助力。霍德重视对话学习在教师学习共同体中的使用，认为它是未来学校变革和发展的方向之一。

第四节 教师学习共同体及集体互动学习的影响因素观

思考生成教师学习共同体需要的条件很重要，考虑影响教师学习共同体建构及持续良性发展的因素同样重要。影响教师学习共同体的因素主要有以下几点。

一、教师学习共同体中成员间的信任

过去近 20 年，信任在组织理论研究中获得了极大发展。信任或不信任对组织及其成员的发展都有极大影响。教师学习共同体中的信任亦如此，成员间信任与否会影响集体学习是否发生、深层学习是否会形成。因为学习是典型的合作过程。学者们对信任有多种解释，"在众多的定义中，更多的学者倾向于接受迈耶（Mayer）等对信任的定义，即信任是指一方不顾监督或控制另一方的能力，仅基于另一方会执行一项对于自己而言很重要的特定行为的期望，而接受自己变得脆弱的意愿"[1]。其体现了以下意思：首先，信任是信任方对被信任方会执行自己期望行为的依赖；其次，在这种信任中，信任方又不可能掌控被信任方的能力，所以期望是否实现存在不确定性和风险；最后，由于对被信任方能力的不确定性，信任方需要保持积极的心态，乐意接受这种风险的存在。由此可见，信任并不是共同体中人际关系稳定的状态，它会随着各种情形及因素的出现而发生变化。建立信任需要教师学习共同体成员彼此相互合作，有期待和乐观的态度。那么，信任具有什么特征，论述也各不相同，"但有关信任特征的文献中一般会出现能力、仁慈、真诚"[2]3个词。教师学习共同体中"信任"的人际关系建立、培养和维持的 5 个方面分别是仁慈、诚实、能力、开放、信赖。仁慈，即信任者相信自己的期待和关心不会受到

---

[1] 宝贡敏、徐碧祥：《组织内部信任理论研究述评》，载《外国经济与管理》，2006(12)。

[2] Roger C. Mayer, James H. Davis, David Schoorman, F., "An Integrative Model of Organizational Trust," *The Academy of Management Review*, 1995, 20(3), p.717.

被信任者的伤害，相信它能够被实现；诚实，是信任的根本，主要指言行一致；能力，是成员完预期任务的素质；开放，即成员乐于共享信息、宽容差异、悦纳自我和他人；信赖，相信能长久地依靠其他成员。在教师学习共同体中，成员之间此种信任关系的建立，直接影响集体学习和共同体建构的可能性；如果没有信任，也就绝没有成员相互间的合作，更谈不上专业学习的推进。故"信任是发展积极的、有益的共同体成员关系的主要因素。只有所有共同体成员间发展信任，相互间变得值得信赖，开放的对话、讨论、辩论才能发生"①。因此，信任的建立需要较长时间，它要在共同体中经历逐渐演变的过程。人际信任是教师学习共同体建构极其重要的影响因素。

同时，在组织中，信任是一种重要的社会资源。这种社会资源主要体现在3个层面：首先，它对减少组织的交易成本具有建设性效果；其次，信任在组织成员间扮演了自发的社会交往作用；最后，信任如何以适合的形式尊敬组织的权威。② 具体到教师学习共同体：成员之间由于相互信任，就不会过度纠结于考虑组织制度的不利，共享信息的不利，被信任者是否有能力、是否足够真诚，预期目标是否可以实现。信任能够减少教师学习共同体在运转过程中成员浪费不必要的时间和精力现象，从而专注地、创造性地卷入专业学习。信任可以为教师学习共同体成员提供心理安全感，这种安全感反过来会促使成员间相互帮助、支持、关心，从而促进彼此的社会性交往更加融洽。信任使教师与校长、管理者都以不同于传统的角色置身于共同体中，校长、管理者是学习者，并帮助教师发展领导力，使其成为领导者。权威、领导权只聚集于一人或某些人的传统观点发生了变化，权威、权力是共享的、流动的。

"信任"作为教师学习共同体的影响因素具体有以下几个特点：首先，信任会影响学生的学习和成绩。其实，一些研究者如布瑞克和施耐德等就学校共同体中的人际信任如何影响学校的改革进行了多年的研究。研究也证实了信任是提高学生成绩、推进学校改革的重要资源。霍德在西南教育发展实验室的研究也印证了这一点。霍德认为，教师学习共同体的核心就是学生的学

---

① Shirley M. Hord, James L. Roussin & William A. Sommers, *Guiding Professional Learning Communities: Inspiration, Challenge, Surprise, and Meaning*, Oaks, Corwin Press, 2009, p. 19.

② Kramer, R. M. & Cook, K. S., "Trust and Distrust in Organizations: Dilemmas and Approaches," https://c2.hntvchina.com/scholar?, 2014-08-02.

习和发展，所有的工作都以此为指向。而"合作和信任应该为学生的有效学习创造条件，然而很少有研究审视它们之间的关系"①。其次，信任直接影响成员间的关系。霍德认为，"如果没有信任，教师就很可能孤立地行走在自己的道路上"②。在没有形成教师学习共同体之前，教师通常以孤独、封闭的状态工作，教师之间缺乏实质的交流。由于外在的评价和相互的竞争，教师也害怕把自己的不足暴露给对方。因此，在教师学习共同体中，邀请同事参观课堂、提出反馈意见、共同学习是一件困难的事情。因为这需要教师间有足够的信任、开放的态度。最后，信任影响专业学习的发生。文中已经提到专业学习共同体的生成贯穿了3种学习方式：合作学习、探究学习、对话学习，而这3种学习方式如果没有成员间的信任都难以有效地发生。

二、教师学习共同体中"领导力"的影响

霍德非常重视教师学习共同体中的领导力问题研究，她的《引领专业学习共同体》一书中体现得尤为明显，显现了领导力在共同体中的作用。这里所说的领导力主要指"leadership"，在我们日常话语中很容易想到的就是校长、主管等拥有正规权力位置的人，并通常会把"leadership"与"leader"等同起来。而《朗文当代高级英语辞典》对"leadership"主要从两个层面解释：一个小组或组织、国家拥有领导位置的人；善于领导小组或组织、国家的素质。《牛津中阶英汉双语词典》中的解释是："leader"是领导者。概括来讲，"leadership"倾向于领导能力和特性的表达，"leader"倾向于人物头衔的表达；"leadership"多在组织层面探讨，"leader"是指个体。有学者还指出"leadership"的关键思想是"领导力是共同学习，合作地、共同地建构意义和知识"③。这里显然也把领导力视为成员共享的领导力，共建知识、意义的能力。霍德所指的"leadership"就是针对教师学习共同体这一组织而言的，

---

① Shirley M. Hord, James L. Roussin & William A. Sommers, *Guiding Professional Learning Communities: Inspiration, Challenge, Surprise, and Meaning*, Oaks, Corwin Press, 2009, p. 39.

② Shirley M. Hord, James L. Roussin & William A. Sommers, *Guiding Professional Learning Communities: Inspiration, Challenge, Surprise, and Meaning*, Oaks, Corwin Press, 2009, p. 125.

③ Lambert, L., "Building Leadership Capacity in Schools," https://c2.hntvchina.com/scholar?, 2014-08-04.

即教师学习共同体中成员共享的领导力、能力。因此,当把"leadership"与"leader"划等号时,尤其是在这两个词都对应于中文"领导"一词时,易产生混淆:以职位代替能力,以个体代替组织,以形式代替实质。因此,本文把"leadership"译为领导力。

当霍德强调"leadership"时,意味着教师学习共同体中的领导者面临着由传统的"个人英雄式"领导向教师分布式领导的转换。分布式领导是霍德教师学习共同体的组成要素和重要特征之一。分布式领导是教师学习共同体中的成员,不论校长、管理者,还是教师,都共同民主参与,分享决策和权力。此过程不仅调动了教师的积极性,也让教师对学校教育,尤其是学生的学习拥有了更多的责任、对共同体有了更强的主人翁意识和认同感,从而自觉主动地执行决策。分布式领导是校长把教师卷入建构学习共同体愿景的重要方法。与此同时,教师和领导者的角色都面临着挑战。对教师而言,这个挑战是从过去适应、服从领导者的权威、执行决策转变为积极参与决策,从而具备领导力;对领导者而言,这个挑战是从以前"个人英雄式"的领导,转变为与教师在专业学习共同体中共同成为领头的学习者。二者都要同时具备领导力,又要成为学习者。

就领导者而言,霍德认为,校长(principal)的"角色和行为是一所学校作为专业学习共同体运转的关键。……他会在组织的模型化(modeling)中发挥作用,并给学习型学校提供所需的支持"[1]。所谓模型化是指校长的领导各有特色,他们的价值观、关注点等都各不相同,所体现的领导力也不同。这会影响组织的形成与发展,同时领导者的差异也会渗透到教师学习共同体中,尤其是校长的领导风格。勒温早从心理学的角度提出了专制式、民主式、放任式的领导风格,并就不同风格对小组成员的影响做了实验研究。逐渐地,组织的领导风格备受关注。霍尔和霍德在研究变革理论时也分析了3类校长风格:首先,创造者的风格,这类校长以对"学生有益"为出发点,广泛征求各方意见,规划学校发展的愿景,监督、反思、调整教育决策和制度;其次,管理者的风格,这类校长以维持学校的良好运转为目的,他会把所有计划都安排妥当,但不会主动进行创新和改革,甚至不鼓励教师实施新教育理念与行为;最后,回应型的风格,此类校长倾向于回应外部的要求,外部需要什

---

[1] Shirley M. (Moos) Hord & William A. Sommers, *Leading Professional Learning Communities: Voices from Research and Practice*, Oaks, Corwin Press, 2007, pp. 27-28.

么样的校长就尽量成为什么样的校长,而不深思学校长远的发展。在这3种领导风格之上,霍德本人提出了第四种——合作型领导者风格。合作型领导者风格,即校长能够与成员共享领导力,教师需要具备领导力,成为校长的合作领导者。由此可见,前三种领导风格强调校长个体的领导,第四种转向分布式、共享式领导。因此,霍德依然凸显领导力对教师学习共同体的重要影响。她在论著中总是试图传达"校长要有与成员共享领导的品质,教师要成为领导者"的思想。这种做法确实对校长、管理者、教师有巨大的挑战。因此,霍德认为,有效的领导力需要7个要素:交流、合作、辅导、变革、冲突、创造性和勇气。这被称为"7C",它们都与激励、提升和维持专业学习共同体相关。[1] 在教师学习共同体中教师是否具有领导力直接影响共同体的建构、运转和发展。因为,组织学习不是个体学习的简单相加。假使教师学习共同体中仅听凭个别领导者呼风唤雨、指手画脚,也不可能创造出组织的真正"学习特性"。因为,如果教师学习共同体中某些个体的想法得不到其他成员的响应,或者成员不能以共同体中"主人"的角色积极传播、认可个别人的创意、观点,都不可能形成强大的组织学习力。如此,英雄式领导就成为组织发展的障碍。

三、文化对教师学习共同体的影响

霍德认为,教师学习共同体如果要发挥良好功能,就必须关注文化的因素。霍德所指的文化其实是组织文化,组织文化的研究最早出现在1970年。1970年美国波士顿大学组织行为学教授S. M. 戴维斯在其《比较管理——组织文化展望》一书中率先提出组织文化这一概念。[2] 发展至今,组织文化研究中比较有代表性、影响较大的学者是沙因(Schein),在综合众多学者对组织文化的界定后,沙因认为,他们都没有概括出文化的本质。他认为,文化应该包含为企业的成员所共同拥有的更深层的基本假设和信念,他们无意识地产生作用,并且用一种基本的"认为是理所当然"的方式来解释企业自身的目的和

---

[1] Shirley M. (Moos) Hord & William A. Sommers, *Leading Professional Learning Communities: Voices from Research and Practice*, Oaks, Corwin Press, 2007, p.32.

[2] 李成彦:《组织文化对组织效能影响的实证研究》,博士学位论文,华东师范大学,2005。

它的环境。① 这种深层的假设和信念有赖于成员在问题解决的过程中通过不断学习而拥有大量共同经验，从而逐渐形成共同的价值观、看待世界的方式，并在无意识中发挥作用。所以，组织文化是"由一些基本假设所构成的模型。这些模型是由某个团体在探索解决对外部环境的适应和内部结合的问题这一过程中所发现、创造和形成的"②。因此，组织文化需要：成员共享的假设和信念；文化在问题解决中形成；文化对成员具有约束作用。在组织建构的过程中，组织的形成过程就是文化的形成过程，没有组织就没有文化，没有文化也无从谈组织。组织文化就像一根纽带使成员凝聚。

霍德也认为，教师学习共同体文化受组织文化的影响。所谓共享的假设和信念与教师学习共同体中"共享的信念、价值观和愿景"如出一辙，是教师学习共同体中的重要因素，它直接影响教师学习共同体中成员是否具有明确的方向，明了集体学习的意义。除此之外，教师学习共同体中的5个要素都可以看出组织文化的特性。因此，不同的教师学习共同体所表现出来的文化也各不相同。就文化作为教师学习共同体的影响因素而言，霍德主要从两个层面探讨：首先，从学校本身的文化角度讲。她认为，好种子要在肥沃的土壤中才能成长，正如教师学习共同体要植根于良好的学校文化中。然而，学校文化的不断改进又要依靠成员，学校中每位成员都是文化的建构者。约翰·萨菲尔(Jone Saphier)等学者提出了影响学校改进的12条文化规范：集体、实验、高期待、信任和自信、切实的支持、探寻知识基础、欣赏和认可、关心—合作—幽默、卷入决策制定、保护重要的东西、传统、诚实—开放的交流。③ 如果学校不断朝向这个规范迈进，就能给教师学习共同体和学生的学习提供沃土。其次，从教师学习共同体的形成角度讲。合作文化和探究文化对教师学习共同体的形成和发展有重要影响。合作对专业学习共同体的成功至关重要，没有合作，专业学习共同体也就不存在。教师学习共同体形成何种合作文化取决于教师合作的过程。这里主要指师师合作、教师和管理者

---

① [美]埃德加·H.沙因：《企业文化与领导》，朱明伟、罗丽萍译，9页，北京，中国友谊出版公司，1989。

② [美]埃德加·H.沙因：《企业文化与领导》，朱明伟、罗丽萍译，11页，北京，中国友谊出版公司，1989。

③ Shirley M. Hord, James L. Roussin & William A. Sommers, *Guiding Professional Learning Communities*: *Inspiration*, *Challenge*, *Surprise*, *and Meaning*, Oaks, Corwin Press, 2009, p.75.

之间的合作。在教师学习共同体中，管理者要鼓励教师谈论学习问题，开展对话，分享经验与智慧，相互学习，成为优秀的实践者，"借鉴他人经验"也是组织学习的一大资源；管理者与教师的合作是指管理者要成为学习者、教师要具备领导力，尤其是管理者要学会引导、维持对话，给教师创造宽松的氛围，了解彼此真实的想法，相互理解、支持。探究文化强调教师学习共同体成员的探究与反思。霍德认为，"成功的学习共同体的学习是以成员的集体探究和反思，以及对反思的对话为基础的"[1]。教师学习共同体的大部分时间都在探究中度过，正是探究使校长和教师都成为学习者，正是在探究中成员才能够清楚自己的不足，从多视角、多维度看待问题，达成互补，形成更加合理的认知。

除了以上这些主要因素，从支持教师学习共同体的资源角度讲，霍德非常强调时间和信息流。时间是教师学习共同体建构发展过程中面临的普遍问题，教师工作繁忙没有共同聚集的时间，这是很多学校面临的一大挑战。教师学习共同体中信息流要保证顺畅，能让每位成员都知道、了解、共享；不良的交流结构会让成员抱怨，对共同体漠不关心，甚至不信任共同体。

四、小结

霍德是在费曼-内姆斯之后的教师学习研究者，她的研究深受管理学中的组织学习理论和社会建构主义学习理论的影响。她致力于教师学习共同体的研究，是最早正式提出教师学习共同体五要素的学者，并从理论和具体建构层面都提出了自己的观点。近些年"教师学习共同体"的研究总是与学校改革联系在一起。霍德的学习共同体研究凸显教师主体，因此笔者认为她的理论对象实质是教师学习共同体。总体而言，霍德研究成果的影响在于：首先，她提供了认识教师学习共同体的基本框架。在"专业学习共同体"这一概念正式提出之前，有很多学者如杜威、斯滕豪斯等人的研究中其实都有探讨。霍德在此领域的贡献在于，她是除在政策层面提及"专业学习共同体"以外的研究者中，最早正式规定教师学习共同体五大要素的学者，为后续研究者提供了教师学习共同体的基本认识框架及基础。后来很多学者也都沿用她的成果，对教师学习共同体的研究产生了较大影响。迄今，从其他教师学习共同体的

---

[1] Shirley M. (Moos) Hord & William A. Sommers, *Leading Professional Learning Communities: Voices from Research and Practice*, Oaks, Corwin Press, 2007, p.75.

研究来看，它仍然没有公认的界定，有些机构打着"专业学习共同体"的旗号，有名无实；有些机构做着"专业学习共同体"的实事，却有实无名。教师学习共同体的著名学者杜福尔在 2004 年曾说，"正如我在已有文献中观察到的，专业共同体一词被用来描述任何在教育中由于个人兴趣而结合的情形……，如果这个词被无处不在地使用，就会处于丢失意义的危险边缘"①。这也表明教师学习共同体的理论研究还有待深入，实践中亟须相应的理论指导。20 世纪 90 年代初，教师学习共同体研究开始兴盛之际，霍德对此问题的研究显示了其理论敏感性，时至今日就此问题理论层面的探讨仍没有多少延伸与拓展。其次，她的研究侧重教师学习的社会维度。霍德把集体学习及其运用视为教师学习共同体的灵魂。此处的集体学习包含合作、对话、反思、探究的学习，明显的特征就是重视在集体互动中学习，是教师学习社会性的体现。霍德的研究以组织学习理论作为研究的重要支柱。因此，概言之，她对教师学习的研究是在学习的综合维度中凸显社会性。最后，她的研究具有可操作性。进入 21 世纪后，学者们对教师学习共同体的研究热情高涨。有的学者指出，教师学习共同体的研究虽然丰富，然而"在如何把认识变为现实及人们究竟该具体做什么方面却缺乏确凿的证据"②。而霍德的研究在此方面做出了努力与贡献。她对教师学习共同体的关注是持续性的，继 20 世纪 90 年代初参与 SEDL 教师学习共同体项目后，至今陆续发表了多个相关成果。霍德不仅对教师学习共同体的基本理论进行了长期的研究，而且具有浓厚的实践情怀。在其论著中总免不了花很多笔墨来展现实践中教师学习共同体开展的各种案例。尤其是在她最新的著作《引领专业学习共同体》一书中以教师学习共同体的五大维度为框架，依次详细论述了每一维度通过哪些活动如何建构，具有较强的操作性。这有助于实践者更加清晰到底如何建构才能形成教师学习共同体，从而区别于把教师学习共同体等同于"教师合作学习""有共同兴趣的人结合"等简单化的认识与行为。对当前实践中教师学习共同体的盲目性而言，这无疑是"一剂良方"。

---

① Richard DuFour, "Professional Learning Communities: A Bandwagon, an Idea Worth Considering, or Our Best Hope for High Levels of Learning?," *Middle School Journal*, 2007, 39 (1), pp. 4-8.

② Kristine Kiefer Hipp, Jane Bumpers Huffman, Anita M. Pankake & Dianne F. Olivier, "Sustaining Professional Learning Communities: Case Studies," *Journal of Educational Change*, 2008, (9), p. 174.

第四章 动机型教师及质变学习论

费曼-内姆斯、霍德等教师学习研究者虽在研究中都提过教师学习动机问题,但并没有专门展开研究。其实,在教师学习研究的历程中,关于"动机"也很少有学者进行系统研究,但学者们基本上都会提及。而玛杰里·金斯伯格就是少有的这样一位学者。金斯伯格在科罗拉多大学博尔德分校获得了双语—多元文化的博士学位。她执教于西雅图华盛顿大学教育学院,担任"教学更新、专业学习和学习变革"等课程。金斯伯格是一位独立的研究者,博尔德、科罗拉多州的顾问,她曾是印第安人保留区的教师、大学教授和得克萨斯州联系美国教育部的技术援助者,为国家和国际社会工作,专注于教学,并为综合学校的更新提供支持。[1]

她的研究兴趣是学校和组织变革的动机、文化回应型教学、成人学习、领导力的培养等,是华盛顿大学与克里夫兰中学联合建立的行动探究与动机中心(The Center for Action Inquiry and Motivation,AIM)的副主任,是科罗拉多州、加州、得克萨斯州、华盛顿、日本、德国等地"学校更新"的设计者、辅导者,她的田野工作都扎根于、融合在"内在动机、文化回应型教学、成人学习"一体化的理论框架中,把理论与实践结合,致力于公共教育的变革。[2] 多年从事动机与文化的研究,金斯伯格拥有诸多论著,代表性著作主要是《多样化

---

[1] http://education.washington.edu/areas/edlps/profiles/faculty/ginsberg.html,2014-08-20.

[2] http://www.aimcenterseattle.org/about-us/who-we-are-1/margery-ginsberg,2014-08-20.

与动机：文化回应型教学》(*Diversity and Motivation：Culturally Responsive Teaching*，1995)、《为所有学生创造高动机课堂：全校范围多样化学习者的高效教学路径》(*Creating High Motivating Classrooms for All Students：A Schoolwide Approach to Powerful Teaching with Diverse Learners*，2000)、《动机的重要性：学校变革工作手册》(*Motivation Matters：A Workbook for School Change*，2004)等。在这些研究的基础上，她于 2011 年出版了《变革性专业学习：系统提升教师和学生动机》(*Transformative Professional Learning：A System to Enhance Teacher and Student Motivation*)，阐述了教师学习动机的理论。动机是一个难以琢磨的问题，金斯伯格的研究基本上是从文化多样性(culture diversity)①的背景出发阐述文化与动机的关系、如何建构动机型的学习环境以提升人们的学习动机等问题。为了提升教师的学习动机，就要给教师提供引发学习动机的学习经历。因为，在引发学习动机的环境中有了经历与体会才更容易激发教师为学生创建激发学习动机环境的意识。也只有动机型(有动机意识)教师(motivated teachers)才能为学生创设引发动机的学习环境，并培养动机型(有动机意愿)学生(motivated students)。在此种关联中，教师学习动机问题就显得尤为重要。金斯伯格是教师学习研究者中以"motivation"审视教师学习和有效教师专业发展的研究者。

第一节 动机型教师及质变学习论的产生背景及理论基础

学习动机的研究经历了自行为主义至今半个多世纪的探讨，在动机研究和教师学习研究的背景下，金斯伯格基于对文化多样性、动机和成人学习的关注，对教师学习动机提出了独到的见解。同时，金斯伯格之所以以不同的视角分析教师学习动机，与此理论产生的时代背景有密切的关系。

---

① 金斯伯格在其论著中都使用"culture diversity"而不是"multicultural"。然而，根据董小川《美国多元文化主义理论再认识》一文，在英语中，表示多元文化主义的词汇有 3 种，即"multiculturalism""cultural diversity"或"cultural pluralism"，前者也可以翻译为"多元文化论"，中间的可以译为"文化多样性"，后者可以译为"文化多元主义"，但三者所表达的为同一个意思。笔者也赞同这样的观点。因此，本文的文化多样性与多元文化也为同义。

一、动机型教师及质变学习论的形成背景

金斯伯格的研究成果形成于20世纪90年代中期。由于美国是一个典型的移民国家，自20世纪60年代以来强调关注多种族的多元文化教育受到了重视，并在70年代逐渐得到认可，成为教育改革的重要组成部分。据资料统计显示，1960年时，白种人占美国总人口的88.60%，但到了1990年，该比例下降至75.70%。[1] 这种变化显示了不同种族、移民人口数量日益增多，他们争取自身利益的诉求日益强烈。美国的学校亦如此，美国学校的在校学生中大约有25.00%的儿童来自其他种族、族群。而且这个比例有增无减，因为不断有世界各地的移民流入，这里主要以东南亚、拉丁美洲、加勒比等地的移民为主。估计到2020年在校学生中有色人种将超过30.00%。[2] 因此，多元文化教育问题进一步得到广泛关注。20世纪90年代，美国掀起了对多元文化教育的新一轮讨论，有些人开始质疑多元文化教育的价值，"认为多元文化教育是新的种族主义，增强种族歧视，会导致现有国家解体；多元文化教育会降低教学质量、导致学业成就差距加大，不利于实施教育公平；多元文化教育缺乏道德价值的判断标准，会导致道德相对主义；等等"[3]。因此，这形成了两种研究力量相互对垒。不论争论的结果如何，争论本身显示了多元文化长期以来在美国社会中是一个重要的考量因素，也是思考教育问题时一个必不可少的部分。因此，在这样的社会背景中，金斯伯格把眼光聚焦在如何在多样化的学生中支持他们持续的学习动机，教师如何成为动机型教师并产生变革性的专业学习等问题。

此外，金斯伯格的动机研究也直接受到心理学中动机研究趋势的影响。科学心理学的动机研究大致可分为3个阶段，即20世纪上半叶的机械论动机观，20世纪六七十年代由机械观向认知观的转变，20世纪80年代认识观和社会认知观的确立。[4] 机械动机论主要是行为主义的研究，在教育领域中斯金纳的强化理论就是典型代表，他提出或者通过积极强化加强某种行为，或

---

[1] 王恩铭：《也谈美国多元文化主义》，载《国际观察》，2005(4)。
[2] 高向斌：《美国多元文化教育初探》，载《外国教育研究》，2002(4)。
[3] 靳淑梅：《教育公平视角下美国多元文化教育研究》，博士学位论文，东北师范大学，2009。
[4] 张爱卿：《动机论：迈向21世纪的动机心理学研究》，10页，武汉，华中师范大学出版社，1999。

者通过消极强化逐渐去除某种行为。但是整体上机械论的动机观忽视了人与动物具有实质性的区别，对人自身的重视不足。20世纪六七十年代，人们开始从认知观、社会认知观的角度审视动机，并越发意识到人类的情感、主观能动性等因素在学习过程中的重要性，把动机与人的行动、个体所处的社会环境等因素联系起来考虑动机问题，对个人学习动机情境性的关注日趋增强。从动机研究的变动轨迹中可以看出，随着学习研究中认知心理学在20世纪70年代逐渐成为主流、建构主义的异军突起，对动机研究的转型产生了重要影响。金斯伯格转向从文化的角度来探讨动机问题，这其实凸显了她对个体生活情境、过去的经历、生活方式等的关注，试图把动机放在特定的文化情境中展开研究。当然，金斯伯格所处的社会环境、动机研究的发展趋势对其理论的形成产生了重大影响。除此之外，个体经历也是研究的重要出发点，她所攻读的博士方向、在印第安人保留区的从教经历无疑是其后续研究兴趣的基础。金斯伯格想要为所有学生提供能够激发学习动机的环境，从而提升学生成绩，然而她也深刻地意识到要培养动机型学生，就要有动机型教师，如何提升教师的学习动机、为教师提供引发学习动机的经历依然是一个关键问题。所有这些因素都是金斯伯格后来从文化、动机、环境角度关注教师学习的重要缘由。

二、动机型教师及其质变学习论的理论基础

教育中有3件事需要记住，第一件是动机，第二件是动机，第三件也是动机。[①] 可见，动机是教育中最有影响力的问题。然而，动机研究通常都重在关注学生的学习动机，随着对学生学习动机研究的深入，人们发现教师的学习动机同样是不可忽视的重要问题。金斯伯格就是由早年关注学生学习动机转变为关注教师学习动机的学者。她的理论明显以格尔茨的文化理论、情境动机学习理论、质变学习理论为基础。

(一)格尔茨的文化理论

金斯伯格在她的著作前言中提到格尔茨的文化理论是研究的根本视角，在教师学习动力理论中亦然。20世纪60年代的美国随着人类文化理论的发

---

① Carole A. Ames, "Classrooms: Goals, Structures, and Student Motivation," *Journal of Educational Psychology*, 1992, 84(3), p. 262.

展,大体形成了两类文化理论,即第一类为把"文化视为适应环境的系统",第二类为"文化为意念系统"。① 格尔茨把文化视为象征系统的观点属于第二类文化理论。格尔茨是当代著名的人类学家,他的文化理论对金斯伯格对文化的认识及以此视角思考动机、学习问题具有根本性影响。

首先,金斯伯格在她的论述中对文化的认识以格尔茨的理论为基础。格尔茨认为,"我主张的文化概念实质上是一个符号学的概念。马克斯·韦伯提出,人是现在由他自己所编制的意义之网中的动物,我本人也持相同的观点。于是,我以为所谓文化就是这样一些人自己编织的意义之网,因此,对文化的分析不是一种寻求规律的实验科学,而是一种探求意义的解释科学"②。"文化是指由历史传递的,体现在象征符号中的意义模式,它是由各种象征形式表达的概念系统。人们借助这些系统来交流、维持,并发展有关生活的知识以及对待生活的态度。"③格尔茨对文化的理解属于符号学的概念,他视文化为一种意义模式,文化具有公共性。首先,文化是一种符号。格尔茨明确指出文化模式,即对符号体系或符号复合体而言,它的类的特征对我们而言就是第一重要的,因为它们是外在的信息资源。④ 符号"意指任何作为传递概念之媒介的物体、行动、事件、性质或关系"⑤。其次,文化是意义模式。既然人就生活在自己所编制的意义之网中,文化就是意义的,是意义的模板。文化与行动之间相互影响,行为都蕴含意义,文化通过行动得以表达。因此,人类学家要想不停留于文化符号的浅表层,就要通过深度描绘的方法,这也是格尔茨思想的重要组成部分,它的直接目的就是通过种种文化符号,把握其深层的意义。最后,文化具有公共性。"文化是公众所有的,因为意义是公众所有的。"⑥格尔茨在吉尔伯特·赖尔对心智不是它自己的"场所",甚至连比喻意义的"场所"都不是的认识基础上,也表明"人的心智活动绝不是一种大脑内部的过程,相反,大脑完全依赖于文化资源来活动……思维活动实质就是通过将环境建构成公共的符号模型,从而在各种条件的假设和限制因素下

---

① 林同奇:《格尔茨的"深度描绘"与文化观》,载《中国社会科学》,1989(2)。
② [美]克利福德·格尔茨:《文化的解释》,韩莉译,5页,南京,译林出版社,2008。
③ 林同奇:《格尔茨的"深度描绘"与文化观》,载《中国社会科学》,1989(2)。
④ [美]克利福德·格尔茨:《文化的解释》,韩莉译,99页,南京,译林出版社,2008。
⑤ 林同奇:《格尔茨的"深度描绘"与文化观》,载《中国社会科学》,1989(2)。
⑥ [美]克利福德·格尔茨:《文化的解释》,韩莉译,14页,南京,译林出版社,2008。

进行操作，有目的地对环境做出反应"①。也就是说，文化具有公共性，意义存在于人与人之间。

格尔茨在对文化含义最基本的把握之外，还在《作为文化体系的宗教》一文中谈到对动机的理解。格尔茨认为，"动机因素是一种持久的倾向，一种在某种类型的形势中进行某种类型的行为或体验某种类型的感觉的长期的倾向"②。他所说的动机不是与行为、感觉划等号，而是在特定环境中的长期倾向性；动机需要一定的情形；动机具有相对的稳定性、延续性。他在阐述动机时是把它置于宗教这种文化符号中，宗教的文化系统给人们提供了持续而有力的情绪与动机，它赋予人们思想，在人们心中建立了一系列的价值观，在宗教试图对世界进行终极解释的情形中，使动机、情绪仿佛具有了真实性、意义感、力量感，反之它们也融入人们的世界观和行动。也就是说，宗教这种意义符号引发人们行为的动机与感受。"动机由于目的而'变成有意义的'，结果是由它们而产生的，与情绪与情景有关而'变成有意义的'，它们是由情景而产生的。"③情绪与动机不同，动机具有方向性质，而情绪没有；动机具有一定的持续性，而情绪的发生具有偶然性，但宗教的文化力量只有在二者的相互作用和统一中才能实现。金斯伯格对文化、动机的研究既是她研究的重点，也深受格尔茨理论的影响。她认为，文化是意义之网，动机融入并植根于文化中，不同的文化团体有不同的意义模式。比如，"一般的动机目标——成功、成就，以及更加个性化的特征'雄心''创造性'不仅对不同的人有不同的意义，甚至有些方面还是不受欢迎的"④。不同文化团体的人们对相同事件的理解有巨大差异，动机也就不同。体现不同种族文化的"信仰""神话"等本身就是动机力量。这种动机力量可以理解为个人依赖某种文化资源做某事的持续倾向性。在文化日益多元化的时代，优秀教师、教师教育者必须具有关注文化的意识，并与学习者共同建构能够引发动机的学习经验。师生共同建构能够引发动机的学习经验实质是理解共享意义在学习中的潜能，并加强此种潜能。从动机的角度讲，有效教学必须是文化回应性教学。金斯伯格也谈到了动机与情感的关系。她提出动机在很大程度上受情感的影响，而

---

① 王明珞：《阐释作为模板的文化》，载《思想战线》，2001(1)。
② [美]克利福德·格尔茨：《文化的解释》，韩莉译，97页，南京，译林出版社，2008。
③ [美]克利福德·格尔茨：《文化的解释》，韩莉译，98页，南京，译林出版社，2008。
④ Margery B. Ginsberg & Raymond J. Wlodkowski, *Diversity and Motivation: Culturally Responsive Teaching in College*, San Francisco, Jossey-Bass, 2009, p.29.

情感又受文化的影响。例如，一个人也许做一项工作时因感到沮丧就停止，因感到愉悦就继续，因而不同的文化感受就会引起不同的反应。因为，不同的文化对新颖、危险、机会、满意的定义都不同。不同文化团体对情感体验的意义信念不同。[1] 因此，个体在不同情境中由于受自身文化的影响，所体现的行为倾向就不同，这种不同也是动机差异性的体现。教师要认可并接受每位学习者的情感体验是不同的，尤其应重视什么情境能引发学习者良好的情感体验和长期的行为倾向。简言之，动机受情感影响，情感受文化影响，那么动机实质上受文化的影响，所以师生要共建意义共享的、能够引发学习动机的经验，即让尽可能多的学习者拥有良好感受的文化环境，同时也鼓励学习者从自己的经验中不断获得或提升意义，这种动机是内在的也是根本的。

(二)社会认知动机理论

金斯伯格是一个典型的因注重学习者文化背景而研究动机问题的学者。这种动机研究取向的一个重要来源就是社会认知的动机理论。1994年和1995年，宾特里克(Pintrich)和所罗门(Solomon)都强调教育心理学要超越以往去情境化的研究，而要把个体置于社会文化情境中，对情境和文化在形成学生认知过程中的关注作为一个主要问题日益受到重视，并成为教育心理学的研究方向。其实，关注情境是人类学习的社会特性的体现。社会认知对动机理论的影响颇大，它强调环境对动机的影响。"社会认知取向的研究者在表述和检验特定的假设时都涉及社会情境变量对动机的影响。"[2]因此，对学习动机中情境、文化的研究也成为热点及趋势。

金斯伯格在论著中没有明确提到任何动机理论，但又在研究中无处不在地渗透着对动机的文化、环境的研究。首先，动机与文化关联。不论个体的种族及其所表现的文化如何，动机都寄予在我们每个个体中。这种寄予在个体中的动机，在特定的文化背景中会引发不同的行为倾向。也就是人们根据自己的价值观和视角学习自认为重要的东西时，动机就会出现。而个体之所

---

[1] Margery B. Ginsberg & Raymond J. Wlodkowski, *Diversity and Motivation: Culturally Responsive Teaching in College*, San Francisco, Jossey-Bass, 2009, p. 28.

[2] 范春林、张大均：《学习动机研究的特点、问题及走向》，载《教育研究》，2007(7)。

以对相同的活动产生不同的反应,是他们体验到了不同的感受,生发了不同的情感,情感与文化关联,个体又通过文化来社会化。因此,动机和个体的种族、文化背景密切相关,要想获得有效的教学和学习,必须尊重文化的多元化。其次,动机的维持需要支持性环境。金斯伯格提到内在动机会在支持性的环境中出现,就像木塞要在水中才能浮起一样……学习是从经验中获得意义的行为,维持所有学生的学习动机需要设计相应的教学。① 这种教学是设计能够激发动机的计划,是能够培养学习者学习动机并回应人类文化的多样性的计划。要达成此目的就需要为教学和学习提供一个共享的概念框架、共同的语言。此概念框架就是金斯伯格研究中的核心成果"文化回应型的动机框架",它为人们给学习者提供能够引发动机的学习环境和经验提供了指导。金斯伯格的核心观点足以体现其动机研究的社会认知取向。

(三)质变学习(transformative learning)理论

从金斯伯格的研究兴趣来看,成人学习是其关注点之一。论述教师专业学习时质变学习理论是其重要的理论基础。金斯伯格呼吁结束成人学习的刻板方式,强调通过行动来探究循环的质变学习的重要性。② 继成人教育学、自我导向成人学习研究路线后,"自 20 世纪 80 年代末以来,第三条研究路线,即质变学习理论开始居于核心地位"③。后续的质变学习基本是在麦基洛(Mezirow)质变学习的框架下进行的,质变学习理论解释了成人如何改变他们解释世界的方式。麦基洛认为,质变学习被理解为使用以前的解释来诠释一种新的、经过修正的个人经验意义的解释从而指导未来行动的过程。④ 质变学习是一种学习,它改变有问题的意义框架——固定的假设和期望(思维习惯、意义视角、观念模式)——使它们更加具有包容性、有鉴别力、开放性、

---

① Ginsberg, M. B. & Fiene, P. , *Motivation Matters*: *A Workbook for School Change*, San Francisco, Jossey-Bass, 2004, pp. 8-9.

② Ginsberg, M. B. , *Transformative Professional Learning*: *A System to Enhance Teacher and Student Motivation*, Oaks, Corwin Press, 2011, p. Ⅸ.

③ [美]雪伦·B. 梅里安、罗斯玛丽·S. 凯弗瑞拉:《成人学习的综合研究与实践指导》第 2 版,黄健、张永等译,290 页,北京,中国人民大学出版社,2011。

④ Edward W. Taylor, "Transformative Learning Theory," https://c2.hntvchina.com/scholar?,2014-08-15.

反思性，从情感的角度，使它们能够变化。① 这种意义的框架是个体文化的核心，而由此产生的意义框架可以更合理地指导实践。也就是说，质变学习是在意义框架内发生变化的过程，而意义框架如过滤器般会形成我们行动的边界。当遇到外在的刺激和困境时，当已有的意义框架无以应对时，学习者就会积极主动地进行批判性反思。如此，学习者以前对问题所持的假设就可能发生质变。意义框架由两个维度组成：思维习惯和观点。思维习惯是成人的思想、情感、行为的习惯，它们由一系列的编码组成。② 它比观点对个体学习的影响更具持久性。因为，观点会随着情形的变化、问题的解决而不断变化。总体而言，意义框架的变化可以通过批判性反思、思维方式变革或者新观点的积累而发生。③ 而由这些方式所进行的变革学习又要通过3个环节来改变意义框架：对自身假设进行批判性反思，交谈以验证通过批判性反思所获得的见解，最后付诸行动。④ 因此，质变学习就是意义框架与外在环境相处时从不和谐到和谐的动态过程，学习动机也在此过程中出现。这种内部动机是成人学习最重要的、有效的动机，也是形成学习动机的重要渠道。随着质变学习研究的深入，学者们除了关注质变学习的内部过程外，也积极探索质变学习的发生情境。近些年，更多的研究开始关注学习者经验的特性，深入洞见什么经验形成了质变学习……研究也从各种各样的情境和变革中识别"引发变革的经验"转向理解"变革经验"的构成要素及如何在实践中培养这些要素。⑤ 可见，学习情境、经验的识别及建构对质变学习的发生至关重要。研究也开始从关注个体转向以群体为对象。约克斯和马斯克（Yorks & Marsik）就提出可以通过行动学习（action learning）和协作答疑（collaborative in-

---

① Jack Mezirow,"Transformative Learning As Discourse,"*Journal of Transformative Education*，2003，1(1)，pp. 58-59.

② Jack Mezirow,"Transformative Learning：Theory to Practice. New Directions for Adult and Continuing Education,"https：//c2. hntvchina. com/scholar?，2014-08-15.

③ Jack Mezirow,"Transformative Learning：Theory to Practice. New Directions for Adult and Continuing Education,"https：//c2. hntvchina. com/scholar?，2014-8-15.

④ ［美］雪伦·B. 梅里安、罗斯玛丽·S. 凯弗瑞拉：《成人学习的综合研究与实践指导》第2版，黄健、张永等译，292页，北京，中国人民大学出版社，2011。

⑤ Taylor，E. W.,"An Update of Transformative Learning Theory：A Critical Review of the Empirical Research (1999—2005),"*International Journal of Lifelong Education online*，2007，26(2)，pp. 176-185.

quiry)的策略来帮助一个组织实现自身的嬗变。① 所有这些思想都为金斯伯格从质变学习入手分析教师学习动机奠定了基础。

金斯伯格在"质变学习"中提到了其教师专业学习研究的几个核心思想：首先，要建构"文化回应型的动机框架"作为一种教师教学和学习的共享语言；其次，要以此动机框架支持成人的学习，并且在行动探究的质变学习循环中进行；最后，这个过程可以激发教师学习的内在动机，为教师创造改变其信念和意义框架的学习经验。这些思想都以质变学习作为重要理论。

第二节 动机型教师及质变学习观

金斯伯格一直关注文化与动机的研究，从早期的以学生为对象到近期转向以教师为对象，但是她研究的理论是一脉相承、前后相续的。在美国多元文化教育问题日益凸显，加之学者对学习动机及成人学习等相关问题的兴趣日益浓厚的背景下，金斯伯格形成了自己独特的动机理论，从而也把这种理论延伸到对教师学习的探讨中。动机是教师自主自愿卷入学习的关键，内在动机更是长久维持学习的根本。教师学习的研究者对"动机"问题的关注都或多或少隐含在他们的研究中，而金斯伯格把它作为研究的主题。因为，研究表明，具有学习动机的学生比没有学习动机但却认真学习的学生更能取得好成绩，而具有学习动机的学生需要能够引发学习动机的教师，动机型教师才能关注并为学生创造相应的学习情境和经验。因此，为了支持不同文化背景的学生的学习动机，就要为教师提供相应的经历和实践，引发教师学习的内在动机，从而提升教师在面对多样化学生时引发学习动机的意识与能力。由于本章在分析教师学习动机时，线索较多，因此，在详细分析之前，我们先通过一个图表来展现基本思路。（见图4-1）

由图4-1可见，动机型教师的培养是让他们经历能够引发学习动机的环境与学习活动。而这主要从两个大方面入手：一方面以文化回应性动机框架作为教师学习环境创设的指导，从而为教师创设引发动机的学习环境；另一方面以"教师如何面对教学中学生的多元文化"的问题为教师学习过程的核心问题，在行动探究的循环中发生质变学习，维持教师学习的动机。这两方面的共同点都是对教师学习"动机"的关注。

---

① 王海东：《美国当代成人学习理论述评》，载《中国成人教育》，2007(1)。

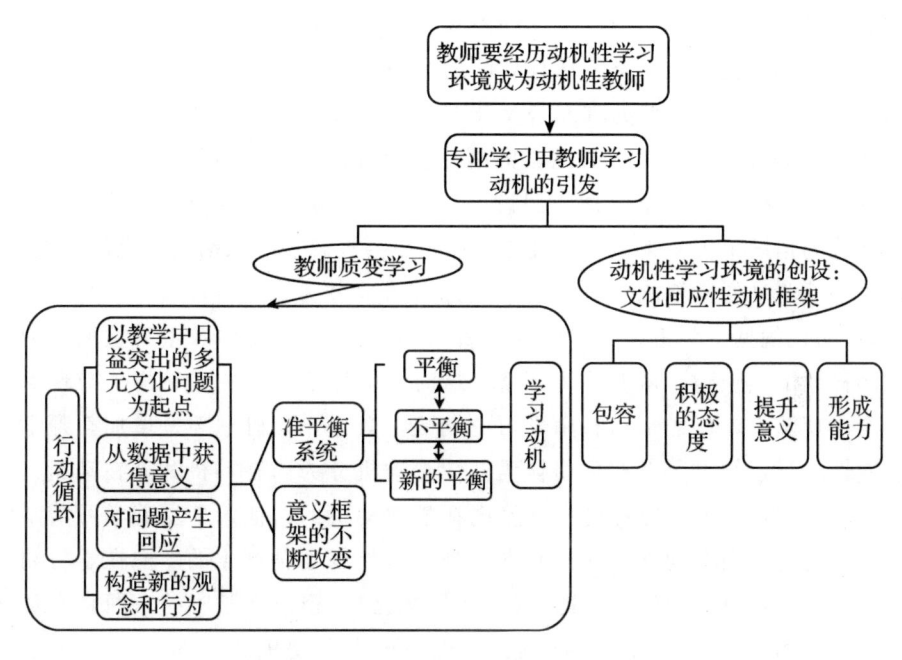

图 4-1 教师学习动机的分析思路

一、动机型教师与教师学习动机

学生的动机是教学的核心关注点，也是整个学校环境和持续的成人学习的核心关注点。[1] 金斯伯格所谓的动机型教师，是知道在文化回应性的动机框架中经历什么样的环境能够引发学习的动机，也知道如何为文化多样性的学生建构引发学习动机的教学环境。具体而言包含两层意思：一是建构从文化的角度能够引发教师学习动机的条件和框架，在行动探究的质变学习的循环中激发教师学习的内在动机；二是具备为文化多样性的学生创建文化回应性教学的意识和能力，引发学生的学习动机。因此，动机型教师既承担着经历引发学习动机的学习者角色，也承担着建构引发学习动机的教学环境的建构者角色。我们可以从以下几方面进一步深入理解动机型教师：首先，教师教学面临文化困境。金斯伯格的所有研究都在多元文化的背景下展开。教师

---

[1] Margery B. Ginsberg, *Creating Highly Motivating Classrooms for All Students: A Schoolwide Approach to Powerful Teaching with Diverse Learners*, San Francisco, Jossey-Bass, 2000, p.17.

们必须具备关注和尊重多元文化的意识,才有可能拥有为了所有学生的有效教学。显然,我们也不得不承认教师的行为方式和观点也受自身的文化背景影响。那么教师该如何处理自身文化与学生多样文化之间的关系?尤其是在现实中,美国"只有13.00%的教师是有色人种,不论何种原因在欧美的教育者依然毫无疑问地保留着这一假设——努力和奖励是学生学习的驱动力"[1],从文化的角度审视学生学习动机的问题往往会被忽视。从动机研究的角度看,这种外部驱动通常不能真正激发学生持久的学习动力,当教师以理所当然的假设(文化偏见、刻板影响、思维习惯等)无法面对课堂中数量日益增多的文化多样性的学生时,就会陷入困境。这时,教育者内化的文化模式与现实体验会出现断裂,从而形成教师学习的动机。其次,动机框架是增加教师学习有效性的学习结构。金斯伯格认为,学习动机分为内在动机和外在动机。学习者都是在最佳的学习环境中促发内在学习动机的,他们享受着学习活动的过程和价值。内在的学习动机基本不是通过外部奖励产生的。内在学习动机是人们依照自身的价值观和视角(也就是文化)审视正在学习的东西是有意义的、重要的同时,学习的动机就会出现……内在动机的浮现由环境引发。[2]由此可见,内在动机的出现不仅需要个体的欲求,还要有适宜的环境。金斯伯格提出建立文化回应性的动机框架,这种动机框架有两个层面的应用:一个层面是应用到教学中,另一个层面是应用到教师学习中。它可以为教师创造良好的学习环境。此种动机框架能够建立一种体现"确立包容、发展积极态度、提升意义、形成能力"[3]四大条件的学习环境,让教师在感到安全、具有包容性、相互尊重的文化环境中学习。教师在这样的环境中更易于激发内在的学习动机而卷入学习。因此,这种动机框架也是一种引发教师学习的环境结构,能够给教师提供引发内动机的学习机会。如果教师改变了他们的教学实践,并且这些变革还能维持,那么很有可能这些教师就经历了引发内在

---

[1] Ginsberg, M. B. & Fiene, P., *Motivation Matters: A Workbook for School Change*, San Francisco, Jossey-Bass, 2004, p. 9.

[2] Margery B. Ginsberg, *Creating Highly Motivating Classrooms for All Students: A Schoolwide Approach to Powerful Teaching with Diverse Learners*, San Francisco, Jossey-Bass, 2000, p. 3.

[3] Ginsberg, M. B., *Transformative Professional Learning: A System to Enhance Teacher and Student Motivation*, Oaks, Corwin Press, 2011, p. 23.

动机的质变学习。① 最后，动机框架作为教师共享的教学语言和能力。金斯伯格认为，创新型教学获益于实践中共享的语言，文化回应性教学的动机框架就是这样的共享语言，它发挥着对学习经验的计划和理解的导向作用。我们的目标是提供一种教学指南来指导教学计划，从而丰富激发学习动机的文化环境。② 这种共享语言能为教师、学生等学习者营造包容性强的学习环境，提升学习动机。因此，华盛顿大学多元文化教育中心的主任把此理论引进工作坊，创设了各种引发教师学习的动机型课程，让教师体验学习过程中的动机，发现、反思自己潜在的假设，在反思性对话中逐渐清晰学习中"文化"的理解与解释。同时，此中心还设计了各种干预方案。当教师切身投入以动机框架设计的学习环境时，就会获得对动机型学习框架的理解，从而培养创建此种教学的能力。

　　动机型教师与教师学习动机其实是一体两面的问题。金斯伯格所谓的教师学习动机蕴含在质变学习过程中，侧重从学习环境创建的角度研究。学习科学指出"如果学习环境是建立在学习科学原则（如项目、问题和设计方法）的基础上，它们就更能激发学生的动机"③。金斯伯格就试图通过以动机框架提供的维度来建构学习环境，从而触动教师的意义框架，培养教师的多元文化意识，了解文化与动机间的关系，引发教师探究的欲望，激发其学习动机，并在行动循环的过程中保持学习动机。行动循环即"选择实践中关注的问题、探究问题、收集数据、分析数据、探究问题、回应问题、采取行动"④。教师在此循环中，不断加深对初始问题的认识，形成新思想、新行为。教师也只有在文化回应性动机框架构造的学习环境中加深对多元文化的认识，才能在文化回应性的教学中真正理解和运用此种框架，从而保持对文化与学习动机的敏感，洞察其中出现的问题，在探究行动循环的质变学习中，成为动机型教师。

---

　　① Ginsberg, M. B., *Transformative Professional Learning*: *A System to Enhance Teacher and Student Motivation*, Oaks, Corwin Press, 2011, p.10.

　　② Ginsberg, M. B. & Raymond, "Professional Learning to Promote Motivation and Academic Performance Among Diverse Adults," https://c2.hntvchina.com/scholar?, 2014-08-15.

　　③ [美]R. 基思·索耶：《剑桥学习科学手册》，徐晓东等译，541 页，北京，教育科学出版社，2010。

　　④ Ginsberg, M. B., *Transformative Professional Learning*: *A System to Enhance Teacher and Student Motivation*, Oaks, Corwin Press, 2011, p.13.

二、教师学习动机与文化

进入 21 世纪后,美国人口组成发生了巨大变化,"2000 年,少数民族人口占人口组成的 31.00%,到 2050 年少数民族将会占到总人口的 50.00%"①。人口组成的多元化及学生的多样化都对如何满足学习者多样化的需求和期待提出了挑战。金斯伯格说:"文化与动机是不可分割的,动机与学习是不可分割的。"②因此,文化与学习密切相关,会直接影响学习动机。"成人学习并不是发生在真空中,一个人需要或者想要学习什么,能够获得相应的机会、学习方式等,所有这些在很大程度上都取决于他们所生活的社会。"③也就是说,成人学习的方式、动力都与其所处的环境息息相关。因此,金斯伯格关于教师学习动机与文化的观点包含以下几层含义:首先,动机形成于特定的文化情境中。教师由于受不同族群和生活的文化背景的影响,会形成不同的自我系统(self-system),"内在自我确切的内容和结构由于文化的因素会存在极大的不同"④。而不同的自我系统会影响人们的认知、情感和动机。因此,行为倾向(动机)会出现在一定的情形中。其次,动机与由文化而社会化的情感密切相关。一些学者认为,在形成情感经历的过程中文化是核心角色。卢茨认为,"情感被视为是文化的、人际的产物,情感意义是社会而不是个体的成就,是社会生活自然发展的产物"⑤。动机在很大程度上受情感控制。面对相同的事件,拥有不同文化背景的人会生发不同的情感,行为倾向也不尽相同。当美国教育环境发生变化,学生的文化多样化日益凸显时,教师既有的文化模式与学生的文化模式在教育教学中的不一致甚或冲突也逐渐明显、频繁,认知失谐自然成为教师学习的驱动力。正如菲斯汀格(Festinger)曾指出的,认知上的不和谐会引起心理上的不快,所以人会产生降低这一不和谐状态的

---

① Merriam, S. B., Caffarellan, R. S. & Baumgartner, L. M., "Learning in Adulthood: A Comprehensive Guide," https://c2.hntvchina.com/scholar?, 2014-08-16.

② Ginsberg, M. B., *Transformative Professional Learning: A System to Enhance Teacher and Student Motivation*, Oaks, Corwin Press, 2011, p. 16.

③ Merriam, S. B., Caffarella, R. S. & Baumgartner, L., "Learning in adulthood: A Comprehensive Guide," https://c2.hntvchina.com/scholar?, 2014-08-18.

④ Hazel Rose Markus & Shinobu Kitayama, "Culture and the Self: Implications for Cognition, Emotion, and Motivation," *Psychological Review*, 1991, 98(2), p. 224.

⑤ Hazel Rose Markus & Shinobu Kitayama, "Culture and the Self: Implications for Cognition, Emotion, and Motivation," *Psychological Review*, 1991, 98(2), p. 235.

动机，并采取行动去协调这种状态。① 因此，在教师认知失谐的情形下，就要想方设法对学生的多元文化做出回应，在行动循环中探究解决的方法，唯有教师和学生都感到学习活动是令人愉快的，他们才能积极投入，从而产生内在动机。在此过程中，教师不仅要理解在课堂中学生学习中体现的多元文化、不同的信念、习俗等，同时教师还应审视、理解自己的价值观和所形成的文化偏见，尽量给学生提供有意义的学习计划。最后，学习动机与情境兴趣。兴趣可以分为短期的情境兴趣和持久的个人兴趣两种形式……很多时候，只有少部分学生对学习任务有所了解，拥有真正的兴趣，而大部分学生没有做到这一点。要想抓住大部分学生的兴趣，情境的特点至关重要。当学生的兴趣得以持续时，情境兴趣就可以转换为米切尔和伦宁格所说的"持续"。② 教师教育者也把多元文化回应性动机框架应用到教师学习过程中，这其实就是创设了一种教师学习的情境，它的出发点是以"精力、注意、努力和情感"作为人们学习的基础。因此，以动机框架为导向的教师学习，一方面，要与教师生活密切相关，围绕教师在课堂中面临的学生多元文化的困境进行；另一方面，通过动机框架，教师要能体会并理解不同的文化样态及其对学习产生的影响，当他们把动机框架应用在课堂教学中，对学生的多元文化做出回应时，既能培养自身对多元文化学生的理解与认可，也能帮助他们获得成就感，从而培养学习的持续兴趣。金斯伯格的研究不仅通过动机框架引发文化多样性的学习者的动机，还以"动机框架"作为脚手架，为教师建构宽容、包容、开放、相互尊重的学习环境，并把它贯穿于教师学习中。与此同时，围绕需要解决的问题，在行动探究的质变学习中，我们要让教师体验、理解以学习动机框架为逻辑创设的学习环境，最终希望教师能把它运用到课堂教学中，以便在多元文化的课堂中激发学生学习动机。

三、教师学习动机与行动循环

行动循环源于行动研究。行动研究在教育中有很长的历史，它的发起者是勒温。勒温立足于"群体动力学"（group dynamics）的立场力图以行动研究的

---

① 李洪玉、何一粟：《学习动力》，40页，武汉，湖北教育出版社，2000。
② [美]R. 基思索耶：《剑桥学习科学手册》，徐晓东等译，542~543页，北京，教育科学出版社，2010。

方式解决社会问题，致力于"独立、平等与合作"的群体关系和群体动力。①当然，这与勒温作为一名犹太人在欧洲遭受歧视，以及他亲眼所见的种族偏见有直接关系，他试图以行动研究改善人际关系，促进民主。在此之后，行动研究理论的发展并非一帆风顺，后经米尔、科里、弗谢等人把勒温所倡导的行动研究推进，它才逐渐从不被学界认可推向了"合法"，并被引入教育领域。后以斯滕豪斯为代表的学者使行动研究兴盛起来，行动研究的第三代以艾利奥特、舍恩、凯米斯等为代表，他们开始把行动研究指向"反思""合作""缄默知识"；当代行动研究以凯米斯的影响较为凸显，强调行动研究的"批判""解放"等特性。然而，不论行动研究如何变化，基本都以勒温的理论为基础。勒温的主要理论贡献是他的场论和动力论。勒温阐述环境与人的交互作用决定人的心理事件和行为意义的观点，则是"场论"的雏形。人的各种行为都是外部环境通过人的自我状态和心理环境两种力量相互作用所构成的心理动力场而发生的。② 而动力通过"心理紧张状的系统"展开，"只要一个人的内部存在一种心理需求，就会存在一种处于紧张状态的系统"③。内在紧张的出现是由于内在心理平衡被打破了，而追求新的平衡。他在此基础上，提出了"社会变化的3个步骤：解冻—流动—重冻"④，也就是失衡、趋向新平衡、达到新水平上的平衡的过程。从方法而言，勒温也提出了行动研究，"行动研究就是步骤螺旋(spiral of steps)的过程，每一个循环都由计划、行动和对行动结果的评估组成"⑤。这种行动研究理论逐渐成为人们接受的探究方法。在勒温的基础上行动研究发展至今，总体上其关键特征是"参与、改进、系统与公开"⑥。参与(involvement)，其实是卷入或投入之意，由于教师是研究中的承担者，因此教师要积极反思、与他人合作交流；改进，是行动研究的目的指向，包括自我观念、个人理论的改进，学校教育教学实践的改进，社会情境的改进；系统，彰显了行动研究作为一种研究，必须具备连续性、系统性；公开，是公开与他人合作，协同探究问题。金斯伯格探讨的质变学习就是在

---

① 刘良华：《行动研究的史与思》，博士学位论文，华东师范大学，2001。
② 刘宏宇：《勒温的社会心理学理论评述》，载《社会心理科学》，1998(1)。
③ 申荷永：《论勒温心理学中的动力》，载《心理学报》，1991(3)。
④ 申荷永：《论勒温心理学中的动力》，载《心理学报》，1991(3)。
⑤ Masters, J., "The History of Action Research," http://www.behs.cchs.usyd.edu.au/arow/Reader/rmasters.htm, 2014-12-10.
⑥ 刘良华：《行动研究的史与思》，博士学位论文，华东师范大学，2001。

行动研究中发生的，动机就在行动、探究的行动循环中出现并维持。

从金斯伯格的研究可见，她关于教师学习动机的论述其实就建立在行动研究的理论上，主要观点有：首先，教师质变学习寓于行动循环中。"行动理论源起于这样一个概念：人们是自己行动的设计者。当从行动的层面看待人类行为时，这些行为乃是由行动者的意义及意图所建构的。"①金斯伯格非常强调教师在行动循环中形成新的认知和行为，她认为，"行动循环允许教育者加入循环过程，使用真实世界的信息和数据，通过识别一种担忧、形成一个问题、收集数据、从数据中获得意义、构造行动来形成新的学习和行为"②。这个行动循环过程体现了"关注问题—收集数据—识别问题—回应或行动"的过程，注重行动研究的试验性。（见图4-2）

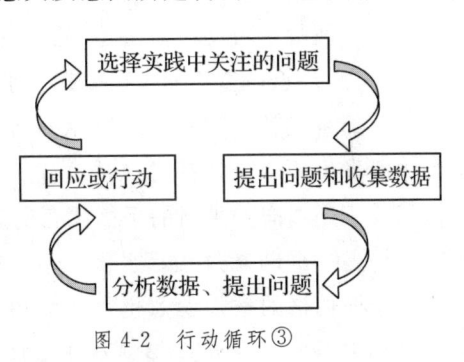

图 4-2　行动循环③

另外，行动循环的学习过程是一个持续的变革教学方式，是使其再概念化的过程。④ 也就是说，教师在以上循环中一面提升解决教学实践问题的能力，一面不断改变自己的个人理论，经过再概念化的过程形成新的概念。以"影子学生（shadowing students）与文化回应性教学"为例，金斯伯格详细论述了教师行动研究的过程。教师通过跟随影子学生，参与他的学校经历。通过"影子"的方式，教师与学生以互补的视角深入审视教育，以此获得数据，从而获得学校对学生意味着什么等问题的新的理解。此外，教师还通过家访从更加细微处了解学生，加深对学生生活经历的理解，从而加强教师设计文化回应性教学的意识，让学生获得尊重感、感受到自我的价值及人际交往的重

---

① [美]克里斯·阿吉里斯、罗伯特·帕特南、戴安娜·麦克莱恩·史密斯：《行动科学：探究与介入的概念、方法与技能》，夏林清译，58页，北京，教育科学出版社，2012。

② Ginsberg, M. B., *Transformative Professional Learning: A System to Enhance Teacher and Student Motivation*, Oaks, Corwin Press, 2011, p. 12.

③ Ginsberg, M. B., *Transformative Professional Learning: A System to Enhance Teacher and Student Motivation*, Oaks, Corwin Press, 2011, p. 13.

④ Ginsberg, M. B., *Transformative Professional Learning: A System to Enhance Teacher and Student Motivation*, Oaks, Corwin Press, 2011, p. 12.

要性。每一个行动循环都会形成对初始问题的再认识，形成新思想、新问题，从而展开新一轮的行动探究。因此，行动探究是教师批判性的审视个人理论，提升专业意识的有效途径。由现实问题而引发的教师学习动机、由行动循环而产生的教师内在学习动机都融合在行动探究的过程中，并使教师学习具有持续性。

其次，教师学习动机是一个"准稳定平衡系统"。勒温提出准稳定平衡系统。他认为，"心理过程通常出自趋于平衡的倾向，正如普遍的生物过程，以及物理、经济或其他过程一样。从一种稳定状态转向一种过程，以及稳定的过程中所发生的变化，都可以从这样一种事实中推出，即在某一点上平衡被打破了，于是朝向一种新的平衡状态的过程便开始了"[①]。这就意味着准稳定平衡系统是一个动态过程，平衡—不平衡—新的平衡更迭变化就是一种动力模式。金斯伯格的教师学习也被称为质变学习，这种质变学习又寄予行动探究的循环中，教师在此过程中不断增加、更新自己的初始认识、观念、个人理论，从而提升教师应对实践问题的能力，它体现了从平衡到新的平衡的行动螺旋，是典型的准稳定平衡系统的动力模型。在此过程中，教师从仅仅是教学的实施者转向成为教学的建构者、创造者。

最后，教师质变学习的改进功能。在行动研究中，不论是勒温还是当代的凯米斯都认为行动研究具有社会改进的作用、解放的旨趣。金斯伯格也认为，政治与教育不可避免地会发生联系。历史上的不平等、种族主义仍存在，白人的特权仍然存在。"尽管承认盎格鲁美国人和主导的西方规则在国家教育体系中享有特权地位似乎是异端的，但有重要的证据显示，不受重视（underserved）的学生小组在历史上始终在有色眼镜下被审视。"[②]因此，文化回应性的动机框架就是尝试为教师提供在行动探究中理解学生文化多样性的学习经历，改变教师的刻板印象、信念和行为，进而改变课堂教学实践，让教师具备充分挖掘学生的优点和学术潜能的意识。在"包容（inclusion）、积极的态度（positive attitude）、提升意义（enhancing meaning）、形成能力（engendering competence）"的动机框架的指导下，教师应能建构一种让学生感到安全、受尊重的学习氛围。为所有学习者创建引发学习的动机需要教育者的理解，并

---

① 申荷永：《论勒温心理学中的动力》，载《心理学报》，1991（3）。
② Ginsberg, M. B., *Transformative Professional Learning: A System to Enhance Teacher and Student Motivation*, Oaks, Corwin Press, 2011, p.5.

与学生共同努力，进而反对社会的不平等。① 可见，文化回应性教学的动机框架，就是要给课堂中多元文化的学生提供适宜的学习环境，就是试图改进所有学习者的学业，就是试图推进学校变革，就是试图改进社会平等、影响社会公正。

第三节 动机型教师及质变学习的过程观

金斯伯格关于教师学习动机的研究主要从两个方面展开：一是文化回应性的动机框架；二是行动循环过程中的动机模式。这两方面的动机研究都指向教师持续的、内在的学习动机。

一、动机框架下教师学习的动机环境

按照金斯伯格的观点，以文化回应性的动机框架创设的学习环境是一种专业学习的结构。她把教师的学习动机与学生的学习动机并置在文化回应性的动机框架中。也就是说，在动机框架的引导下，教师教育者不仅为教师深入认识不同文化的意义、改变个人理论提供了引发学习动机的环境；同时，教师在引发学习动机的框架中进行专业学习，也为提升学生学业成绩、促进学生发展做好了初步的准备。那究竟如何理解文化回应性的动机框架？为什么它同时也是创设引发学习动机的环境要素？

一方面，引发学习动机框架的构成要素是：尊重多元性，激发多数学生的学习动机，创造安全的、包容的和尊重的学习环境；从跨学科、跨文化中获得教学实践；推进平等的学习。② 此框架尊重不同学生的文化，试图建构一种让绝大多数学习者都感到舒适、安心的学习氛围。

另一方面，此框架包含了 4 个维度：包容、态度、意义、能力。第一，发展包容。它是创建有助于学生和教师都感到被尊重、彼此联系的学习环境

---

① Margery B. Ginsberg, *Creating Highly Motivating Classrooms for All Students: A Schoolwide Approach to Powerful Teaching with Diverse Learners*, San Francisco, Jossey-Bass, 2000, p. Ⅻ.

② Ginsberg, M. B. & Raymond, "Professional Learning to Promote Motivation and Academic Performance Among Diverse Adults," https://c2.hntvchina.com/scholar?, 2014-08-15.

的原则和实践。① 首先，发展包容的学习环境，"不仅仅能减少削弱学习动机的文化孤立感，同时也能营造鼓励学生成为真实自我的环境"②。从情感的角度而言，这种学习环境易于使个体感到安全，从而会更勇于接受高水平的学习挑战，对个人发展具有极大的促进作用。就教师而言，身处多元文化日益明显的教育教学情境中，教师必须更加深入地理解学生文化的多样性，包容性的学习环境能够提供开放、宽容的氛围，让学生真实地展现自我文化资源及其优缺点，让教师真实地体会不同文化的意义，从而改变过去单一、狭隘的文化观念。从维果茨基的语言、文化观的角度来说，学习的过程其实就是从文化实践(culture practices)到文化体验(culture experiences)再到文化发展(culture development)的一个跨文化过程。③ 个体的心理发展与社会历史文化有密切关系，社会文化环境既制约又生成个体的学习。因此，学习是在与外部社会文化环境和人际互动中，以语言和符号系统为中介，不断提高自身的认知水平的过程。人的认知发展必须通过参与社会活动、符号中介在个体的体验、经历，不断把对外在世界的认知转化为自我的内在经验、高级心理技能。学习的整个过程是不断拓展文化视野、形成多元文化观的过程。而包容的环境毫无疑问能为此过程的开展提供良好的条件。其次，包容的学习环境能让越来越多的学生获得成就，从而激发教师持续探究文化回应性教学的动机。当学生的学习氛围鼓励他们利用自己的社会文化资源和长处时，他们在学习中就能够建立认知关联，并处于个人控制范围之内。④ 尤其是不同种族、族群的儿童，如果他们在课堂中感到自己的文化被疏远，就会产生被排斥感，学习动机就会减弱甚至抵制学习。在美国不同族群学生人数日益增加的情形下，这也成为教师面临的棘手问题，当学生学业成就不佳时，就会影响教师的自我效能感；相反，当文化多样性的学生感到被包容，并能展现自我、做

---

① Ginsberg, M. B. & Fiene, P., *Motivation Matters: A Workbook for School Change*, San Francisco, Jossey-Bass, 2004, p. 11.

② Margery B. Ginsberg, *Creating Highly Motivating Classrooms for All Students: A Schoolwide Approach to Powerful Teaching with Diverse Learners*, San Francisco, Jossey-Bass, 2000, p. 51.

③ 王涛：《维果茨基的社会建构主义及文化观》，载《广西社会科学》，2006(12)。

④ Margery B. Ginsberg, *Creating Highly Motivating Classrooms for All Students: A Schoolwide Approach to Powerful Teaching with Diverse Learners*, San Francisco, Jossey-Bass, 2000, p. 51.

真实的自我时，就会增强自信心和学习动机，提高学业成绩，并逐渐以开放的心态面对多样的文化。当彼此了解得越深入时，交流也就越开放。教师就能在互相尊重、和谐的文化氛围中保持学习动力。最后，教师学习也需要包容的学习环境。金斯伯格在包容的维度下设计了一系列教师学习活动，大部分活动对学生和教师都是有效的。这些活动能够帮助教师彼此了解各自的文化，真实地表达自己，了解自己的文化概念，了解其他人的视角、需要与经验等，从而培养对不同个体的开放心态，在教学实践中为学生创建动机型课堂。

第二，发展积极态度。它指通过与个人、文化相关，选择形成一个对学习有利的环境。[1] 此动机条件意味着学习要和学习者的个体经验相关，学习者应基于个体的经验、需要、价值观等做出真实的选择。形成积极的态度内含两个特性：一个是关联（relevance），另一个是选择。曾有学者指出，人由动机而引发行为是缘于兴趣，兴趣能把外部需求、外部环境与自我、内在经验相连。兴趣对于理解自我发展、解释内在动机的心理过程都是必要的。内部动机在没有外在奖赏的情形中……会在自由选择中出现。[2] 由此可见，不论是形成个体学习的积极态度还是动机都与关联、选择直接相关。关联是学习者能够把自己的认知视角、价值观、思维方式等与学习的内容、方式等相联系的程度。关联学习过程与学习者是谁、关心什么、思考与认知方式相关。[3] 选择与关联密切相关，当学习过程中的关联发生时，学习者会对所学内容感兴趣，从而从个体的角度出发探究问题。这体现了自我决定、自我选择，也表达了自我的信念与价值观，从而能增强个体的效能感、自我满足感。"为了给多样化的学生提供平等的机会，教育者需要给学生提供相关的学习体验，让他们具有获得知识、展示知识的多种渠道和真正选择的机会。"[4]因此，

---

[1] Ginsberg, M. B. & Fiene, P., *Motivation Matters: A Workbook for School Change*, San Francisco, Jossey-Bass, 2004, p. 12.

[2] Deci, E. L. & Ryan, R. M., "A Motivational Approach to Self: Integration in Personality," https://c2.hntvchina.com/scholar?, 2014-08-21.

[3] Margery B. Ginsberg, *Creating Highly Motivating Classrooms for All Students: A Schoolwide Approach to Powerful Teaching with Diverse Learners*, San Francisco, Jossey-Bass, 2000, p. 80.

[4] Margery B. Ginsberg, *Creating Highly Motivating Classrooms for All Students: A Schoolwide Approach to Powerful Teaching with Diverse Learners*, San Francisco, Jossey-Bass, 2000, p. 17.

形成积极的态度不仅指向提升个体的学业成绩，也指向民主、公正的社会。对成人而言，"帮助成人获得对学校革新的积极态度尤其有用"①。金斯伯格设计的许多活动，都能为教育者创建共享视角提供机会，从而让个体拥有学校革新的自主权，产生主人翁感。所有这些活动都以尊重教育者既有的专业经验为基础，在真诚的、复杂的互动中形成积极的学习态度，共同推进学校革新。

　　第三，提升意义。提升意义是引发学习动机的条件之一。什么是意义，这是一个难以界定的概念。金斯伯格"把意义视为关联或者人类创造的模式以便把信息与一个重要目标连接"②。也就是说，当个体把自己的认知、观点与目标相联系时，就会产生"深层意义"，这种意义会强化人们的动机。深层意义与人们的情感相关，而情感与个体的文化相交织。另一种解释把意义看成了类似怀特海所谓"惰性知识"(inert knowledge)。所谓惰性知识，是指"人在思维和实践中往往会受到其思维定势和行为模式的影响，这种定势和模式支配下的知识称为惰性知识"③。这种知识具有典型的孤立性特点，大部分停留在表层，属于事实知识，能告诉我们事物是如何关联、运作、定义的，但是通常不能从深层次触动个体的精神，无法解决问题。显然，从两种对意义的不同理解中可见，金斯伯格所指的"提升意义是关注大量学习体验的动机条件。这种动机条件从智识的角度讲是严格的，涉及高级思维和批判性探究"④，也就是深层意义；提升意义与人类作为文化存在密切相关，与人的目的感密切相连，是促进学习者对他们认为的生活中重要的东西的思考。这就要求为学习者营造具有吸引力的学习体验。金斯伯格在提升意义的动机条件方面提出了以下7种策略：使用隐喻和故事来鼓励提出不同视角的观点；使用发人深省的问题来帮助学生参与学习；使用具有挑战性的问题辅助学习；使用案例研究法提升学习；通过真实的情景刺激学习；使用想象赋予学习以

---

　　① Margery B. Ginsberg, *Creating Highly Motivating Classrooms for All Students: A Schoolwide Approach to Powerful Teaching with Diverse Learners*, San Francisco, Jossey-Bass, 2000, p. 106.

　　② Margery B. Ginsberg & Raymond J. Wlodkowski, *Diversity and Motivation: Culturally Responsive Teaching in College*, San Francisco, Jossey-Bass, 2009, p. 187.

　　③ 刘会超、杨锋英：《惰性知识的特性及克服》，载《天中学刊》，2008(2)。

　　④ Ginsberg, M. B. & Fiene, P., *Motivation Matters: A Workbook for School Change*, San Francisco, Jossey-Bass, 2004, p. 12.

意义和情感；与学生共同在行动研究中调查感兴趣的问题。所有这 7 种策略及活动设计，总体都体现了意义关联、互动提问、批判反思、行动探究，这些都有助于形成深层意义。

第四，引发能力（engendering competence）。引发能力是指"帮助学生（学习者）真正识别他们知道什么，能做什么，给予学生（学习者）希望感"[1]。此动机条件中的学习与评估、自我评价、反馈等密切相关，它试图让学习者在学习经历中建构学习的理解力、责任感，让学习者感到学习的有效性以及自己的进步，从而逐渐形成学习能力。自我决定、评估在"形成能力"这一动机条件中具有至关重要的作用。首先，支持学习者自我决策。建构能力与自我决策密切相关。[2] 这里所说的自我决策也是成人自我导向学习中的决策。诺尔斯认为，自我导向能力随着个体的成熟而逐渐出现。自导能力就是要让学习者具备独立学习的意识和能力，能够"计划、实施和评估自己的学习……只有为自己的学习承担责任，一个人才能在学习过程中变得积极主动"[3]。当教师成为学习的主人时，才会真正地投入、产生内在的动力。然而，长久以来我们的教师已经习惯了做学习的"执行者""接受命令的人"，当让他们转换角色成为学习的"主人"时，教师就要承担学习的责任，而不得不走出自己的舒适地带，经历无助、模糊、焦虑。因此，成人教育要注重帮助教师提高自我导向学习能力。其次，真实性、有效性地评估能助于引发能力。评估包括两种：一种是外在评估；另一种是自我评估。就外在评估而言，"从内在动机的角度讲，评估需要真实性，与学生的生活环境、意义框架和价值观相联"[4]。成人学习者在认识到评估的导向与个体经历息息相关时，就会提升学习的动机；在意识到这种评估指向实际问题的解决时，就会产生学习的效能感。这些都为内在学习动机的引发提供了重要条件。自我评价与外部评价不同，它

---

[1] Ginsberg, M. B. & Fiene, P., *Motivation Matters: A Workbook for School Change*, San Francisco, Jossey-Bass, 2004, p. 12.

[2] Margery B. Ginsberg, *Creating Highly Motivating Classrooms for All Students: A Schoolwide Approach to Powerful Teaching with Diverse Learners*, San Francisco, Jossey-Bass, 2000, p. 174.

[3] [美]雪伦·B. 梅里安、罗斯玛丽·S. 凯弗瑞拉：《成人学习的综合研究与实践指导》第 2 版，黄健、张永等译，267 页，北京，中国人民大学出版社，2011。

[4] Margery B. Ginsberg, *Creating Highly Motivating Classrooms for All Students: A Schoolwide Approach to Powerful Teaching with Diverse Learners*, San Francisco, Jossey-Bass, 2000, p. 175.

是学习者"通过探索自我好奇、困惑和直觉，促发学习者自我发现和自我决策的过程"①。也就是说，自我评价的重要功能是个体反思能力的培养。一方面，个体反思能力与外部即时、具体的反馈不可分割；另一方面，教师通过日志、关键性事件调查（critical incident questionnaire）等方式提升反思能力，从而不断完善自我专业能力，因此评价是引发能力的要素。金斯伯格围绕这些关键的要素，提出了一系列引发能力的策略和活动。

以上是对文化回应性动机框架4个方面的阐述，其实就是在创建高质量的引发学习动机的课堂环境的同时，教师通过行动研究不断进行专业学习。为自己的专业学习提供引发学习动机的环境，是试图为多元文化的学习者在学习情境中营造大家都能接受的一种共同文化。概括而言，它们分别是：学习者间相互尊重的多元的视角和文化；学习与学习者的文化背景、经验关联，营造积极的互动关系；建构关注学习者的目的、提升学习者高阶思维能力的环境；通过与生活相连的真实的、实用的评估导向，引导教师不断改善自身能力。（见图4-3）

由图4-3可见，这4个动机条件相互交织、共同作用于此时此刻的学习者，"它们的作用通常具有更加长久的持续性，是学习者经历的一种情绪状态，如感兴趣或讨厌"②。金斯伯格把这比喻为我们大脑中的"神经元网络"（neuronal network）。神经元网络由无数个神经元构成，它们协同作用于外部信息和刺激的处理，决定情感、认知等功能的发挥。"同步异常是脑功能疾病的主要体现。"③这就意味着，动机框架中的各个条件就像是相互连接的神经元网络，在创设引发动机的学习环境中缺一不可，它们相互影响构成了一个不断发展的系统、网络，能为学习者提供情感、动机，进而影响认知过程。因此，以此为框架创设一种学习者认可的文化，会对学习时刻产生影响。

---

① Margery B. Ginsberg, *Creating Highly Motivating Classrooms for All Students*：*A Schoolwide Approach to Powerful Teaching with Diverse Learners*, San Francisco, Jossey-Bass, 2000, p.176.

② Margery B. Ginsberg & Raymond J. Wlodkowski, *Diversity and Motivation*：*Culturally Responsive Teaching in College*, San Francisco, Jossey-Bass, 2009, p.35.

③ 于海涛：《神经元网络的同步、共振及控制研究》，博士学位论文，天津大学，2012。

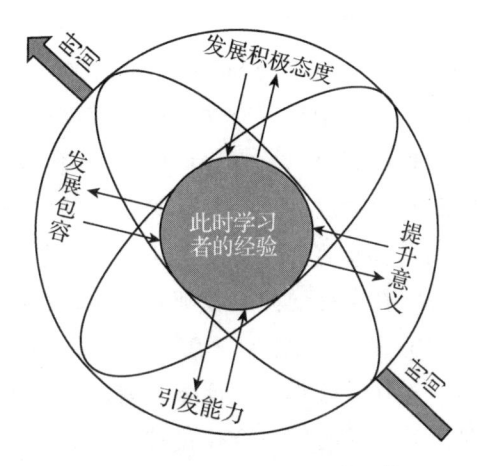

图 4-3 文化回应性动机框架①

二、行动研究中学习动机的维持

具体到多元文化背景下教师的质变学习，金斯伯格其实是以教师在教育教学中面临的学生文化的多样性这样的困境为出发点，教师在"解决问题、建构意义、付诸行动"的行动探究的循环中，促使动机得以激发和维系，提升教师文化回应性教学的能力。下面就从这两个方面具体论述。

一方面，教学困境中的文化难题可以激发教师学习动机。前面已经提及在美国不同种族学生数量日益增加的形势下，如何从内在动机的角度激发多元文化的学生学习，试图让教学服务于所有学生，已经成为教师必须直面并着手解决的重要问题。此问题是教师学习的核心问题，也是教师面临的现实问题，它是教师学习的直接动机。

另一方面，学习动机在为了解决问题的行动循环中维持。此过程重点有两方面内容：行动研究的开展需要外在的介入与帮助，为教师提供引发学习动机的环境及经历，提升教师文化回应性教学的能力；以实践为基础，通过教师的行动研究深入理解学生的多元文化，为更好地实施文化回应性教学形成经验。金斯伯格认为，为学生和教师创设引发学习动机的环境需要大致相同的条件，教师有了类似的学习经历才能激发学生学习。上文已经论述了动机框架的基本理论，并列举了一些设计方法，在此不再赘述。通过行动探究

---

① Margery B. Ginsberg & Raymond J. Wlodkowski, *Diversity and Motivation: Culturally Responsive Teaching in College*, San Francisco, Jossey-Bass, 2009, p. 34.

研究学生的多元文化，金斯伯格主要对 4 项研究进行了详细介绍。首先，观察影子学生(shadowing students)，丰富对学生的了解。影子学生就是教师要观察、跟踪的对象，在此过程中加深对学生的理解，以及了解在什么情境下学生的学习动机易于出现。而跟踪的方式可以采取独立的学习循环或持续的循环。在其中每种隐蔽经验的反复出现都会导致对新问题的关注，或者以新的方式或者另一种探究循环审视新问题。① 其次，在家访中以文化回应性动机框架为指导进行学习。在家庭访问中教师要应用动机框架作为指导，在相互尊重、关联中理解学生的家庭背景、文化、经历等，从而获得学生的优点，尊重不同文化的长处。再次，合作设计课堂，创造质变学习机会。在教师对学生文化理解的基础上，开始与同事合作设计课堂教学。② 在教师的相互支持下，完善从内在动机角度实施文化回应性教学。最后，利用数据，激发教师改善教学。收集大量的数据，帮助教师更好地理解教师的教和学习的学；通过反馈，教师可以有针对性地帮助学生减少甚或消除学习的障碍，提高自我效能感，同时也激发教师的学习动力。

三、小结

"动机"是所有教师学习研究者都不可忽略的，它决定着教师在学习过程中行为的发生、维持、选择等。然而，它却在近 30 年教师学习研究历程中鲜有人系统关注，这也许缘于动机本身的复杂性。因此，它是一个既重要又难以突破的课题。在教师学习研究中金斯伯格对学习动机问题进行了研究。即便如此，系统的研究成果仍然较少。长年来，金斯伯格都从文化、动机的角度去谈教学、教师学习、学生学习等问题。对教师学习动机的探讨，实际上是融合在她对文化回应性教学的宏观研究背景下展开的。简言之，她所指的教师学习动机的研究是由教师工作场中所面临的现实问题而引发的。教师该如何面对多元文化的学生的学习，提升自我的多元文化素养？文化回应性教学的动机框架是她提出的解决路径之一。然而，教师如何才能把握文化回应性的动机框架？首先，教师只有经历了在此框架指导下创设的学习环境的学

---

① Ginsberg, M. B., *Transformative Professional Learning：A System to Enhance Teacher and Student Motivation*, Oaks, Corwin Press, 2011, p. 39.

② Ginsberg, M. B., *Transformative Professional Learning：A System to Enhance Teacher and Student Motivation*, Oaks, Corwin Press, 2011, p. 83.

习，并在以教育教学中面临的多元文化问题作为核心话题开展的行动探究的质变学习中，才能真正感受到能够引发学习动机的环境是什么样的、如何运用，从而培养教师文化回应性教学能力；其次，对教师教育者而言，他们需要为教师建构能够让教师经历引发学习动机的环境；最后，教师应通过行动探究的质变学习了解、感受学生的多元文化性，不断在平衡与不平衡间转变自身的价值观和意义框架。

金斯伯格对教师学习动机研究的价值在于：首先，她对教师学习动机的研究较聚焦。笔者通过研究大范围的文献，发现很少有学者专门探讨教师学习动机问题，而金斯伯格却是研究此问题的学者之一，她对此问题的研究建立在多年对文化、学生学习动机钻研的基础上。"动机"对教师学习的整体研究而言具有重要价值。其次，她从文化的角度研究教师学习动机。"动机"通常情况下是在心理学中研究的，金斯伯格虽然也借鉴了心理学理论作为自己的研究基础，然而她的独特之处在于尝试以文化作为根本视角关照"动机"。这种解读一方面适应了当下美国教育中人口多样化的变化趋势；另一方面也从文化、情感、行为三者的关系中对动机做出解释，文化是意义的系统，意义系统赋予人们对事件的不同情感体验，动机是在一定情形中由某种情感体验引发的持续倾向性的行为。也就是说，文化对动机具有决定性影响。于是，金斯伯格致力于建构一种共享的语言，所谓共享的语言就是学习者能够共享的意义系统，即文化回应性的动机框架。此框架的突出特点是确立包容多元文化的学习环境，让学习者感到安全。学习者在学习中与自身的经验相连，从而形成深层的意义，最终对自我有更加清晰的认识。因此，金斯伯格其实是要营造一种积极的、宽容和谐的学习文化，从而使不同文化模式的人都感到有兴趣、舒适、有希望。她对教师学习动机的研究开辟了认识此问题的新视野。最后，她的研究具有较强的时代意义。针对美国当前教育中人口多元化的现实、未来趋势以及教师多元文化意识和能力不足的现状，"多元文化"必将成为教育中棘手的问题。由此，教师群体面临的直接问题是：如何习得文化回应性的教学素养，为不同文化的学生提供尽可能公平的学习机会；教师教育者面临的问题是如何使教师具备多元文化的意识、能力，让教师经历引发学习动机的环境，丰富教师的经验与能力。这些都是极具现实性的研究课题，也在教师专业发展研究中具有创新性。因此，从文化的角度关注学习者的学习动机，既符合多元文化的发展需要，又能关照教师、学生学习动力不足的问题，可谓一石二鸟。当然，金斯伯格的教师学习动机研究似乎并没有区分成人与学生之间的差异,文化回应性的动机框架是她长年对"文化与学生学习动机"研究所获得的理论在教师领域中的迁移。然而,早在1815年波尔(Pole)在其所著《成人学校起源与发展的历史》(A History of the Origin and Progress of Adult Schools)一书中指出,要帮助成人学习,应了解成人学习者的特性和成人最佳的学习情况。① 众多的成人教育研究者也认为,成人与学生在学习方面有众多不同之处。由此,金斯伯格关于教师学习动机的认识可能尚需进一步推敲。此外,为了解决教育中学习者日益多元的文化带来的一系列问题,金斯伯格试图为不同文化的学习者建立一种共享的语言——文化回应性动机框架作为解决方案。它既是教师获得相应专业学习经历的指导框架,也是教师需要具备的素养。然而,每位承担教师角色的人,在面对多样化的学习者时,如何既保持自身的文化立场,又跳出自我文化樊篱?如何处理自我文化与建构共享语言之间的关系?这些都是为学习者创设引发学习动机的环境中的难题,需要学者们继续研究。

---

① 黄富顺:《成人的学习动机——成人参与继续教育动机取向之探讨》,54页,高雄,复文图书出版社,1985。

第五章 教师学习的网状分析单位及系统复杂学习论

前面三章已经分别从教师学习的"内容""互动""动机"维度进行了论述。然而,实际上教师学习发展至今,已经开始走向对教师学习的多维度、多视角的关照。盖瑞·霍伯恩就是这种研究走向中的一位典型代表。霍伯恩是澳大利亚伍伦贡大学科学教育、教师教育研究方向的副教授。霍伯恩在做教师教育者之前有从事科学教育 14 年的经历、K-12(从幼儿园到 12 年级的儿童教育)科学教育顾问。他于 1996 年在加拿大英属哥伦比亚大学完成博士学位,关注点是教师学习。他把自己关于教师学习的思想广泛运用于各个不同的国家。[①] 他目前的研究兴趣主要为:教师学习和由信息与计算机技术支持的动画教学教育。关于教师学习的思想来源于他博士期间的研究,并得到继续发展,系统地体现在他于 2002 年出版的书籍《为了教育变革的教师学习:一种系统的思维方式》(*Teacher Learning for Educational Change: A Systems Thinking Approach*),还有与彼得·欧比松(Peter Aubusson)、罗宾·尤因(Robyn Ewing)合著的《学校中的行动学习》(*Action Learning in Schools*)中。虽然,霍伯恩关注教师从行动中学习、在教育技术的辅助中学习。然而,他在对教师学习研究不断探索的过程中,核心追寻的是"支持非线性教育变革的长期教师学习的框架"[②]。

---

① https://ris.uow.edu.au/ris_public/WebObjects/RISPublic.woa/wa/Staff/selectPerson? id=3576&group=9, 2014-10-01.

② Garry F. Hoban, *Teacher Learning for Educational Change: A Systems Thinking Approach*, Philadelphia, Open University Press, 2002, p. II.

第一节 教师系统复杂学习论的理论基础

霍伯恩系统复杂教师学习论的提出，是与传统的机械单一的教师学习观相对照的。他的思想形成于20世纪80年代以来日益激烈的国际竞争及国际性的基础教育改革对高质量教师的呼吁中。澳大利亚在20世纪90年代对教学质量、初任教师能力、教师专业标准等问题陆续进行研究后出台了相关政策。霍伯恩也是在这样的教育背景下关注着教师学习问题，并以此作为他博士研究的主题。在持续研究的过程中，霍伯恩受到后现代社会思想的深刻影响，并以复杂论作为审视教师学习问题的重要理论。综观他的研究可见，教师学习研究的产生与后现代社会、澳大利亚教师教育改革及作者自身的学术经历有密切联系。

一、教师系统复杂学习理论产生的现实基础

首先，霍伯恩教师系统复杂学习理论的产生深受后现代社会情境的影响。从20世纪70年代末至今，后现代已经成为一股强大而有影响力的思想，它是在对现代的批判、继承的基础上发展起来的。概括地说，后现代体现了"接受复杂性；根基于区域性或情境性；与辩证性游戏；尊重不可言喻性"[①]。其中后现代社会的接受复杂性、情境性特点对霍伯恩研究教师学习的影响很大。所谓接受复杂性，是随着后工业、后现代社会的发展，世界的多元性、复杂性凸显，以机械的、简单的、简化的思维方式无法把握复杂而有序的世界；情境性意味着任何事情的发生都不是孤立的，而要植根于一定的情境中。霍伯恩对教师学习研究始于对长期以来教育变革的机械论视野的审视与批判，提出了教育变革并非一次性的，教师的学习也并非简单的"添加"过程，而是长期的、非线性的复杂过程。

其次，教师系统复杂学习论受澳大利亚教师教育改革背景的直接影响。澳大利亚教育改革深受美国影响，自20世纪80年代后尤其是90年代开展了基础教育及教师专业发展的多种改革。其中，教师质量也是澳大利亚关注的重点问题。"1999年，澳大利亚以'21世纪国家教育目标'为题的《阿德莱德宣

---

① [美]多尔：《后现代思想与后现代课程观》，王红宇译，载《全球教育展望》，2001(2)。

言》，成为澳大利亚提高教师质量的国家承诺。"①教师质量已经成为国际性话题，教师如何发展才能更好地支持教育改革成为学者思考的课题。霍伯恩主要探究究竟何种"长期教师学习的框架"能够支持教育变革。

最后，教师系统复杂学习论发生于霍伯恩职业转向中的困惑。以上两点可以认为是霍伯恩教师学习研究产生的外在社会因素，而霍伯恩职业转向中遇到的困惑是他研究深入的内在需求。霍伯恩曾担任中学科学教师14年，凭借多年的教学经验，他一度认为自己掌握了教学。直到1990年，他申请获得了新南威尔士州一所大学的教师教育者岗位后，才发现自己的教学与其他中小学教师相比，相形见绌。在同一时间，他开始攻读硕博学位，在阅读与思考中，他认识到其实自己掌握的仅仅是学科知识，学科知识与教学并不等同，教学是艺术不是技术。但实践中很多教师与他一样，对学生的学习、教学与学习的关系并不是非常清楚。霍伯恩明白了自己对教学实践的认识其实只停留在表层，于是他开始追问教师对他们的实践到底了解多少、教师该如何深入了解实践，通过怎样的学习教师才能够不断促进自我的发展。在探索中，霍伯恩认为，既有的研究中缺乏指导教师学习的连贯理论框架，于是他把研究的着力点聚焦于此问题。在攻读完博士学位后，经过大约5年的持续关注，霍伯恩选择了从复杂理论来审视、研究教师学习问题，从而形成他研究思想的重要组成部分。正是当时的社会背景及霍伯恩自身的职业困惑，成为激发他研究的力量。

二、教师系统复杂学习论的理论基础

有学者提出西方思想发展史划分为3个大范式：前现代范式、现代范式、后现代范式。前现代范式的时期，人们认识上的共同特点是强调事物的平衡、自然的和谐，以牛顿为典型代表。牛顿万有引力定律为人们提供了解释宇宙的普适定律，表明了自然的简单、自足、和谐，体现了宇宙统一、稳定的秩序观。从深层次上讲，这是一种机械的科学观，是非线性的、是封闭的。这种认识论在19世纪，甚至可以说步入20世纪前，都占据主导。但是，生物学的模式、有机体作为开放系统的模式开始渐渐取代20世纪前封闭的物理学的系统模式……转变、多重解释和可供选择的模式化成为理解和建构意义的

---

① 柳国辉：《澳大利亚教学专业标准及其质量保证》，载《外国教育研究》，2005(12)。

基础。① 与此同时，牛顿经典力学的解释也遭遇了重重困难。尤其是系统科学的发展超越了以往机械的、线性的认识论，并以复杂范式来认识世界。霍伯恩教师学习理论的形成正是受到此种认识论的深刻影响。霍伯恩在论著中明确指出，复杂理论为自己提供了不同于简单机械论的视角，来研究教育变革和教师学习。因此，他关于教师学习的所有理论基石，可以说基本上是复杂论，主要体现在以下几个方面。

(一)复杂思想中的系统思维与教师学习

与复杂性思想相对的简单性思想深受牛顿、爱因斯坦对自然界及其规律简单性推崇的影响，在20世纪中叶之前是占据主导地位的思想。然而随着科学技术、信息技术及社会的快速发展，简单思维方式既不能适应社会发展的需求，也不能真实地反映事物的关系。因而复杂的事物、事物的复杂性日益被人们认识，于是简单性思想、还原论方法开始逐渐被人们摒弃。第一个把复杂研究与系统思维明确联系起来的是贝塔朗菲……他指出，"我们被迫在一切知识领域中运用'整体'或'系统'概念来处理复杂性问题。这就意味着科学思维基本方向的转变"②。现代社会事物之间相互联系、开放的程度都远超从前，系统思维就是研究复杂性世界必需的一种思维方式。那么什么是系统思维呢？

我们从理解系统入手，"就其最基础的内涵看，可以把系统定义为诸多事物相互联系而形成的统一体，那些包含在系统中的事物则称为系统的组分(组成部分)"③。系统是各个要素的相连，系统是整体的涌现，系统是开放地与外界保持联系互动。在对"系统"认识的基础上，学者们对系统思维有各种理解。比如，巴纳锡(Banathy)认为，系统思维是复杂科学，因为它是一个超越传统的学科，是一种思维倾向，关注世界的相互依赖性。④ 彼得·圣吉认为，把"systems thinking"称为系统思考，也反映了从整体的、关系而非线性的角

---

① ［美］小威廉姆·E. 多尔：《后现代课程观》，王红宇译，2页，北京，教育科学出版社，2006。

② 苗东升：《系统思维与复杂性研究》，载《系统辩证学学报》，2004(1)。

③ 苗东升：《论系统思维(一)：把对象作为系统来识物想事》，载《系统辩证学学报》，2004(3)。

④ Garry F. Hoban, *Teacher Learning for Educational Change：A Systems Thinking Approach*, Philadelphia, Open University Press, 2002, p. 30.

度审视事物的状态和发展。

不论学者如何阐述，都表现出对系统思维的以下几点认识：首先，系统思维以事物之间的联系、把对象看成系统与整体为出发点。持系统论的学者通常都认为世界是复杂的，事物是联系的，不能用孤立的要素分析、简单还原的方法来看待事物。其次，系统思维是分析与综合思维的结合。系统思维并不否定分析思维，也不是把分析、综合思维相互分离，而是在关照整体、系统的情形下，再进行分析。系统是各个元素的聚集，这些元素作为一个不可分割的整体而共同起作用。在此过程中，分析与综合思维是相互开放、相互作用的双向关系。最后，系统思维强调非线性。传统思维方式往往把事物看成独立的、简单的、线性因果关系。所谓线性思维，是指"把整体仅仅看作其部分之和"[1]，把事物简缩化，并以简单的因果关系来认识。而系统思维是非线性的，它认为事物具有复杂性，是动态的、非确定的、非预测的，追求的目标是多元的。复杂思想的系统思维作为一种极具影响力的思维方式对当今世界产生了巨大影响。

20世纪90年代，以复杂理论为基础的更加动态的教育变革范式出现了。霍伯恩教师学习的研究就明确以复杂理论、系统思维方式展开。首先，他从教育中的系统思维方式谈起。20世纪90年代，随着教育的日益复杂，用机械论的方式思考教育问题的弊端日渐显现。教育变革中各要素相互联系，以简化的方式探寻因果关系的路径存在很多困难，往往存在很多难以预测的现象。因而，研究者必须直面教育变革的复杂性。因此，"帮助人们理解教育变革作为复杂系统是如何表现的，很有必要形成一套思想不是关注独立要素"[2]。可见，霍伯恩认识到在面对复杂的教育变革时，系统思维是必要的思维方式。其次，教师学习的系统思维方式。由于教师在教育变革中扮演着关键性角色，因而霍伯恩进一步思考在快速变化、复杂的教育变革中教师的学习应该如何发展。在看到教师学习碎片化的现状后，霍伯恩感受到这样的教师学习与复杂的教育变革是不相符的。因此，他指出，"教师学习需要一个复杂框架，如此才能为多元化的、复杂的教育环境中的教师学习提供支持"[3]。教师学习需

---

[1] [德]C.迈因策尔：《从线性思维到非线性思维》，曾国屏译，载《世界哲学》，1999(1)。

[2] Hoban Garry, Hargreaves Andy & Goodson Ivor, F., *Teacher Learning for Educational Change: A Systems Thinking Approach*, Philadelphia, Open University Press, 2002, p. 38.

[3] Stewart Hasem, *A Review of Teaching Learning for Educational Change*, Philadelphia, Open University Press, 2006, p. 92.

要用系统思维审视包含两层含义：对教师学习本身的理解需要更加多元化；需要为教师提供更加复杂的、连续的学习框架。

(二)复杂思想中的耗散结构论与教师学习

耗散结构理论是复杂思想中的重要理论之一，由比利时教授普里戈金作为创始人而提出。有的学者甚至把复杂思想中的自组织理论称为耗散结构理论。耗散结构理论其实就是研究一个系统从无序走向有序的机理，研究系统整体稳定、有序、有活力的运行结构。教师系统复杂论突出体现了耗散结构理论的几个方面：首先，耗散结构的形成要以开放的系统为外部条件。根据物理中的热力学原理，如果一个系统处于封闭、孤立的状态，并与外界没有交换关系，此系统就会趋于混乱、走向死亡。它的熵（体系混乱的程度）会逐渐增加达到最大。因此，系统要达到有序状态，必须是开放的。也只有在开放的条件下，才可能走向有序。其次，系统的非平衡是自组织的必要前提。当系统处于开放的条件下时，就会在与外界交换的关系中远离平衡，只有在非平衡状态下，系统才可能形成有序结构。最后，系统的非线性相互作用是系统自组织演化的内在动力。"所谓非线性相互作用，通俗地说，也就是作用的总和不等于每一份作用相加的代数和，……系统产生了整体性行为。"[①]也就是说，非线性把系统内的各要素看成相互联系、相互作用的整体效应，在系统与外界发生交换时，也需要系统本身的各要素发生协同作用，在外因与内因的共同作用下，系统才会不断演化、发展。

霍伯恩的研究正是建立在这些理论的基础上，他提出了关于教师学习的核心观点：首先，教师学习是长期的过程。霍伯恩从传统教育变革的狭隘认识入手进行分析。传统教育变革认为，教育变革是线性的，可以通过教师的一次性学习引入新思想，引进改革。实际上，教育变革是复杂的、非线性的过程，那么教师的学习也应当是非线性的、长期的。同时，在一次性工作坊中只引介新思想，而没有一个支持教师长期学习的框架往往会强化现存的实践、维持现状。[②] 其次，教师学习是开放的。传统的教师学习可以说是封闭

[①] 沈小峰：《混沌初开：自组织理论的哲学探索》，138 页，北京，北京师范大学出版社，2008。

[②] Hoban Garry, Hargreaves Andy & Goodson Ivor, F., *Teacher Learning for Educational Change: A Systems Thinking Approach*, Philadelphia, Open University Press, 2002, p. 13.

的：从内容上讲，教师主要学习固定的知识；从形式上讲，它缺少探究、反思、批判；从空间上讲，其囿于一定的范围和场所。由此可见，教师所学习的知识是独立于特定情境的，教师学习是一个简单的通过知识传递—添加的过程。正如阿基里斯所谓的单环学习，他也把仅限于工作坊中的学习称为"自我封闭"的学习。基于复杂论的教师学习研究在批判传统教师学习的基础上，强调教师学习需要长期的框架支持，教师学习要把个人、情境、社会等因素联系起来考虑。最后，教师学习是各种条件的相互作用。霍伯恩从两种常规的学习视角的分析入手，分别指出：认识视角关注了大脑内部，却忽视了学习的情境性、社会性；情境视角关注了社会性，却忽视了学习的个体因素。于是，霍伯恩就提出了"相关行动中的个体"(individual in related action)，把教师学习的个体、情境、社会因素都包括在内。

(三) 多样化的认识视角与教师学习

教师学习研究直接受学习理论发展的影响。认知学习理论兴起于 20 世纪六七十年代，它由传统心理学视角演化而来，主要有格式塔理论、符号学习理论、建构主义理论等。认知学习理论主要以个体内部认知过程的形成与改变为分析单位。比如，认知学习理论的代表性人物皮亚杰提出，"学习是一个以个体经验为基础不断重组个体知识的过程"[①]。具体而言，皮亚杰认为，图式是认知结构的要素。而在同化、顺应、平衡中发生，不断改变图式，认知结构也不断改变。他们的共同特点是以个体内部认知过程作为分析单位。然而，认知学习论由于强调认知结构，对学习的情境性、社会性关注不足，因此 20 世纪 80 年代学习理论的研究开始转向，其中学习的情境视角逐渐凸显。"情境理论家挑战了认知可以独立于情境和意向的观点。他们认为物理和社会情境是活动发生的必要部分，学习又发生在活动中"[②]，其实，这就是强调学习不可能脱离具体的环境及二者的互动，从而关注环境对学习的影响。情境学习论以社会行动中的个体为分析单位，超越了仅局限于个体内部认知

[①] Hoban Garry, Hargreaves Andy & Goodson Ivor, F., *Teacher Learning for Educational Change: A Systems Thinking Approach*, Philadelphia, Open University Press, 2002, p.51.

[②] Ralph T. Putnam & Hilda Borko, "What Do New Views of Knowledge and Thinking Have to Say about Research on Teacher Learning?," *Educational Researcher*, 2002, 29(1), p.4.

过程的樊篱。莱夫、温格为情境学习的代表人物，他们从人类学视角赋予学习意义，《情境学习：合法的边缘性参与》一书中提出"被看作情境性活动的学习以我们称为'合法的边缘性参与'的过程作为自身的核心定义特征"①。这意味着情境学习是通过参与实践共同体，个体不断获得共同体身份的过程。然而，不论是认知学习理论还是情境学习理论都存在各自的缺陷。20 世纪 90 年代，安德森和所罗门都对情境学习视角提出了批评，他们都认为，这种学习视角过于极端。因为个体的学习并不一定要发生在真实、复杂的社会环境中，个体的反思也很重要，只注重情境是片面的。"认知有部分是情境依赖的，有部分是情境独立的。"②但是，学习不应该被视为是二分的。保罗·科布、珍妮·鲍尔斯(Janet Bowers)通过系统分析认识和情境视角的不同，也支持二者是互惠的，需要相互交流并形成更加全面综合的学习理论。帕特南和博尔特也提出对认知、学习的认识具有多种视角，认识不仅具有个体、情境属性，还有社会、分布式属性，教师的学习也是多维的。然而，大多数学者仍然是以单独的视角审视学习。因此，成人学习研究者梅里亚姆(Merriam)和卡法瑞拉(Caffarella)认为，应该把"认知和情境视角相连，如此可以使我们获得更加全面理解成人学习的方式"③。也就是采用一种系统的、整体的思维方式来研究学习。学习理论的发展变迁对教师学习产生直接影响。因为，教师学习中的各种因素都是相互影响、相互作用的，并被称为"螺旋关系"，类似一张相互作用和联系的蜘蛛网。正是以此为出发点，体现了霍伯恩教师学习研究的独特之处，为研究提供了新的思维方式。

第二节 教师学习的网状分析单位及系统复杂学习观

复杂性思想可追溯到 20 世纪 40 年代，80 年代开始逐渐成熟，并对教育研究产生了深刻影响，也成为学者审视教师学习的新视野。霍伯恩一直都致力于教师教育研究，从以上关于教师学习的产生背景及其理论基础可见，他

---

① [美]J. 莱夫、E. 温格：《情境学习：合法的边缘性参与》，王文静译，1 页，上海，华东师范大学出版社，2004。

② Paul Cobb, "Janet Bowers Cognitiveand Situated Learning Perspectives in Theoryand Practice,"*Educational Researcher*，1999，28(2)，p. 6.

③ Wilson, L. & Elisabath R. Hayes, *Handbook of Adult and Continuing Education*, San Francisco, Jossey Bass, 2006, p. 62.

的理论主要受复杂思想和当时教育改革的影响，如何能够使教育改革成功，无疑需要高质量的教师。而高质量的教师需要长期的、多维的教师学习的支持框架，才能支持非线性的教育变革。可以说，他的整体思想都是围绕这样的核心话题而展开的。

一、从单一到多维：蜘蛛网状的分析单位

霍伯恩分析教师学习的不同之处，首先体现在他研究的分析单位上。研究的分析单位的变化反映了人们不同的认识论。自16世纪至今，认识论范式主要有两种：机械论范式和复杂论范式。

首先，机械论范式下教师学习是孤立的分析单位。也有人把机械论范式称为简单范式。其"产生于16世纪文艺复兴之后的近代欧洲科学革命，是建立在经典力学和机械唯物主义自然观基础上的科学体系……其主要特征……还原论、可逆性、简单性、线性有序性、因果性、决定论、绝对客观性，等等"①，这是典型的简单、机械的思维方式。总体而言，机械论思维认为，事物都可以运用分析法不断还原为单独的、割裂的要素。事物特性由这些单独的要素累加来解释，世界是可观察、解释和预测的；在研究中，机械论范式用简化主义方法论审视自然、宇宙，追求其简单的运行规律；机械论范式认为，事物之间有确定的、必然的因果关系，排除了偶然性对事物的影响。同时机械论范式的突出体现还有实证主义、理性主义。霍伯恩认为，正是长期在机械认识论的影响下，人们通常把教学过程简化，认为教学不过是一门技术，教师只要掌握技术就可以从事教学。这种观点其实是把教师独立于教学之外，教师只需要成为外在要求的执行者即可。"怀斯（Wise）通过在美国32个城市的研究得出教师通常持有4种教学的概念，分别是技术、劳动、专业、艺术。"②这4种观念反映了教师对教学的不同认识和理念，从而也会主导教师的教学行为。当教师把教学视为技术时，其实就意味着教师只要学会相应的知识、拥有熟练的技术就可以胜任教学工作。当教师认为教学是劳动时，这意味着教师只要按步操作即可。持有这两种观点的研究者强调教师具体、可

---

① 刘敏、董华：《简单范式与复杂范式——论经典科学与系统科学的不同认识论模式》，载《科学技术与辩证法》，2006(2)。

② Hoban Garry, Hargreaves Andy & Goodson Ivor, F., *Teacher Learning for Educational Change: A Systems Thinking Approach*, Philadelphia, Open University Press, 2002, p.10.

见的教学技能的发展。因为,他们认为这些技能与学生的学习成绩密切相连。因而,衡量教师成功与否也有明晰的标准,标准主要以是否对学生的成绩有效为准绳来提前设计。这样看来,教学是一个程序化的过程,教育改革相应地也就变得容易了。教师只要学习教育改革中新的知识、技能要求,通过不断地累积、长时间的训练,就可以促成教育改革的实现。可见,这是把教育改革简化的做法。由此得知,不论是一线教育工作者还是研究者的观点都展现了机械认识论。

人们对教育教学的机械认识论直接影响了自己如何看待教师学习。一方面,教师学习过程被视为静态的、线性的过程。机械认识论认为,事物是可预测的,教师学习就是通过学习预先设定好的内容达成教育变革。如此,教师学习就是孤立的。机械认识论不考虑它发生的环境、与其他要素之间的关系,而视其为静态的过程。另一方面,教师学习以单一的视角作为研究的分析单位。这种分析单位的理论源于对学习本身的讨论。学习是应该重视"外在刺激—强化",还是应该重视内在认知过程?可以说前者是对学习中外在刺激的重视,后者是对学习内在过程的重视。二者都只注重了学习的某个侧面。随着研究的深入,学者发现学习不只局限于人脑的内部加工过程,还与其所处的情境不可分离。于是情境学习在20世纪90年代逐渐成为极其重要的学习理论。而在研究教师学习时,认识和情境学习理论是两种主要的分析视角,它们分别以"个人头脑内部认知加工"及"个体在情境中的学习"为分析单位。也就是说,学者以单一的视角、二元分离的分析单位展开对教师学习的研究,在此统一把它们称为"孤立的分析单位"。具体而言,以"个人头脑内部认知加工"为分析单位,是从皮亚杰"同化""顺应"为理论基础发展而来的,关注个体认知过程、心智的发展,忽略了学习的情境性、社会性。从认知建构主义视角的分析单位来看待教师学习,教师学习不是消极被动的接受而是积极主动的建构。研究的分析仍然围绕认知问题,即教师头脑中已有的认知在面对新知识时的加工机制及对个体发展的影响。而情境理论家把学习概念化为参与社会组织的变化,以及个体使用知识作为他们参与社会实践的一个方面。[1]情境理论由社会历史心理学发展而来,认为学习不能脱离情境。莱夫和温格提出,"我们强调将分析的重点从作为学习者的个体转移到作为社会世界参与

---

[1] Hilda Borko, "Professional Development and Teacher Learning: Mapping the Terrain," *Educational Research*, 2004, 33(8), p. 4.

的学习，以及从认知过程的概念转移到有关社会实践的更具包容性的观点的重要性"①。因此，情境视角以"个体在情境中学习"为分析单位。在此分析单位下，教师学习只有在具体的情境、文化、活动、人际互动中才能产生意义，并受这些因素的影响。教师的学习是不能抽离情境而发生的。总之，不论是认知视角还是情境视角，在研究教师学习中都偏向了一边，只用独立的视角来研究分析，而没有看到二者的联系，以及各个要素之间的复杂联系。

其次，复杂论范式下教师学习的网状分析单位。从复杂论范式角度思考教师学习问题，是在对机械论范式继承、批判、弥补的基础上形成的。迈入21世纪，复杂性思想研究中占主导的学说有3个：比利时科学家普利高津从科学方法论的角度提出了"复杂性科学"；美国圣菲研究所主要从生物学的角度提出了"自组织理论"；法国埃德加·莫兰从哲学的认识论层面提出了"复杂性范式"，对人们的思维方式具有普遍指导意义。当然，这3个学说虽有差异但都有共通之处。霍伯恩对教师学习研究视角的变化主要是在研究的思维方式、认识论、方法论上发生的，主要是复杂性思想中第三种学说的所指。因此，复杂性就是研究事物在"认识方法上的多视角、多原理、多观点"②。他同样批评了简单化认识论的两个极端：简化与割裂。霍伯恩在用系统论思维研究教师学习时，也对教育、教师学习的简单化认识进行了反思。第一，教学不是简单的技术。霍伯恩以自身的教学经历为例，长期以来都坚信自己已经掌握了教学。教学按照自己通过经验积累而形成的技能、预设的模式进行，而忽视了教学中学生的因素，忽视了教学生成性的一面，忽视了教师教育教学所处的时刻变化的情境。然而，实际上教学是充满不确定性的，需要教师的教育智慧，具有艺术的特征。因此，教学不能用减化的方式进行。第二，教育变革是非线性的。当人们认为教学是技术时，当任何新的教育思想来临时，教师只需要通过不断学习并添加新知识，教育变革就会自然发生。但是，教育变革并非如人们所愿能够按程式化的方式平稳开展，它充满着偶然性、复杂性，是一个非线性的过程。第三，教师学习不能用孤立的视角研究。用简化的思维方式研究教师学习，通常有两种表现：一是从认知视角研究教师

---

① [美]J. 莱夫、E. 温格：《情境学习：合法的边缘性参与》，王文静译，11页，上海，华东师范大学出版社，2004。

② [法]埃德加·莫兰：《复杂性思想导论》，陈一壮译，3页，上海，华东师范大学出版社，2008。

学习的认知过程；二是从情境视角单独关注教师在所处的特定环境、文化、社会交往中的学习。这是用割裂的、彼此互不关联的方式审视教师学习。但是对教师学习的理解不能非此即彼，教师学习既与个人也与所处社会环境发生着关联。这正如埃德加·莫兰对原人进化的认识，"过去的把自然和文化对立起来的认识范式就崩溃了。生物进化和文化发展是原人进化这个总体现象相互关联、相互干预的两个方面、两极"①。

复杂论范式的重要观点有：首先，事物的多元论。所谓事物的多元论，就是把事物看成多种因素的影响，而不要因某一因素或主导因素而忽略事物因素的多样性。其次，事物因素的关联论。多因素间不是隔离的，而是相互联系、相互作用的。最后，事物的多中心论。在事物因素多元论、多样性认识的基础上，研究者也就形成了对整体与部分关系的思考。机械论认为，对事物的认识可以还原到构成它的各个部分，复杂论强调事物相互联系的整体性，但同时也不否认事物的部分，而是认同"在系统中整体与部分的相互决定的基本原理"②。这同时也决定了事物构成的多中心，也可以说是无中心。

在复杂理论的基础上，霍伯恩形成了自己的思想。首先，教师学习研究"蜘蛛网状的分析单位"。实质上，这就是以复杂性思想的系统思维研究教师学习的典型体现。上文已经提到，既然教师学习不能单从个体或者社会情境上分析，那么从复杂论的角度看，教师学习系统应是多中心的，因素之间相互作用，就如同蜘蛛网的相互连接、交错。这同时也表明教师学习既不单发生在个体头脑中也不仅发生在个体与外部的互动中。其次，教师学习的网状分析单位强调"关系"的重要性。既然教师学习的各因素之间是相互联系的，那么教师学习就受到不同因素的影响。从学习的情境视角看，"它关注物理的和社会的场景与个体的交互作用，……情境是整个学习中的重要而有意义的组成部分"③。也就是说，情境视角既把个体与情境的关系看作中心，也把情境看作一个整体与学习相互关联的部分，没有具体区分其中的因素。而教师学习研究的"网状分析单位"，霍伯恩也称为"相关行动中的个体"(individual in

---

① [法]埃德加·莫兰：《迷失的范式：人性研究》，陈一壮译，75页，北京，北京大学出版社，1999。

② 陈一壮：《论埃德加·莫兰复杂性思想的三个理论柱石》，载《自然辩证法研究》，2007(12)。

③ 姚梅林：《从认知到情境：学习范式的变革》，载《教育研究》，2003(2)。

related action)，"关注不同要素间的关系，承认个体学习受不同因素影响，如小组讨论、实践背景、工具等。因此，任何情境，都可以被视为人、环境、人工制品等各种关系的学习系统"①。可见，此系统强调教师学习中各因素的关联，它们形成一张大网，是无中心或多中心的。最后，教师学习要一体化为一个连贯框架。霍伯恩在教师教育研究中提出要形成连贯的框架。比如，"他认为高质量的教师教育项目需要被互联的因素所形成的连贯概念框架所指导"②。最终在教师教育项目设计中形成多链路的概念框架。在教师学习中，虽然帕特南、博尔科认为教师学习的研究应是多视角的，但相比以前单一视角的研究这也是巨大的进步。然而，霍伯恩认为，他们并没有把"这些不同的视角连接成一个统一的框架"③。教师学习既需从认知的不同特性（个体性、社会性、情境性、分布性）考虑学习，也要考虑不同学习条件（个人、社会、情境）间的相互作用，从而形成一个系统的理论框架，也就是专业学习系统。唯有如此，才能长期为教师学习提供支持。

二、从封闭走向开放：开放循环的教师学习系统

既然教师学习是一个学习系统，那么它就和传统的一次性工作坊、一次性集中培训等教师学习的方式迥异，这种教师学习往往由于缺乏对各种关联因素的考虑、独立于真实的教育情境而具有短暂的生命。因此，相对而言它是封闭的。封闭性主要体现在：教师学习凸显了单路径学习，即教师所学的新知识、新思想、新技能通常是进一步加固而维持现状，而不是改变现状；教师学习的内容与真实教育教学情境是相分离的；教师学习不论个体还是集体都与外界隔离，囿于自我（个体或集体）的圈子内，忽视与此之外的互动；教师学习缺乏持续的支持条件，而孤立地进行。可见，传统的教师学习以机械论思维方式为方法论，虽然它仍然具有不容否认的合理性，但终究难以应对日益复杂的教育，教育变革同样难以顺利地进行。

---

① Garry F. Hoban, *Teacher Learning for Educational Change*: *A Systems Thinking Approach*, Philadelphia, Open University Press, 2002, p. 60.

② Garry F. Hoban, *Developing a Multi-Linked Conceptual Framework for Teacher Education Design*, The Missing Links in Teacher Education Design, Germany, Springerlink, 2005, p. 1.

③ Garry F. Hoban, *Teacher Learning for Educational Change*: *A Systems Thinking Approach*, Philadelphia, Open University Press, 2002, p. 56.

与传统教师学习的封闭性相对,教师学习系统以开放性为典型特点。埃德加·莫兰也认为,当在一个封闭的系统中时,系统靠自身维持平衡而与外界没有交流,最终会走向衰亡。而系统的开放性是指与外界发生能量交换,从而导致不平衡,"营养流的不平衡使得系统能够自我维持在表面的平衡状态中,也就是说处于稳定的和连续的状态"①。因此,开放性是维持事物长久发展、保持活力的必要条件。教育活动亦然,它总是与多种因素相互作用,因此教育变革不能通过线性的方式达成。与此同时,教育变革的发生也必须要有支持教师学习的长期框架,这样的框架需要考虑多种关联因素,至少是教师学习中个人、社会、情境的相互支持。唯有如此,教师学习才能真正成为教育变革的巨大动力。这种开放性的观点主要有:首先,教师学习凸显双环学习过程。双环就是把观察到的行动效果跟策略以及策略所服务的价值观联系起来的两个反馈环。② 它与单环(单路径)学习的不同是不仅重视效果,更会反思、改变行动理论的价值观,思考行动背后的深层根据。这就意味着教师不只是把教学看成技术,视自身为迈向预设好的计划的工具,通过效果反馈不断调整自己的技能;同时,教师更要把教学视为艺术,并不断批判性地反思教育变革的价值观及自身固有的信念。在教师不断反思使用理论的价值观、合理性等问题时,教育变革才能发生。其次,教师学习以教育教学实践为出发点。霍伯恩提出,"教师学习系统不是被设计成一个开处方的项目,而是创设一种教师了解自身实践的学习环境,支持他们决定展开的任何变革"③。在这种环境中教师不断地学习。因此,教师学习的内容、场域都是基于工作场发生的,教师通过不断反思教学实践的各方面进入学习循环,也就是教师的行动学习,"建立在反思与行动的关系之上……通过经验的反思来学习……"④。最后,教师学习要寻求与外部观点的碰撞。这里的外部是指相对

---

① [法]埃德加·莫兰:《复杂性思想导论》,陈一壮译,17页,上海,华东师范大学出版社,2008。

② [美]克里斯·阿吉里斯、唐纳德·舍恩:《组织学习2:理论、方法与实践》,姜文波译,20页,北京,中国人民大学出版社,2011。

③ Garry F. Hoban, *Teacher Learning for Educational Change: A Systems Thinking Approach*, Philadelphia, Open University Press, 2002, p. 76.

④ Peter Aubusson, Robyn Ewing & Garry Hoban, *Action Learning in Schools: Reframing Teachers' Professional Learning and Development*, London, Routledge, 2009, p. 13.

于个人的"他人"、相对于小组的"其他组"。因为封闭的个人循环与开放的个人循环、封闭的集体循环与开放的集体循环之间的核心区别就是是否有与外部观点的碰撞。虽然，霍伯恩的教师学习系统与开放的个体、集体循环有差异，但是他也认同并重视教师学习系统需要不断有新观点的输入，从而与教师(个人或小组)的前经验、前认识产生矛盾、混乱，进而不断拓展、开阔教师的思想和视野，更新教育理念。

三、从孤立到连接：教师学习的协同效应

协同论是复杂思想的重要理论之一。协同论不仅研究系统的非平衡态也研究平衡态。它的主要观点有以下两点：首先，系统中子系统的协同效应。简单而言，就是各子系统相互关联、影响产生的协同作用大于各因素单独相加产生的效果，这相当于整体的作用大于部分之和。因为，处于一个整体中的要素之间会发生不同的作用、关系，当关联而非竞争的关系在系统中占主导时，要素之间就表现出力量的协同功效而非力量的相互抵消。也就是说，开放的系统中各子系统通过非线性的相互作用，形成了整体的、协同的效应。其次，协同效应实现的重要方式是自组织。组织是一个系统中各要素所形成的结构。这种组织可以通过他组织实现，也可以通过自组织来实现。"在组织过程中，如果系统组织的形成完全是按照外部指令实现的，那么这是被组织的过程；反之，如果系统组织的形成是在一定外界条件的影响下，通过系统内部自行协调来实现的，那么这是自组织过程。"[1]他组织和自组织并不是对立概念，二者共同构成了系统组建的力量。然而，相对而言他组织表现为系统之外的力量，自组织是系统中各要素相互关联而形成的组织力。"自组织系统演化的动力来自系统内部的两种相互作用：竞争和协同。"[2]协同是自组织发展的重要动力之一。协同论顾名思义含有协同、合作之意，它主要研究系统中各因素的协同。因此，可以说，协同效应是系统各因素之间共同发生相互作用，自组织是其实现的主要力量，也是组织发展最为内在和根本的力量。

---

[1] 沈小峰：《混沌初开：自组织理论的哲学探索》，128页，北京，北京师范大学出版社，2008。

[2] 杨风禄、徐超丽：《社会系统的"自组织"与"他组织"辨》，载《山东大学学报(哲学社会科学版)》，2011(2)。

在复杂思想协同论的影响下，霍伯恩也提出教师学习协同效应的观点。与教师学习协同效应相对，传统教师学习观点则认为：首先，教师学习在实施过程中通常与情境相脱离。尤其是以工作坊等方式展开的学习，往往学习的知识脱离教育教学情境，脱离工作场。其次，教师学习缺乏与情境及其他因素的互动。教师学习主要以"个体内在的认识过程"为分析单位，较少关注教师合作学习、教师共同体学习、教师学习与外部情境互动等问题。人们对教师学习的认识基本上还处于比较封闭的状态。最后，教师学习主要是通过他组织的方式展开。以往教育变革都是以自上而下的方式展开，当试图开始新的教育变革时，人们就会引进新的变革思想并以工作坊的方式让教师进行学习，在教师学习后运用到教育教学中，变革的预期结果就会呈现。这是典型的通过外在的控制而形成系统的结构的方式。

教师学习的协同论则认为：首先，教师学习系统是多种条件相互作用的框架。这也是教师学习系统的独特之处，教师学习中的各种条件不是彼此独立并简单相加的关系，而是相互作用，从而产生"它们之间的'重叠点'或'合适点'，以便他们有一个共同的线索，彼此之间相互加强"[1]。不同条件在相互作用的过程中会形成合力效应，这种效应类似作用力的相乘而非相加，它们是教师学习系统变化发展的核心驱动力。其次，教师学习系统是自组织和他组织共同作用而发展的。自组织并不完全否认外在的影响，而是在外在影响下主要通过要素的相互作用协同形成系统。教师学习系统就是要考虑支持教师学习的结构和条件，为教师学习创设教育环境。在这个系统中的教师要具有开放的心态、反思的意识，并促成教师之间的互动合作。当然教师学习系统并不是自然发生的，教师学习的整个过程总是需要接受外在干预，这种干预可以是政策层面的、专家层面的、理论层面的等。当具备了自主学习的基本素养，理解了学习是个体、他人、环境等各因素互动的过程时，教师在学习结构中就可以进行自我导向的学习、合作探究的学习，从而拥有生产知识的专业自主权，进而与各因素之间发生相互作用，形成学习系统。教师学习系统的最终发展动力源于教师与各要素之间的互动，但外在的干预作为外源性动力也必不可少，并始终存在。

---

[1] Garry F. Hoban, *Teacher Learning for Educational Change: A Systems Thinking Approach*, Philadelphia, Open University Press, 2002, p.75.

第三节　教师系统复杂学习的过程观

霍伯恩在复杂论的基础上理解教师学习，那么复杂论范式中的教师学习过程与机械论范式有何不同？它需要什么样的支持条件？它的动力是什么？

一、多维连贯的教师学习框架

多维连贯的教师学习框架是霍伯恩复杂教师学习论的具体体现，建立在对单一视角审视和简单教师学习观批判的基础上。霍伯恩认为，很多时候我们都从某个单一的视角研究教师学习，或认可有多种视角存在却孤立地进行研究；我们对教师学习内的各要素往往孤立地看待，缺乏连贯性；我们所设计的教师学习框架往往是短期的，缺乏长期性。因此，建构多视角融合的教师学习连贯框架是霍伯恩理论的显著特点之一。

（一）教师学习框架的多维视角

教师学习的研究视角多种多样，最常用的是3种：个体认知、社会认知、情境认知。教师学习的个体认知视角主要来源于皮亚杰的认知建构主义。皮亚杰创建了发生认识论，他认为，学习是个体在经验的基础上不断再造的过程。虽然皮亚杰也重视同伴在学习中的作用，社会对个体认知的作用，但他更倾向于个体。首先，皮亚杰提出"图式"是认知结构中的要素。"以某种方式发挥作用的潜能被称为'图式'……有机体可以运用的图式，将决定着有机体怎样对物理环境做出反应。"[1]其次，同化与顺应是认知发展的推动力量。正是在此过程中，有机体的图式、认识结构在不断地发生变化。"这些图式通过社会互动被修正，但这个过程是在个体头脑中的变化。这种认识视角解释了个人知识建构的过程，强调了个体以前的知识对学习产生影响的重要性。"[2]以个体认识视角为基础的教师学习强调并凸显教师的反思，反思是个人经验的再思考与建构，它是教师积极主动的学习状态。

---

[1] [美]B. R. 赫根汉、马修·H. 奥尔森：《学习理论导论》第七版，郭本禹译，242页，上海，上海教育出版社，2011。

[2] Garry F. Hoban, *Teacher Learning for Educational Change: A Systems Thinking Approach*, Philadelphia, Open University Press, 2002, p. 51.

教师学习的社会认知视角以社会建构主义理论为基础，典型的代表人物是维果茨基。这一派观点与个体认知建构不同的是倾向社会文化对个人认识的影响。第一，知识的意义建构受社会文化的影响。知识不仅仅是个体头脑中的内部加工过程，它必然存在于特定的社会文化中，并受其影响，在二者相互作用的过程中建构意义。第二，学习过程具有社会性。学习的社会性甚至对个体学习具有决定性作用。从学习的社会认知视角可见，作为社会中的人，教师学习必然带有社会性，需要人际互动。以社会认知为基础的教师合作学习，尤其是教师学习共同体的建立，时下已成为教师专业发展的趋势和新范式。

教师学习的情境认知视角以情境学习为理论基础。情境学习理论其实与建构主义有很多共同之处，但又是它的发展。情境学习理论认为，知识是活动，是交互状态，是文化适应能力，它不仅同建构主义一样强调知识的社会性，还重视学习者与社会环境的关系及参与其中的实践活动。

个体认知建构主义倾向个体内在认识的关注，社会建构主义倾向学习的社会性，情境认知学习理论强调学习的情境。随着学者对学习的认识日益深入，这3种研究视角往往相互交叉、渗透。然而在教师学习研究中却缺乏把它们融合的意识和尝试，通常都用某一视角诸如对教师反思的重视、对教师学习共同体的重视、对教师工作场学习的重视来展开研究。由于现实教师学习的复杂性，孤立的视角建构的教师学习框架很难支持教师长久、有效地学习。多维视角的教师学习框架更符合教师学习的现实。

多维视角的教师学习框架就是把个体认知、社会认知、情境认知的视角统一融合在一个教师学习框架中。它包含两层含义：第一，多维视角的框架意味着反思、共同体、真实情境等的融合。个体认知强调反思、社会认知强调共同体、情境认知强调情境与实践，因此多视角融合其实就是它们对教师学习不同侧重点的结合。多视角融合是设计长期教师学习框架的基础，是实现教育变革的必然要求，因为教育变革受到多种因素的影响具有鲜明的复杂性，教师学习也不可能在单一视角支持的学习框架中通过线性一次性完成教育变革。第二，多维视角的框架为教师学习提供了良好环境。教师学习框架的设计实际上决定了为教师提供什么样的学习环境。贾维斯的学习过程模型"开始于某一个体进入了某种潜在学习经验可能发生的环境"[①]。而此种环境

---

① [美]雪伦·B.梅里安、罗斯玛丽·S.凯弗瑞拉：《成人学习的综合研究与实践指导》第2版，黄健、张永等译，261页，北京，中国人民大学出版社，2011。

需要具有多维性、综合性，因为"学习是铸造我们存在的最重要因素，因此不同的学习理论都应该在一个综合的框架中被理解"①。贾维斯就学习过程区分了 9 种不同的学习类型：假设、不加思考、拒绝、前意识、实践、记忆、沉思、反思性实践和体验学习。"前 3 种反应是非学习性的，接着 3 种反应是非反思性学习，而最后 3 种反应则为反思性学习。贾维斯把后 3 种学习视为'较高级的学习'。"②当然，学习环境的设计需要为非反思性学习创设条件，尤其是为高级学习创设条件。由于学习过程存在多种学习类型、多种相互交叉的学习路径，多视角学习框架的建立就显得很必要，它能够为教师学习提供一个比单一视角更好的学习环境，3 种视角的相互作用能为教师学习提供更强大的动力。

（二）教师学习框架的持续性

教师学习框架的持续性建立在多维视角融合的基础上，它包含横向和纵向两个层面的意义。

从横向来讲，就是组成一个持续连贯的学习框架需要几大要素、条件的相互联系与作用，而不是单列发挥功能，这几大条件是反思、共同体、行动、概念输入、学生反馈。③ 反思是近 20 多年教师教育研究中的核心话题之一，很多学者都认为，反思是专业人员应有的品质。教师作为专业人员，只有不断反思自己的实践，才能不断完善教育实践，也才可能以开放的心态面对和借鉴多元化的教育观点。但是，反思并不简单等同于思维。反思需要有探究问题的学习框架做支撑进行培育。与此同时，教师学习还具有社会性特点。教师在学习的过程中，不可缺少的要与同事、学生、管理者等之间发生人际合作与交往，学习共同体是当今教师学习的重要方式，它"将学习看作一个参与多种文化实践和共享性学习活动的过程，而不仅仅是个人知识的形成过程"④。在学习共同体中教师通过对话、合作能够分享他人的经验，并加深对

---

① Jarvis, P., "Towards a Comprehensive Theory of Human Learning," https://c2. hntvchina. com/scholar?，2014-10-20.

② ［美］雪伦・B. 梅里安、罗斯玛丽・S. 凯弗瑞拉：《成人学习的综合研究与实践指导》第 2 版，黄健、张永等译，261 页，北京，中国人民大学出版社，2011。

③ Garry F. Hoban, *Teacher Learning for Educational Change: A Systems Thinking Approach*, Philadelphia, Open University Press, 2002, p. 64.

④ 郑太年：《学校学习的反思与重构：知识意义的视角》，181 页，上海，上海教育出版社，2006。

自己教育经验的质疑、批判和理解，而不至于在自我的世界中故步自封。所谓行动，在此主要指学习的实践性，也就是把思想进行实验的过程。正如库伯的学习圈理论，学习是通过具体经验到反思观察，到抽象概念化，再到主动实验并回到具体经验的循环过程。其中实验就代表了行动的维度，通过实验可以丰富学习者的经验，拓展行动的意义。因此，教师学习中学习者在真实自然情境中的实践参与不可缺少，把思想运用于实践，是思想和实践不断完善的重要途径，也是教师学习获得认可及持续的重要条件。在教师学习过程中之所以要进行概念输入，是因为在以上几种情形中，教师学习仍然有可能变得封闭，囿于教师的经验。概念输入能够为教师学习系统注入新鲜的思想和活力，打破教师学习系统的平衡，成为教师学习系统不断发展的动力之一。学生反馈，是不断调整教师学习系统发展方向的重要指标和保障，是衡量教师学习成果的表针，是驱动教师学习的动力。当建构长期教师学习框架和系统时，以上五大要素、条件不可分离，孤立的要素能够单独存在但不具支持教师学习的持续性。

从纵向而言，就是教师学习在时间上的持续性及变化的循环。教育变革本身不可能一蹴而就，支持教育变革的教师学习也应是复杂的、长期的。从时间的角度而言，教师学习具有持续性。另外，从教师学习的过程来看，它是在内外因协同作用下持续变化循环的过程，从而构成教师学习系统。正如复杂理论所言，循环是自组织演化的组织形式，"系统自组织演化总是构成一定的层次结构，并使层次结构组织性增强，或在层次上向组织性更高的层次跃迁"①。教师学习系统也是在循环的形式中不断演变发展。

二、持续的教师学习过程的支持条件

霍伯恩提出，"有助于支持持续的教师学习的 3 个关键方面是学习过程的持续性、确立教师间的共同体感、把教学视为一种学术(scholarship)形式"②。

首先，过程的持续性。这在上文已经有所论述，即要求学习系统中的各要素、条件相连贯，这是持续性的基础，并以循环的形式不断发展。

---

① 沈小峰：《混沌初开：自组织理论的哲学探索》，143 页，北京，北京师范大学出版社，2008。

② Garry F. Hoban, *Teacher Learning for Educational Change: A Systems Thinking Approach*, Philadelphia, Open University Press, 2002, p. 147.

其次，建构学习过程的共同体感。共同体感简言之就是共同体能够为成员创建何种氛围、成员在共同体中有何种感受。共同体最早在滕尼斯《共同体与社会：纯粹社会学的基本概念》的著作中作为学术概念出现。他认为，"一切亲密的、秘密的、单纯的共同生活，（我们这样认为）被理解为在共同体里的生活"①。这突出了共同体的有机性、情感、亲密关系、归属感。萨乔万尼认为，在个体自愿加入集体结合为共同体后，无数个体的我就会转变为集体的我们，在此过程中每个人都是意义之网上的一点，共享意义和情感。可见，不论是滕尼斯还是萨乔万尼，在解释共同体时，核心都突出了浓厚的情感色彩。近些年，越来越多的学者也对教师学习共同体展开了研究。路易斯认为，教师学习共同体的信念是"除非教师被给予了更多的支持和吸引人的环境，否则不要期望他们集中精力提升自己的能力、更加有效地教育当下的学生"②。西肖尔、安德森等人认为，"专业学习共同体是确立一种合作、包容、真诚的文化，批判性地审思实践改善学生成绩"③。综合而言，教师学习共同体感包含以下几点基本认识：第一，认同感。认同具有"归属感"或"身份感"的含义。④ 归属感是教师对共同体的主观感受，愿意加入共同体，参与相应的活动并投入精力和情感，认可自己是共同体中的一员。身份是对我是谁的追问及建构，其中内蕴的核心问题即身份认同。身处教师学习共同体中的教师能获得安全感，就有助于教师身份的形成，反过来身份的确立也有助于共同体建构积极的氛围和归属感。教师学习共同体就是要为教师营造共享的氛围、积极的情感，使教师对此组织和专业身份产生认同。第二，信任感。信任"是对授信对象的善意友好行为的判断和期望，是对他人的品性、意图分析判断的基础，是指具有普遍性的一般信任"⑤。教师之间存在信任感是他们能开诚布公交流的基础；是教师之间真诚合作的基础；是教师提高行动效率的基础。

---

① ［德］斐迪南·滕尼斯：《共同体与社会：纯粹社会学的基本概念》，林荣远译，52～53页，北京，北京大学出版社，2010。

② Louise Stoll, Ray Bolam & Agnes Mcmahon, *Professional Learning Communities: A Review of the Literature*, Germany, Springerlink, 2006, p. 224.

③ Louise Stoll, Ray Bolam & Agnes Mcmahon, *Professional Learning Communities: A Review of the Literature*, Germany, Springerlink, 2006, p. 224.

④ 吴玉军、李晓东：《归属感的匮乏：现代性语境下的认同困境》，载《求是学刊》，2005(5)。

⑤ 游泓：《情感与信任关系的社会学研究》，博士学位论文，武汉大学，2009。

教师学习共同体的形成要通过对话、合作，而真正的对话、合作的发生需要教师间的信任。第三，互益感。在共同体中，教师在交往中能够感到彼此都从中获益。也就是说，在共同体中的教师要能做到利己和利他、个体利益与共同体利益的统一，促进彼此的发展才能长久维持共同体的关系。

最后，教学被视为学术形式。霍伯恩没有明确用到研究一词，其实与霍伯恩早期对行动学习的研究相关。教学是一种学术形式，是一个行动学习的过程。行动学习与行动研究很难区分，并有交叉。但彼得·欧彼松(Peter Aubusson)、霍伯恩认为，"归纳而言，行动研究和行动学习都涉及反思循环和从经验中学习，然而它们的侧重点不同。行动学习强调在小组中个人经验的社会分享，而行动研究强调公开的系统数据的收集"①。也就是说，二者是学习与研究的区别。霍伯恩在他的理论论述中很少使用研究一词，举出的很多实例也体现了行动学习的思想。教学中的学问，涉及通过公开教学实践、追求批判、使用其他人思想的过程创造新知识。② 可见，此过程更突出的是教师间的社会分享，也就是行动学习的过程。"小组的社会互动是行动学习的根本"，"行动学习是一个社会互动过程，许多人开始共同学习、相互学习，学习共同体就开始形成"③。简言之，把教学视为学术形式强调成员的社会互动，实践反思，也就是行动学习的过程。而此过程又有助于学习共同体的形成、共同体感被强化，从而使教师之间的信任和公开交流相应变得更加顺畅。因此，它也是支持教师长期学习的重要条件。

三、教师学习系统的演化动力

自组织理论进一步指出，系统中的各要素或子系统间的非线性相互作用是系统自组织演化的内在动力。④ 深受复杂论影响的霍伯恩也认为，教师学习系统的核心是各要素之间的相互作用，这同样是教师学习系统的演化动力。

---

① Peter Aubusson, Robyn Ewing & Garry Hoban, *Action Learning in Schools*, London, Routledge, 2009, p. 16.

② Garry F. Hoban, *Teacher Learning for Educational Change: A Systems Thinking Approach*, Philadelphia, Open University Press, 2002, p. 157.

③ Peter Aubusson, Robyn Ewing & Garry Hoban, *Action Learning in Schools*, London, Routledge, 2009, p. 13.

④ 沈小峰：《混沌初开：自组织理论的哲学探索》，138页，北京，北京师范大学出版社，2008。

"使教师学习系统运转的关键问题是确保鼓励个人、社会和情境条件之间动态的相互作用,是这种互动创造了学习过程的持续性,使得项目形成'临界物质'支持改革,这是教师学习系统的核心方面。"①具体而言,复杂论视野下教师学习的动力可以从以下几方面理解。

首先,各个要素互动是教师学习系统运转动力的前提性基础。因为,在教师学习系统中需要多种要素、条件的支持,系统中的各要素与环境之间相互作用就形成了支持教师学习的可能,教师学习系统的结构及其运行都是它们之间相互作用的结果。学习系统的结构既依赖于环境,又可以不断适应环境的变化。教师学习活动在教师学习系统中展开,必须是各要素的非线性的作用为其提供学习环境。正如自组织理论所认为的那样,要素间非线性的相互作用是系统自组织演化的内在动力,当然这种动力也具有支持教师学习的潜力。

其次,反思循环是支持教师学习内部系统运转的关键条件。在霍伯恩所列举的教师学习的案例中,都把反思、反思循环作为教师学习系统的重要部分。教师学习中各要素如何联系,形成什么样的系统,决定了能够为教师提供什么样的学习环境。在此环境中教师通过反思逐渐意识到各种因素、条件如何相互作用,并把它们联系起来,从而对教师学习系统有了整体的概念。如此,教师就会有意识地持续反思使各种条件朝向有益于教师学习的方向发展。教师反思作为教师学习系统的条件之一,与其他条件间相互关联形成节点网络,在众多关联中每种关联的强度都各不相同。由于系统具有记忆功能,"一件东西被运用的次数越多,在记忆中的'表征'就越是强烈""如果事件是有意义的,在它经常出现的意义上,此模式将在此事件每次出现时得到加强"②。教师学习中的反思,不论出现在学习过程中还是结束后,都会促使教师持续地探究和完善教育教学实践。因此,作为专业系统中有意义的事件也会加强,如此各要素在自组织的过程中会形成稳定结构,此结构能够调整自身适应动态的外部环境。霍伯恩在"教师学习的反思循环:克赖斯特彻奇信息通信技术集群项目"中,强调了反思循环在教师学习系统中的核心角色,教师

---

① Garry F. Hoban, *Teacher Learning for Educational Change: A Systems Thinking Approach*, Philadelphia, Open University Press, 2002, p. 166.

② [南非]保罗·西利亚斯:《复杂性与后现代主义:理解复杂系统》,曾国屏译,127~130页,上海,上海科技教育出版社,2006。

学习系统通过设计五大问题来支持反思循环,如表 5-1 所示。①

表 5-1　反思循环中引导反思的问题

触发反思的问题	相关的反思循环
①关于阅读内容教师有何认识？	新知识提供了思考新事物和目前知识的刺激
②教师对他们的思维如何变化有何认识？	元认知提供了自我评估和情感支持的信息
③当涉及项目和 ICT 时教师在课堂中正在做什么？	联系课堂，扎根实践
④就个人技能而言，教师学了什么？	个人技能提供教师学了什么的任务信息
⑤教师下一步准备做什么？	目标设定提供了与行动的联系和教师意欲做什么

可见，根据"触发问题"，教师进行反思记录，并不断给自我提供反馈，这能够使教师更深刻地理解自我及教育。在学习过程中以持续方式使这五大问题来确立学习循环，改变教师观念、行为，支持教育变革。

最后，外部介入是教师学习系统运转的必要条件。组织理论认为，"系统的任何组织行为都以对外部环境的开放性为必要条件，而开放就意味着承认外部因素在某种程度上的组织作用"②。教师学习系统亦如此，本质上它是在外在作用力下而非自动形成的，然而外力如果不能转化为系统内部各要素、条件的相互作用(自组织力)，对系统终将无济于事。同样，完全在自组织力作用下的系统也是不存在的。因此，教师学习系统也在自组织力、他组织力共同作用下形成、演变。专业学习不是自然地发生。它需要至少在开始时就被掌管，直到教师理解他们如何在此过程中学习。③ 对教师学习系统而言，如教育政策、教育变革对教育、教师发生变化的要求，都是学习系统形成、运行的外在作用力，它们作为外部力量介入组织，也是教师学习系统运行的必要动力。霍伯恩也认为，就教师学习系统内部而言，帮助者在联系教师"由内而外"的学习和"由外而内"的学习之间具有关键作用，他们可以选择恰当的

---

①　Garry F. Hoban, *Teacher Learning for Educational Change：A Systems Thinking Approach*, Philadelphia, Open University Press, 2002, p. 126.

②　苗东升：《自组织与他组织》，载《中国人民大学学报》，1988(4)。

③　Garry F. Hoban, *Teacher Learning for Educational Change：A Systems Thinking Approach*, Philadelphia, Open University Press, 2002, p. 73.

方式、时机给教师进行概念输入，帮助教师理解、建立不同条件间的关系，从而不断促进新的学习。相对于教师内在学习圈而言，帮助者也是一股外在力量激发教师学习系统的形成。由此可见，教师学习形成、运行的动力需要各要素开放地相互作用作为基本前提，在内在组织力、外在组织力的共同作用下运转。

第四节　教师系统复杂学习的影响因素观

以上从霍伯恩教师学习的理论基础、基本观点、学习过程等几方面挖掘了其思想。本节主要介绍系统复杂的教师学习主要受哪些因素的影响。

一、他组织力与教师学习环境的创设

从霍伯恩的理论中可见，教师学习系统的形成是自组织力与他组织力综合作用的结果。由于，教师学习系统不是自然而然形成、运行的，这就意味着他组织力在教师学习系统中的重要性。霍伯恩主要谈论了外力中"人"的因素。他说："对管理者、帮助者、政策制定者和学校领导的关键挑战，是通过针对学习的条件和确保过程中它们持续地彼此相关，来建立学校中教师的学习环境。"[①]也就是说，教师学习系统要有必要的外部指令推动而组织、演化，也正是这些外部指令才能把支持教师学习的不同条件联系起来为教师学习创设学习环境，或者至少在教师学习系统形成的初期需要外部指令，进而逐渐从他组织过渡到自组织，是自组织与他组织交错作用的系统发展过程。因此，他组织力是教师学习系统能否形成的重要影响因素之一。但同时它具有必要非充分性，即没有他组织力教师学习系统就不可能形成，但仅有他组织力而对其没有基本的要求，教师学习系统也不能形成。这些基本的要求如下。

首先，管理者、帮助者、政策制定者和学校领导必须具备系统思维。相对简单思维而言，复杂思维更加符合事物的现实。系统思维是复杂论范式下的一种思维方式，也为研究提供了方法和路径。"系统思维方式是根据系统的概念、性质、关系、结构，把对象有机地组织起来构成模型，研究系统的功能和行为，着重从整体上去揭示系统内部各要素之间以及系统与外部环境间

---

① Garry F. Hoban, *Teacher Learning for Educational Change: A Systems Thinking Approach*, Philadelphia, Open University Press, 2002, p.144.

的多种多样的联系、关系、结构与功能。"①在系统思维的理念下,学校管理者等人应具备系统思维的意识:第一,视教师学习过程为系统、复杂的过程。也就是教师学习过程是各要素、条件通过关联而形成一定结构和支持教师学习的环境,它是专业学习系统形成、演化的过程。任何持续的、有效的教师学习都不可能通过简单的一次性工作坊的学习达成。一次性工作坊的教师学习观念往往把教育变革简化为给教师输入新思想、新教学策略等,继而教育变革就会发生,类似刺激—反应的简单过程。而随着教育变革的日益复杂及难以预测,管理者等人既要通过分析思维把握教师学习系统中的各要素、组成部分,又要把要素放置于整体中,考虑它们之间的关系、把握其全貌,探寻教师长期学习的支持框架,促进教育的变革。第二,视教师学习过程为开放过程。开放过程就是教师学习与外部环境之间的关联与作用。为了适应日趋快速和复杂的教育改革,教师学习系统就要在已经成形的机构基础上,具有不断吸收外来信息,并适应外在要求,改变教师学习系统结构的能力。可见,这两种能力无一不体现教师学习与环境的相关。第三,视教师学习过程的各要素具有协同效应。管理者等人不仅要探析教师学习过程的各要素、条件,各要素之间还需要有共同作用点、重叠点,从而产生协同效应,否则教师学习仍然是各要素独立的加和状态。

其次,管理者等人需重视学习环境的创设,要赋予教师生产知识的权力。长期以来,管理者等人都关注提升学生学习的途径、方法,对教师学习的支持关注不足。即使开展教师教育,也往往把教师视为被动、消极的知识接受者,那么教师学习系统也就无从谈起。没有教师积极主动的反思、相互的竞争、合作、共享等,支持教师学习中的各种要素就不会联系起来,进而缺乏专业学习系统的自组织力。他组织与自组织的关系也表明,事物的发展最终要由内因决定,他组织力是专业学习系统形成、发展的必要条件,自组织力才是根本。因此,"专业学习系统作为一种教育性环境,要赋予教师生产他们自己知识和产品的力量"②,其实就是逐渐使教师具有自主、自动的发生变化,适应、改变动态教育环境的能力。

最后,管理者、帮助者、政策制定者和学校领导必须关注、支持教师学

---

① 魏宏森:《复杂性研究与系统思维方式》,载《系统辩证学学报》,2003(1)。
② Garry F. Hoban, *Teacher Learning for Educational Change:A Systems Thinking Approach*, Philadelphia, Open University Press, 2002, p. 164.

习活动的安排结构。作为教师学习环境的创设者，管理者等人除了要有系统思维，还要思考让教师参与何种学习，哪些学习结构有利于教师学习，它们的意义和价值何在，因为它们能激活反思、合作、共享教师学习条件，而这些条件对教师学习系统的形成具有必要性。

由此可见，管理者、帮助者、政策制定者和学校领导等作为教师学习系统形成的重要他组织力，不仅能够设计系统的学习，还能在恰当的时间适时地进行概念输入，这对教师学习必不可少。可以说，这是教师学习系统形成的条件之一。

二、自组织力与教师学习系统的持续

自组织是在"它自身的再生系统里建立它的复杂性，即它的自组织"[①]。也就是说自组织是不依靠外力的作用，自行建立自身系统、不断演化的过程。在复杂系统理论的基础上，霍伯恩也表达出教师学习系统具有自组织性。因此，不管对制造业还是自然界来说，"自组织"对系统的发展都更具根本性，教师学习系统显然也是如此。"自组织系统的行为模式具有以下突出特征：信息共享、单元自律、短程通讯、微观决策、并行操作、整体协调、迭代趋优。"[②]在这些行为特征中，霍伯恩反复提到专业学习系统中的反思、共享、合作，认为它们之间互联所产生的协同作用使教师学习系统得以维持。在霍伯恩的理论中"合作""竞争"，尤其是"合作"作为重要的自组织力是教师学习系统发展、演化的动力及重要影响因素。

首先，合作是教师学习系统维持的重要影响因素。第一，各子系统的协同作用。著名的协同学创始人赫尔曼·哈肯在研究系统时也提出各子系统的协同作用会形成一定的结构功能，这也是一个系统自组织状态的体现。霍伯恩说："专业学习中帮助者的关键角色是帮助教师学习不同条件间关系的形成，如反思、合作、分享的关键条件对专业学习来说并不新鲜。"[③]霍伯恩所指的教师学习系统就是支持教师长期学习的条件间协同作用形成的一个系统。

---

① ［法］埃德加·莫兰：《复杂思想：自觉的科学》，陈一壮译，237页，北京，北京大学出版社，2001。

② 师汉民：《从"他组织"走向自组织——关于制造哲理的沉思》，载《中国机械工程》，2000(Z1)。

③ Garry F. Hoban, *Teacher Learning for Educational Change: A Systems Thinking Approach*, Philadelphia, Open University Press, 2002, pp. 100-101.

这些条件包括概念输入、反思、学生反馈、行动、共同体、时间、学习目的、教师的教学认识。然而，现实中教师学习系统中各部分的协作却不容乐观。第二，教师文化的阻碍。所谓教师文化的阻碍，在此主要指教师对教育教学的观念所形成的不同文化阻碍教师的行为。他们或者认为自己能够掌握教学，孤独前行不与其他教师交流；或者出于自我防御，不愿坦诚地公开交流；或者想保留自己的诀窍，担心公开交流；等等。诸如此类文化都反映出教师没有认识到教学的复杂性，常常自以为已经掌握了教学而逃避教师间的协作。实践中，有些教师认为，通过一次性学习就能终身受用，学习就可以终结；有些教师认为，学习是增加负担；有些教师认为，学习是简单而非复杂的过程；等等。这些认识都会影响教师学习的意愿和持久动力。第三，教师缺乏共享意识。"教书一直被称为'一种孤独的职业'……教师职业的孤独限制了他们吸收新的思想和获得较好的解决办法……"①因此，现实中很多教师都孤独地行走在专业发展的道路上，不愿与其他教师交流，长此以往教师就缺乏建立共同体的信任感和情感基础。从学生在其专业发展中的角色的角度讲，教师往往忽视站在学生的角度审视专业发展，而是以外在标准和要求作为专业发展的标杆，以致二者之间的联系不密切。从时间的角度讲，教师工作琐碎、繁忙，缺少支持教师间沟通的时间，真正共同体的建立比较困难。因此，在缺乏支持条件的情况下，一次性工作坊的学习思想仍占据重要地位，教师学习系统难以形成，各种条件的协同效应难以发挥，系统也难以自发组织起来。

其次，竞争是教师学习系统维持的重要影响因素。在事物发展的内部，矛盾是事物发展的动力，竞争作为教师学习系统中各部分在相互吸引中的排斥作用，也是教师学习系统发展的动力。这种作用也是系统偏离稳定状态获得自组织力的必要诱因，是使学习系统向新的方向发展、走向有序的必要条件。在合作、竞争中，教师学习系统中的各种条件才能关联起来，从而更大地发挥系统的整体效应。霍伯恩没有过多提及竞争，因为长久以来教育中过度竞争致使教师往往缺乏开放的、合作的意识。教师们为了在教学中处于不败地位，为了不向别的教师公开自己的缺点，为了职称晋升等，甚至以孤立、封闭、保守秘密的方式存在。当然，导致此种现象的原因很多，但过度竞争显然是其中的重要因素。显然，教师间过度竞争的生存状态直接影响了教师

---

① [加]迈克尔·富兰：《变革的力量——透视教育改革》，中央教育科学研究所、加拿大多伦多国际学院组织译，44页，北京，教育科学出版社，2004。

学习系统的形成。因此,霍伯恩从"合作""协作"谈起,因为在合作与竞争的结合、渗透的作用中,教师学习系统才能良性运转。在它们共同发挥作用的情形下,教师学习系统才可能体现生命的动态。可见,不论是合作或竞争都是教师学习系统自组织的重要影响因素。

三、时间维度与教师学习的效果

霍伯恩的理论一直在跟大家解释在快速变革的教育背景下,教师学习应该如何的问题。哈格里夫斯也谈到霍伯恩给我们的信息,"如果教师学习想要有效,就必须成为整个学校作为试图改善并应对改革的必要组成部分。……教育变革是复杂的、非线性的,需要长期的教师学习框架的支持"①。换句话说,此处"长期的"既是从时间的维度强调教师学习的持续性,也是从内容的维度强调教师学习的联系性和前后相续性。长期的教师学习框架显然是不同于支持传统教师学习的修饰语,也是教师学习甚或教育变革成效的重要影响因素。在复杂论视域中,时间维度对教师学习之所以具有如此重要的影响,可以从以下几方面来理解。

首先,教师学习系统的自组织具有历史属性。历史属性是指系统"不仅随着时间而演化,而且过去的行为会对现在产生影响。任何对于复杂系统的分析,如果忽视了时间维度就是不完整的"②。教师学习系统的自组织也会经历不同的发展阶段,过去的经验会对现在的行为产生影响。自组织通过"记忆"在系统中留下有意义的、运用次数多的活动或事物,可以像镜子般就新旧情形做出对比,从而向更好的方向发展。没有某种形式的记忆就不可能有自组织……一个自组织系统总是具有历史属性。③ 因此,教师学习系统自组织也必然具有历史属性,正是它的历史属性才能符合复杂的、非线性的教育改革。碎片化、简化、一次性等方式都是导致教育改革不良的原因。要重视教师学习系统的历史性就需要重视专业学习的长期性。教育变革不可能通过"变革到

---

① Garry F. Hoban, *Teacher Learning for Educational Change: A Systems Thinking Approach*, Philadelphia, Open University Press, 2002, pp. vi-1.
② [南非]保罗·西利亚斯:《复杂性与后现代主义:理解复杂系统》,曾国屏译,6页,上海,上海科技教育出版社,2006。
③ [南非]保罗·西利亚斯:《复杂性与后现代主义:理解复杂系统》,曾国屏译,127页,上海,上海科技教育出版社,2006。

来—教师行动—教师变革"①的过程达成，它受多种因素、多种条件的影响。同时，自组织的历史记忆功能也意味着教师持续专业学习经历的必要性。相对短期的、断裂式、节点化的教师学习而言，学习经验的连贯、持续会对教师学习效果及意愿产生有益影响，有助于自组织信息的储存。显然，教师发展项目试图让教师以一次性学习获得新的教育思想，运用到实践中，并发生教育变革的想法，是不现实的。这是机械论视野中的教师学习，却不符合教育实情以及促使教育变革发生的教师学习。专业学习作为一个自组织系统需要在历史的延续中形成，从而具有自我适应、调节、发展的潜力。

其次，时间是教师学习系统中各种条件作用的根本。专业学习系统由多种条件构成，并由它们的相互作用驱动。这些条件如反思、行动、反馈等任何一个孤立条件对我们而言都很普遍，而如何让它们关联并产生作用力才是关键。霍伯恩提出了"循环"，教师学习系统在循环的过程中就会形成"过程链"，充分发挥条件间的相互作用，使系统向更加复杂、更高层次和有序的结构演化。而循环并非一蹴而就的，"时间"是根本保障。就中小学校而言，给教师创设、提供良好学习环境的意识还较淡薄，形式化事务占据了教师的日程表，时间恰恰是教师学习的拦路虎。

最后，多维学习框架是教师学习长期性的基础。霍伯恩的核心思想之一就是如何建构多维的教师学习框架。之所以提出多维度教师学习框架是应复杂教育变革所需，它既要考虑学习中的个人认知，还要考虑社会认知、情境认知等建构一个应对教学、教育变革复杂性的长期的支持学习的环境。否则，教师学习效果就会大打折扣。

从以上3个方面可见，时间维度与教师学习的效果有直接关系，当然在此并不是简单强调时间的长短，而是显示教师学习的过程、学习系统形成演化的历时状态。

四、小结

从学习哲学的角度讲，"学习哲学逐渐发展起'整合'与'批判'两种研究取向"②。而学习哲学如哲学一样，试图解决一些学习领域中的根本问题，它的

---

① Garry F. Hoban, *Teacher Learning for Educational Change: A Systems Thinking Approach*, Philadelphia, Open University Press, 2002, p. 13.
② 曾文婕：《学习哲学：学习研究的新走向》，载《全球教育展望》，2008(6)。

发展走向往往引导相关研究的发展，并为其提供研究的思维方式与方法论。因此，教师学习研究也呈现出整合的倾向，即对教师学习的认识更加全面、综合。霍伯恩就是整合倾向教师学习研究的代表人物之一。

20世纪人类社会发生了急剧的变革，复杂性科学的兴起意味着人们思维领域发生了巨大变化。系统论就是复杂科学的重要理论之一，霍伯恩以系统思维的方式研究教师学习，毫无疑问是植根时代中的体现。于是，在21世纪初，他以不同于以往的视角为我们提供了一种教师学习研究新的思维方式。

首先，他的研究凸显了方法论的变化。相对于以往教师学习的研究，霍伯恩的突出特点就是研究方法论的改变。他明确地提出以复杂论中的"系统思维"作为研究的思维方式，从而把教师学习视为一个大系统，在各子系统相互联系、相互作用中探究教师学习。这是对原有教师学习研究领域的拓展，让旧的问题有了新的解释路径。有的学者指出，复杂科学的出现是使人们"重新解释世界的本原和演化机制"[1]。霍伯恩正是在做此尝试，他以非线性、整体的、关系的、过程的思维来展示教学并非技术而是艺术，教师学习并非简单的刺激一反应，而是一种过程和系统，需要各个因素的协同作用。此种研究方法论是对长期以来用简化的思维、范式来理解现实复杂性和教师学习的补充。不论从现实还是理论上讲，复杂科学中的系统思维都是更加贴合事物和事物发展实际的思维方式。

其次，他的研究对理解教师学习有了新的认识。复杂科学并非一门真正的科学，它是各种具有统一方法论的学科的汇集。复杂性研究要探讨"系统的演变规律和发生机制"[2]。具体而言，就是系统各要素、部分与外界环境发生交换时信息、能量等的变化会导致系统本身的不断变化，从而使系统处于持续的、动态的演化中。霍伯恩在探讨教师学习系统时，首先识别了教师学习系统中各组成部分及支持教师持久学习的框架，并分析了外在环境对教师学习的影响。教师学习其实就是在各要素及环境不断发生信息交换的过程中获得自身及系统的发展。所以，在霍伯恩看来，教师学习系统虽然要借助他组织的力量，但终究它还是一个复杂的自适应系统。这是他区别于其他学者对教师学习的新理解，也是对21世纪蓬勃发展的复杂科学在教师学习研究领域中的大胆尝试，这为后继学者开辟了一片新的研究领域。然而，纵观整体，

---

[1] 彭新武：《复杂性思维与社会发展》，16页，北京，中国人民大学出版社，2003。
[2] 刘国永：《学校道德生活的复杂性审视》，24页，镇江，江苏大学出版社，2009。

可以说霍伯恩从复杂科学的系统思维对教师学习的研究还不够深入，他的研究最为醒目的是分析了在系统思维下教师学习研究中分析单位的不同，但是就复杂科学中一些核心主题，如"涌现""自组织""发生机制"等问题的探讨，几乎是蜻蜓点水或者暗含在研究的论述中，从而导致其对教师学习系统的认识尚存模糊。此外，霍伯恩虽然在著作中的前半部分进行了教师学习系统的理论阐述，后半部分列举了一些具体的实例，但是，由于其对教师学习系统本身认识的模糊，导致研究成果的具体可操作性还不甚明了。

第六章 教师学习理论：社会建构的走向

回顾西方教师学习理论的发展，费曼-内姆斯、霍德、金斯伯格、霍伯恩等代表学者的学说为我们更加清晰地了解和认识西方教师学习理论提供了线索。在前面章节的基础上，本章将概括、论证西方教师学习理论从阐述方式和总体特征上呈现出的社会建构的理论走向，并建构教师学习社会建构理论的框架。

第一节 教师社会建构学习论的走向分析

在对教师学习理论的发展具备基本认知的基础上，研究洞悉到教师学习理论发展的整体特征及走向，这种总体特征及走向都与社会建构思想趋同。

一、教师学习理论的阐述：社会建构走向的论证

其实，不论是教师学习理论的特征还是内容，在总体上都表现出了社会建构的走向。

(一)教师社会建构学习论的叙述走向

科学哲学家库恩认为，"一个范式就是一个科学共同体的成员所共有的东西，而反过来，一个科学共同体由共有一个范式的人组成"①。那么，范式首先是要有一个共同体，这个

---

① [美]托马斯·库恩：《科学革命的结构》，金吾伦、胡新和译，158页，北京，北京大学出版社，2003。

共同体成员体现某些共享的价值观、方法论，它标志着一个学科是否成熟。由于教师学习的研究历程短暂及理论缺乏体系，它只是一个研究领域，而不是一个学科，因此其呈现出的研究走向，不能说是范式的转变，只能称为一种研究"叙述"的变化。正如托马斯·H.黎黑（Thomas H. Leahey）所持有的观点，他并不认为美国心理学历史发展的各个阶段体现了范式的转变，而是心理学故事的叙述方式的变化，正如"行为主义的历史和认识主义的革命被视为同时代的显示，它们各自实际都经历了一个快速的发展时期，但却是持续的、非变革性的变化"①。正因为如此，在黎黑的视野中心理学不是变革性的变化，而是延续中的转化，是"心理学故事的叙述框架"的变化。教师学习亦如此，这种叙述方式的变化自20世纪80年代至今日趋表现出社会建构的走向，表现在以下几点。

首先，知识观的重新阐释，从知识是客观的到知识是建构的发展。知识的客观性是"知识以及人的能力都必须以客观的相互作用和联系以及可能的相互作用和联系为基础"②。教师学习研究的前奏阶段到起步阶段首要体现了知识观的变化。我们对客观知识的认识表现在：知识是独立于认知者而存在的；知识是可以被发现、挖掘的；知识的变化是不以人的意志为转移的；知识是主体对客观对象的反映。如此，教师作为学习者是获得客观知识的局外人。当教师学习以行为主义为导向时，实际上就是知识客观性的观点，这就意味着把教师视为学习知识的执行者，知识是外在于教师的，需要教师通过不断地记忆、训练等方可获得。知识的客观性其实是把知识与教师分割开来，是主客二元对立的思维方式。而社会建构观强调知识是建构而来的，是一个过程，否定了知识是客观的或者主观的笃定。社会建构的知识观在继承个体认知建构的基础上，强调社会文化、语言、人际互动等社会建构优先于个体认知建构。然而，不论是个体认知建构还是社会建构的知识观，它们的共同点在于知识是在主体与外在世界相互作用的过程中形成的。知识是社会建构的观点有：知识不是外在于人的"实体"存在，而是在社会协商及意义建构中形成的；语言、社会文化等是知识的重要来源和先在基础；知识要经过个体知

---

① Thomas H. Leahdy, "The Mythical Revolutions of American Psychology," *American Psychologist*, 1992, 47(2), p.308.

② 陈理宣：《知识教育论——基于多学科视域的知识观与知识教育理论研究》，217页，北京，人民出版社，2011。

识、习俗化知识的循环过程而发展。发展至今的教师学习理论受到社会建构思想的强烈影响，具体到教师学习理论中表现为：教师在学习、获取知识的过程中是积极参与的；教师的学习必须经过社会协商、互动的过程，唯有在此过程中才能有助于反思性学习；教师的学习不可能脱离语言符号、社会文化的影响，教师学习是在已有认知经验、受制于外在社会的基础上进行意义建构的过程。

其次，学习观的重新认定，从被动、个体孤立的学习到重视对话、合作、实践的转变。在传统知识观下，由于教师与知识的分离，学习被认为是被动的，是由外在机构、教师教育者给教师传递知识、教师接受知识的过程，学习可以在相对封闭的知识"授—受"的过程中完成。在社会建构的知识观背景下，教师学习注重对话学习、合作学习、经验学习。第一，对话学习的分析。维果茨基极其重视语言符号与思维的关系，他认为，语言符号是高级心理机能发展的中介。此种文化中介符号是知识的基础，个体先内化外在的符号中介为个体知识，然而个体知识必须通过人际对话、交往才有可能转化成为人们共同认可的知识，在学习的"内化—转化—外化—习俗化"[①]的过程中，"对话"是必不可少的路径。从深层次上讲，人的心理就是对话的建构。社会建构论的代表格根更是以"语言"为中心探讨知识的社会建构性，其特别强调"我们所陈述的一切（或被）是通过社会的交换、协商与约定过程而获得合法性的"[②]，进而直接以"对话"为学习的隐喻。通过对话，人们在相互关系中创造意义，探寻"真理"。第二，合作学习。合作学习是知识社会性、学习社会性的表现，人际互动是学习中的重要维度。"人际合作学习是社会建构主义重视学习的社会性，强调知识存在于社会情境之中，重视运用学习共同体合作学习、共同发展来建构知识。"[③]当教师在共同体中合作学习时，就会在不断地协商中就某些认识达成共识。正如布鲁纳所表达的，在积极、合作学习中建构意义是最好的。第三，经验学习。虽然社会建构主义、社会建构论对学习认识的侧重点有差异，但是它们都不否定学习者已有经验在学习中的重要作

---

① 毛齐明、蔡宏武：《教师学习机制的社会建构主义诠释》，载《华东师范大学学报（教育科学版）》，2012(2)。

② 高文、裴新宁：《试论知识的社会建构性——心理学与社会学的视角》，载《全球教育展望》，2002(11)。

③ 刘保、肖峰：《社会建构主义——一种新的哲学范式》，227页，北京，中国社会科学出版社，2011。

用，只不过个体的经验是社会文化先在作用中形成的，并作为学习的基础来建构外在世界。那么，就作为成人的教师而言，其生活经历与不断学习的诉求，使得经验学习具有更加明显的意义。

最后，教师学习理论特征的呈现符合社会建构思想。当今，社会建构思想已经延伸、渗透到了哲学、社会学、心理学等各个领域，并作为一种颇具影响力的方法论指导着各行各业的研究与实践。教师学习理论展现了4个方面的特点，每一点都与社会建构思想相吻合。第一，教师学习理论的人本化与社会建构强调"互动"相趋同。社会建构论的重要代表人物格根认为，超越认知学科，要不断地迈向"实践中的意义""反身性慎思""生成性关系"，这既表达了他对知识的认识，也是他对世界、人的本质的深刻认识。第二，教师学习理论的多维立体化与社会建构强调的"非绝对性""开放对话"相趋同。社会建构的思想认为知识是协商，人们对外部世界的认识是建构的，没有绝对的真理，只有在某时某地某种情境下人们达成的所谓"真理"。因此，对教师学习的认识也应该是多维的，允许开放多元的视角，只有在对话中，对教师学习的"真理"才成为可能。第三，教师学习理论思维复杂化与社会建构论强调"关系"的本质趋同。社会建构论认为，"所有关于真和善的有意义的主张都源自关系"①。复杂性思维实质就是关系思维，是在各要素的相互关联中看待教师学习。从方法论的角度而言，它们的含义是相同的。

概括而言，教师学习理论不论是知识观的阐释、学习观的认定，还是特征的呈现，都与社会建构的思想相趋同。因此，从叙述的角度而言，这体现了社会建构的思想。

（二）教师学习理论的社会建构归属分析

前文详细分析了4位学者的教师学习理论，从类属的角度而言，它们也能归入社会建构的框架中。这里用"社会建构"一词，而没有具体用社会建构主义或社会建构论，是因为通常社会建构主义与个体认知建构主义相对而言。社会建构主义主要以维果茨基为代表，他的思想是社会建构论直接而重要的来源。然而，社会建构论的代表学者格根却专门使用"constructionism"（建构

---

① ［美］肯尼斯·J. 格根：《语境中的社会建构》，郭慧玲、张颖、罗涛译，138页，北京，中国人民大学出版社，2011。

论)区别于"constructivism"(建构主义),社会建构论已经超越了建构主义作为认识论的所指,而贯穿在哲学、社会学、语言学等学科中,作为方法论、研究取向、范式而存在。社会建构论的观点是庞杂而松散的,伯尔概括了社会建构论者的共同信念:"对知识的批判态度、知识具有历史文化的特性、知识产生于社会过程、知识与社会行动同步共振。"[①]从社会建构论者的信念可见,它与社会建构主义具有无法隔离的密切关系。因此,用"社会建构"可以更大范围地把其观点包含进来。

首先,超越二元对立思维的教师学习连续互动论。费曼-内姆斯的教师学习连续互动论既是核心观点也是研究方法论的体现,它以经验为基础分析学习,超越了认识主客二分的思维。教师连续互动学习论主要以杜威的经验理论为支撑,杜威深受詹姆斯影响,二者都属于机能主义心理学。詹姆斯就以"经验"统一了主客关系,杜威继承并发展了此点。"从这种意义上说,詹姆斯和杜威开创或代表的机能主义心理学是心理学中社会建构论革命的前奏或序曲。"[②]教师学习的连续互动论正是从"统一整体"的方法论体现了学习基于经验在经验中开展。

其次,关注知识社会性的教师集体互动学习论。以维果茨基为代表的社会历史文化学派领先关注到知识的社会性。同时,维果茨基并不否认个体知识及其建构的意义,而把视野转向个体与社会之间的互动,知识的社会性具有优先性。因此,学习必须以符号为中介,内化为个体知识,再通过人际互动、协商逐渐转化为社会知识。社会建构论思想在此基础上不断发展,并提出了作为学习核心的"意义"都是在互动、交往中形成、发展的。霍德的教师集体互动学习论充分体现了以知识、学习的社会性作为理论的内核,并把其具体化到作为"学习共同体"这样的组织中,而教师间的人际交往、对话位于教师学习共同体构成要素及运行理论的中心,是学习共同体的纽带。此论点的起点就是知识的社会性。

再次,关注动机的教师质变学习论。金斯伯格以教师学习"动机"为着眼点。一方面,她认为不同的文化背景中的学习者会形成不同的意义框架,外在的学习环境是否能够基于学习者已有的文化经验而设计,会影响学习的动力。因为"在社会文化的、以活动为导向的情境脉络中的学习,才是最自然的

[①] 杨莉萍:《社会建构论心理学》,30页,上海,上海教育出版社,2006。
[②] 杨莉萍:《社会建构论心理学》,103页,上海,上海教育出版社,2006。

和最有意义的"①。另一方面，当学习者已有的意义框架被打破时，不平衡就会出现，落差、动机也会随之出现，落差使得学习成为可能，在行动循环中教师质变学习就随之发生。金斯伯格的这两个核心观点，既体现了文化建构论的理论成果，也体现了成人质变学习的理论。文化建构理论批判实证研究的准确、客观、中立，提出了文化影响人的心理、心理内涵文化，在人、文化的相互关系中展开研究。质变学习也认为，"参考框架是我们解释意义的文化、语言结构，把连贯性、意义与经验相连"②。质变学习理论也注重社会文化对参考框架的影响，从而在批判性反思中改变参考框架。很明显，金斯伯格的核心论点呈现了社会文化对认知发展的动力作用。

最后，关注"关系"的教师系统复杂学习论。霍伯恩以复杂论审视教师学习，即把教师学习看成与其他要素相互关系的网络，"关系网络"是教师学习的分析单位。1990年，在一次研讨会上出现了6种核心的建构主义新范式③，控制论系统观位居其中。控制论系统观是复杂科学的延伸，它"以循环控制思想为基础，强调循环控制不是封闭的循环，而是动态的、非线性的循环性"④。因此，在控制论系统观中，学习者之间的关系、学习者的反省性等循环都受到重视。从总体上讲，教师学习系统复杂论与控制论系统观都以"关系""整体"的方式看待事物，它既体现了建构主义的新范式又与社会建构论"我们表述和解释世界的方法是由关系决定的"观点相一致。

二、教师学习理论的总体特征：社会建构走向的论证

这里之所以使用"社会建构"而不是"社会建构主义""社会建构论"，是从一个综合层面而言的，这在前面也提到过。从教师学习理论总体特征的社会建构走向分析：首先，教师学习趋向于"人"本身，是从教师学习的社会性、实践性、对"全人"的关注角度而言的。社会性、实践性都突出体现了教师学

---

① [美]戴维·H. 乔纳森：《学习环境的理论基础》，郑太年、任友群译，92页，上海，华东师范大学出版社，2002。

② Knud Illeris, *Contemporary Theories of Learning*, London, Routledge, 2009, p. 92.

③ [美]莱斯利·P. 斯特弗、杰里·盖尔：《教育中的建构主义》，高文、徐斌艳、程可拉等译，2页，上海，华东师范大学，2002。

④ 余胜泉、吴娟：《信息技术与课程整合——网络时代的教学模式与方法》，121页，上海，上海教育出版社，2008。

习对人的理解的深化，人是"关系中的人"而非"本质的人"。社会建构论的核心观点之一就是"人是关系的存在"，是其批判、否定主客思维的体现。教师学习研究突破"知识""思维"等的实质是对"学习"及"教师"作为人的深入认识及二者关联的思考，是教师学习研究从单一维度、要素向人迈进的突破性进展。其次，研究对教师学习多维、立体的认识，以及研究思维的复杂性，从方法论层面来说，其实质是"社会建构"的思维认识与外在世界的关系，超越了主客思维方式。"社会建构"的思维主要体现在：知识不是客观的，而是社会建构的；知识起源于各种关系。"①那么，教师学习就处于关系之中。教师学习的社会建构走向不仅表现在分析单位的变化层面，也表现在研究的方法论层面。

（一）日益趋向"人"本身

教师学习研究始于对长期以来以行为主义心理学为主导的教师培训的批判。有学者指出，教师教育变革经历了"教师训练、教师发展、教师学习"②三大理念的演进。实际上，20世纪60年代至90年代，教师教育理念的转变凸显了人们对教师学习的认识更加符合"人"本身的特性。而大多数行为主义研究都通过实验测量、控制的方式得出了对学习的基本认识。而人的学习行为往往要比行为主义以简化的方法得出的结论要复杂得多。人作为高级动物，"是通过获得生活经验进行学习"③。人的学习过程并不是通过规定好的程序展开的。人之所以为人的不同之处在于人是有意识的存在物、人是活动的存在、人本质上是社会存在物。因此，在教师学习研究中对"经验、人际互动、实践、社会文化"等的日趋重视，符合人性，是向人本身回归的重要体现。教师学习是人的活动，根本的出发点和归宿都应该指向人本身。然而，很长一段时间，教师仅仅被作为可以通过训练塑造而成的技术人才，这可以说是一种异化的学习。

教师学习研究趋向于人本身，在此主要指以下几层含义。首先，教师学

---

① 叶浩生：《社会建构论与心理学理论的未来发展》，载《心理学报》，2009(6)。
② 裴淼、谭士驰、刘静：《教师教育变革的理念演进及其启示》，载《教师教育研究》，2012(6)。
③ ［俄］尼·彼·杜比宁：《人究竟是什么》，李雅卿、海石译，93页，北京，东方出版社，2000。

习研究中社会性凸显。人是社会关系的总和,人本质上是社会性存在。人只有作为社会的存在,人的自然的存在才是现实的人的存在。① 人类的特性和普遍的本质规定,只有人存在和活动于其中的社会关系,人在社会关系中的存在和活动中才能得到合理的解释和说明。② 可见,任何人都不可能是孤立的人,人总是与他人结成一定关系,并处于一定的历史文化中。总之,现实中的人绝不可能离群索居,绝不是各自孤立自存的个人,而是在一定的社会关系中存在和活动的个人。社会关系作为个人的存在方式,实际上就是这些个人的共同活动。③ 由于人根本上是社会性的,那么只有符合人本性的活动才能有效,才能为人创造舒适感,才是良性的生活环境。教师学习作为教师终身的活动,凸显人的社会性是教师的必然要求。在社会文化理论、活动理论、社会建构论、组织学习等理论基础上开展教师学习研究都体现了教师学习的社会性。尤其是近些年,教师学习共同体在研究和实践层面上的盛行,强调教师间的合作、对话探究的集体学习,表面上看是教师学习本身的变化,实质上是教师作为人深层的内在需求。

其次,教师学习研究中实践性凸显。人们对实践的理解多种多样。在此对实践的理解指行动。实践就是一种感性活动,它是产生人的其他活动的基础,是人之所以作为人存在的基础。④ 也就是说,人在实践活动中创造了自己,也通过实践活动不断创新生存环境,形成新的挑战。"现实存在着的人是活动的人。现实的人是一种实体存在,而活动是现实的人的根本存在形式或存在方式,以致我们可以说,现实的人是在活动中存在的,现实的人的存在就是现实的人的活动。"⑤可见,实践、感性活动是人存在的样态,正因为人存在于扬弃的活动中,人才永远是未完成的。教师学习亦然,它不是单纯强调静态知识的习得。传统的教师培训主要强调知识、技能授—受的学习过程,不仅效果不佳,也是片面的。对教师作为成人而言,这种学习方式更多地让教师感到知识是外在于自我的,而不能真正地身处其中不断创造、挑战自我,形成新的自我。教师学习要促进教师不断地成长,还要教师主动、积极地投身于教育教学的实践。因而,工作场中的学习、基于教师实践的学习、教师

---

① 夏甄陶:《人是什么》,131 页,北京,商务印书馆,2000。
② 夏甄陶:《人是什么》,118 页,北京,商务印书馆,2000。
③ 夏甄陶:《人是什么》,135 页,北京,商务印书馆,2000。
④ 夏甄陶:《人是什么》,250 页,北京,商务印书馆,2000。
⑤ 夏甄陶:《人是什么》,266 页,北京,商务印书馆,2000。

学习共同体等是当下教师学习研究的热点,是教师学习研究实践性的体现,是要把学习的主动权还给教师本人,让教师与学习融为一体的印证。

最后,教师学习研究趋向对"全人"的关注。如何理解全人,从全人教育的论述中可见。全人可以理解为"促进人的整体发展;强调联系、关系的概念;关注人的经验;对身处其间的文化、道德、政治环境进行批判性思考"①。教师学习研究与"全人"理念相趋同,关注教师学习中的反思、思维、认知、情感、人际互动、跨文化中的相互理解与信任等,是教师学习渐渐跳出为了"塑造"而转向为了教师的发展而学,为了自我价值、意义与身份的实现而学。从以上3个方面可见,教师学习研究在朝向趋于"人"本身,符合"人"的特性方向发展。

(二)日益多维度和立体化

第一,研究分析单位的变化。心智(mind)概指人们的心理与智能的显现,具体指人们对事物的认知及其沉淀、储存和提取,通过生物(大脑及其他感官)反应而回应外界动因的能力的总和。②"心智"活动是以脑为基础的活动,感觉、知觉、注意、思维等都是心智活动。"传统心理学认为,心智有知、情、意三部分。""心智活动是主观的、私密的、属于个体自己的、在个体脑内进行的现象。"③可见,认知是心智活动的重要组成部分,它在受到外界物理刺激时结合自身的经验,会形成自己对外在信息的理解和解释,并做出相应的行为,其中思维是它的高级成分。这里所说的"个体心智"为分析单位的教师学习并不包含心智的方方面面,它突出了以下几点:首先,研究者主要从认知过程着手探讨教师如何学习;其次,研究者侧重以"个体的大脑内部"为分析单位,这是研究心智过程的特点之一;最后,从研究内容而言,尤为关注教师学习中的信念、思维、反思、理解、概念等。这些都是心智活动的体现。因此,在此称为"个体心智"为分析单位的教师学习。教师学习的内容维度主要以此作为分析单位。"个体心智"为分析单位的教师学习研究体现了"获得"的学习隐喻,这是传统认知科学重点关注的。学习的获得隐喻,是指"把

---

① 谢安邦、张东海:《全人教育的理论与实践》,48页,上海,华东师范大学出版社,2011。

② 徐盛桓:《从心智到语言——心智哲学与语言研究的方法论问题》,载《当代外语研究》,2012(4)。

③ 唐孝威:《心智解读》,3~5页,杭州,浙江大学出版社,2012。

人的学习理解为对某种事物的获取,把知识化的能力视为一种具体的存在,认为可以把知识转化为可获取之物,知识被看作某种商品,可以应用,可以迁移到新的情境,可以与人共享"①。可见,此处的学习强调个体知识的获取,而忽视学习的社会性和情境性。有学者提出了获取隐喻的代表观点有行为主义、经验学习等。他们对学习的共同特点就是探究"认知"问题。以"心智过程"为分析单位的教师学习研究,不论从研究的核心范畴还是从研究的理论基础来看,都侧重认知、知识的获取,同时这些研究与伊利瑞斯的内容维度契合。实际上,以"个体心智"为分析单位的教师学习研究在研究初始占据着重要地位,并且作为一条持续存在的研究线索。包括近些年对教师学习研究产生重要影响的学习科学的兴起,探讨的很多话题也依然与"心智"相关。然而,20世纪90年代教师学习共同体研究兴盛,它凸显了以"人际互动"为分析单位、教师学习的社会性。在教育变革的格局下,越来越多的学者认为构建教师学习共同体不仅促进了教师教育发展,也是学校发生变革的重要动力与途径,而其中教师合作学习、探究学习是教师学习共同体的灵魂。随之,"教师学习共同体"至今仍是教育研究中的核心话题之一。进入21世纪,有学者称复杂科学"代表着科学发展的新方向"②,它对各个学科的研究都有很强的渗透力,教育学科的研究也不例外。以富兰为代表的很多学者也都受到复杂论的影响,开始研究教育变革。由此,学者们对教师学习研究的分析单位也逐渐变得多维。当然,教师学习研究分析单位的变化并不是否定学者对其他方面的关注,而是指不同时期由于研究背景等因素的影响研究的侧重点不同。随着学者们对教师学习现实、学习对人本身的价值及意义等认识的加深,对教师学习多维度的关注就日益显现。

第二,教师学习视角立体化初现。不可否认,在教师学习研究文献中,学习心理学仍然是目前主导性、基础性的研究理论。除此之外,也有学者从管理学、文化学、社会学、哲学等角度研究教师学习。

(三)理论思维日趋复杂

教师学习研究的思维趋向复杂,是从教师学习的整体研究中呈现的。总

---

① 于文浩:《从学习隐喻的演化视域管窥专业能力的发展》,载《开放教育研究》,2013(1)。

② 黄欣荣:《复杂性科学方法及其应用》,1页,重庆,重庆大学出版社,2012。

体而言，教师学习研究从最初关注教师学习风格到当下对教师学习的复杂性、整体性、多元化的关注，都表明教师学习研究的思维在日益复杂。这里的复杂主要是从复杂科学的方法论角度理解。复杂思维是在扬弃而不是否定传统经典科学"有序、分割、理性"的基石上发展起来的，它强调关系性、非线性、整体性。关系是一种思维方式，通常"现代主义话语具有线性、因果关系和对潜能的忽视等特征"①。它往往以孤立、静止的观点看待问题。实际上，现实中的"存在(being)总是处于关系之中，我们总是'将在'(be-coming)。我们作为网络之中的节点，与网络之中的其他节点相互连接"②。既然，事物都不可能单独存在，而总是与其他事物、外在环境发生着联系，因此，要认识事物，用关系的思维方能更加合理、全面地把握。教师学习研究仅仅研究教师个体的学习过程也是不可取的，尚需把教师学习本身置于与其他要素的联系之中，在与他人、社会、环境、资源、时空等的互联中考察，关系的思维实际上超越了主客二分的认识论，同时也是对简化教师学习的超越。非线性思维是相对线性思维而言的，它认为通常情况下事物是复杂的，整体并不是各个部分的简单之和，事物不是简单的一一对应的关系、必然的因果关系、非此即彼的关系，而是多元的、差异的，具有不确定性、不稳定性。而教师学习研究"呈现出由知识取向、实践取向向生态取向转换的趋势"③，生态取向的研究说明学者们试图从多元的、动态的、整体的层面理解教师学习，这更加符合教师学习的实践。整体性思维与还原论相对，实际上复杂科学就建立在对还原论批判的基础上。整体思维反对通过仅把事物切割、还原为各个组成部分来认识事物，而忽略各要素的联系的方法，强调整体大于部分之和。从费曼-内姆斯到霍伯恩，教师学习理论的变迁，尤其以霍伯恩系统思维透视教师学习为代表，都日益趋向对教师学习认识的整体思维。总体上，教师学习的研究思维都在超越简单思维的基础上越渐复杂。

概言之，20世纪80年代以来，不论是教师学习理论的叙述，还是方法论、核心观点的表达都体现了社会建构的走向。因此，教师社会建构学习理

---

① [美]小威廉·多尔、唐娜·杜伊特：《复杂性思维：存在于关系之中》，张光陆译，载《全球教育展望》，2011(5)。
② [美]小威廉·多尔、唐娜·杜伊特：《复杂性思维：存在于关系之中》，张光陆译，载《全球教育展望》，2011(5)。
③ 林正范、肖正德：《教师学习新视野——生态取向的理论与实践》，25页，北京，教育科学出版社，2011。

论应成为我们理论和实践中未来的发展方向之一。

第二节 教师社会建构学习理论的框架与启示

一、教师社会建构理论的框架分析

在对教师学习理论的走向具备基本判断与把握的基础上，紧接着我们就要研究"什么是教师社会建构学习""教师社会建构学习是如何进行的"。在论述之前，我们再次回顾在本书导论中所论述的，关于理论的基本构成要素是"概念、观点、相对系统的解释"。相对而言，理论比理论框架更加系统。理论框架可以理解为是对理论中的概念、核心要素等相对简化、结构化的勾勒。在对理论进行分类时，有的学者提出，"如果它是操作性的，则是为了解释事物的生成过程而构造的一套网络结构"①。而这套网络结构就是概念、构成概念的要素及要素间的相互关系。具体到教师社会建构学习论，本文就从概念、要素及要素之间的关系而形成的机制展开论述。这里与前文对"理论"的理解是相一致的，观点蕴含在教师社会建构学习论的要素分析之中，机制是教师社会建构论内在运行过程的解释。因此，首先，教师社会建构学习理论是过程理论。其次，教师社会建构学习理论是一种阐释现象的理论。最后，教师社会建构学习理论框架由概念、要素、机制3个部分组成。

（一）教师社会建构学习理论框架：教师社会建构学习的概念

虽然，我们通过前面的研究已经得出教师学习研究的发展趋向是教师社会建构学习。然而，什么是教师社会建构学习？通常，教师们在概念建构中可以采取3个路径：一是类型路径；二是过程路径；三是范畴路径。② 教师社会建构学习的概念是从过程路径的角度研究的。本节所指的社会建构是什么？"社会建构"的含义直接来源于社会建构主义和社会建构论（在此指温和的社会建构论，温和派并不像激进派，它不否认"实在"，而指向"意义"的实在）。社会建构主义是在维果茨基的心理学与科学哲学、日常语言哲学、结构主义的

---

① ［德］沃尔夫冈·伊瑟尔：《怎样做理论》，朱刚、谷婷婷、潘玉莎译，167页，南京，南京大学出版社，2008。
② 朱旭东：《论教师专业发展的理论模型建构》，载《教育研究》，2014(6)。

相互作用下发展起来的。随着社会建构的发展，学者们的认识不尽相同，形成了众多理论，如社会历史文化理论、活动理论、社会建构论等。事实上，社会建构主义与社会建构论心理学是相辅相成的关系。① 前者是后者发展的基础，后者是前者的深化。即便如此，这些理论也存在共同点，"它们都采用一种超二元论的方式来看待知识；以避免内源性（以心智位中心的）知识与外源性（与现实为中心的）知识的身心分离"②。

由此可见，第一，社会建构思想认为知识是在社会互动、建构中形成的。首先，虽然社会建构思想并不持身心分离的思维方式，但是他们基本是从社会优先的原则出发审视知识的建构。社会在人出生之前就已经存在，在人死后依然继续发展。因此，人不可能逃离社会文化的先在影响，也没有脱离社会文化影响的纯粹认知过程。其次，人的心理发展需要借助中介的作用。中介分为 3 类：物质工具（material tools）、心理工具及他人（others）。③ 根据维果茨基的观点，中介是高级心理机能发展的必要条件，语言与思维的发展具有密切的关系。后来格根等社会建构论的学者也非常重视语言、话语、对话等对自我、社会知识等方面的影响。可见，中介不仅具有条件性，更具有社会性。最后，人是社会关系的存在。人际互动是社会建构思想中所指的另一种尤为重要的建构，是学习社会性的表达。知识是在人际协商中建构的，它是人们所达成的某种共识。

第二，社会建构思想认为学习是意义建构的过程。所谓"意义"通常是对象对人意味着什么，它代表的一种关系，产生于关系之内。独立于人的"客观世界"与人而言毫无意义，建构意义一定与人关联并与人的经验相联系。学习也同样，意义的建构过程就意味着必须要与学习者的经验相联系，并基于经验的建构过程。从另一个层面而言，意义始于社会互动，以协商、共享的形式存在。也就是说，人们对外在世界的认识并不是对其的客观反映，而是"人们通过谈判、协议、比对观点等各种协调方式来理解世界"④。意义也产生于

---

① 麻彦坤：《社会建构论心理学对维果茨基思想学的继承和发展》，载《心理科学进展》，2006(1)。

② ［美］莱斯利·P. 斯特弗、杰里·盖尔：《教育中的建构主义》，高文、徐斌艳、程可拉等译，2 页，上海，华东师范大学出版社，2002。

③ 王涛：《维果茨基的社会建构主义及文化观》，载《广西社会科学》，2006(12)。

④ ［美］肯尼思·格根：《社会构建的邀请》，许婧译，8～9 页，北京，北京大学出版社，2011。

此过程，它在多要素共同建构中实现。

第三，社会建构思想内涵的更新、变革。从维果茨基开始到社会建构论，社会建构思想都带有批判的意识，在一次次对传统心理学及研究方法的反叛中提出了自己独到的见解。同时，就"建构"而言，它并不承认任何唯一的、权威的认识，而提倡多视角的理解，人们对事物的共同的认识只不过是在共同体中达成的一致，形成了相对合理的意义。因此，在学习过程中，每个学习者都会根据自己的经验形成对知识、问题的不同认识与理解，社会建构的思想鼓励、允许多样的声音，也只有在多元化观点的对话、碰撞、冲击中，自我、组织、共同体、社会才能不断更新甚至发生变革。

以上是社会建构思想的核心观点，而具体到教师社会建构学习该如何理解？

首先，教师学习的基点是什么？我们认为，教师学习的基点是经验。虽然，社会建构思想没有单独谈论经验，而是重视互动、关系，但它并不否认经验在个体学习中形成的个体知识的作用。个体知识通过共同体共建才能转化为社会性知识。经验是其中的要素。经验既是名词也是动词。名词的经验作为一种结果形态而呈现，可以分为主要经验和次要经验、直接经验和间接经验等。动词的经验是体验、经历的过程。虽然我国当下教师专业发展模式、项目多种多样，但实质上对教师的"经验"关注不足。然而，所有的学习都要发生于经验。对成人学习而言尤其如此，成人是有经验的学习者，要从学习中获得有用性。拥有丰富经验的教师在学习的过程中，当面临外在的新经验时，自我经验会极大地影响个体的选择、感知等活动，从而直接影响其对问题的认识及解决方式。这点在教师作为成人的学习中尤为凸显。同时，"所有的学习都由经验而产生，所以人们在工作场所中的学习也从他们从事的工作类型与他们在科层阶层中的位置开始"[①]。教师在科层阶层中是专业人员，专业人员有掌控自己工作空间的自由，他们应当在自己所从事的事务工作中学习，成为反映的行动者，这都基于专业人员已有的经验。与此同时，专业人员的经验也会成为阻碍教师持续学习的因素，因此需要外界不断丰富教师的经验环境，给教师提供新的刺激、新的经验，使其得以更新。这与成人教育

[①] ［英］彼得·贾维斯：《学习的吊诡：社会中的个人蜕变》，王秋绒译，197页，台北，学富文化事业有限公司，2002。

领域中"教育是一种使生活丰富的经验"①的观点相吻合。教师作为专业人员不论是其在工作场中的学习，还是在有意提供的教育环境中的学习，都力图从经验着手、丰富经验。然而，与社会建构思想一致，此处的"经验"仍然是社会文化的产物。

其次，教师学习的基本分析单位为"个体认知与社会行动"。很长时间以来，就有学习是纯粹的个体内部的认知过程，还是学习者个体内部认知与外部环境互动的过程的讨论。皮亚杰的"认知建构主义"与维果茨基的"社会建构主义"明显地体现了两者对学习问题研究的侧重点不同，但其实两位思想家并没有绝对的忽视社会或个体，他们内在地超越了二元对立的思维与观点。伊列瑞斯、贾维斯等学者明确地提出应该以综合、整合的观点认识学习。"至于学习过程，我将它看作一个实体，联合了个体与其所处的物质和社会环境之间直接或通过中介传播的互动过程以及内部的心理获得过程。"②由此可见，教师学习过程关涉教师与外在社会文化的互动，其中中介活动是必不可少的要素，从而形成个体的认知。然而，这只是看到了教师学习的一个侧面。教师社会建构学习理论其实与社会建构主义、社会建构论的发展对学习领域产生的影响密切相关。其中，人际互动、关系、共同体是教师学习另一个必不可少的侧面，它是教师学习社会性的突出体现。人际互动是构建意义、个体性知识转化为合法化知识的必经之路。否则，人们就不可能就某一知识、认识达成共识。因此，教师社会建构学习的分析单位应是个体认知与社会行为二者间的互动。只不过，在社会建构的思想中偏向从外在社会的角度展开分析。教师个体认知与社会行动的学习分析单位表明了认知是教师学习的要素，但是认知的发生、发展都不可能自行完成，必须与外在互动，这种互动关系包括与外在中介的互动和人际关系互动，它们统称为社会行为。社会行为通过影响个体认知，使个体认知在社会行动中发生转化，进而影响个体、社会。

最后，教师社会建构学习意味着变化、改变。教师作为学习者是教师的存在状态，虽然在终身化学习理念下这已经成为国际潮流，成为人人发展的口号。然而教师的专业特性，迫使教师必须要自觉学习，教师不仅自身要不

---

① [英]彼得·贾维斯：《学习的吊诡：社会中的个人蜕变》，王秋绒译，208页，台北，学富文化事业有限公司，2002。

② [丹]克努兹·伊列雷斯：《我们如何学习：全视角学习理论》，孙玫璐译，273页，北京，教育科学出版社，2010。

断学习，还要教会学生学习。社会建构思想侧重从社会文化、互动等切入分析，教师学习与外在世界的关系既包括物质环境、符号等，也包括人际关系。当教师身处变化不定的教育教学情境时，并不是所有的情境都在教师的掌握范围之内。虽然非学习情境对教师来说很重要，它意味着教师特定的行为会出现预期的结果。然而，新情境、新问题总是时常出现，因为学生都是独特的个体、是成长发展中的人，这从根本上决定了教育的复杂性。因此，教师与外在情境相遇后，已有的知识、经验无以应对时，落差就出现了，落差是教师学习的动力，使教师学习成为可能；促使落差产生的情境既包括出现的现象、问题，也包括人际关系。教育就是一项人的事业，当教师与外界互动时，人际关系会出现不和谐，这种落差同样会促发教师试图弥补自身认知的不平衡以再次维持和谐，和谐的人际关系对人类的学习而言非常重要。就如建构论的吸引力所彰显的那样，改变并不需要等待专家的介入，而是我们之间的交流、对话等都是参与构建新未来的体现。因此，教师所处的工作场及工作类型既是教师形成具体行为方式、思想的基础，也是教师学习的重要情境。此外，教师社会建构学习理论内含批判、质疑的精神，所谓专家的知识只是理解事物的方式之一，这种知识能否在教师共同体中通过对话而达成认可决定着其能否在教师中产生作用。当前，教育改革步履维艰，往往也与教师缺乏交流、沟通，导致不能在教师共同体中获得合理的意义相关。因此，教师学习需要有争论、质疑、对话等，如此教师才能建构个人意义，同时也能参与社会意义的建构，建构就是一种变化、创造。

综上所述，我们尝试对教师社会建构学习的概念进行描述：它是教师在与外在中介的互动中产生落差，进而以个体经验为出发点，经过个体知识与中介间的不断循环而合法化知识的社会和个体的意义建构过程。

（二）教师社会建构学习理论框架：教师社会建构学习的要素与机制

由上面的教师社会建构学习的概念可见，在概念中包含着一些关键的因素，这些因素之间的相互作用及内在运作过程形成了教师学习机制。那么，下面就先分析教师社会建构学习的要素。

1. 教师社会建构学习的要素

从教师社会建构学习的概念可见，构成教师社会建构学习的要素有中介、个体知识、落差、互动、合法化知识、意义建构。

(1)中介

中介是维果茨基社会建构主义心理学中描述认知过程的一个根本概念。他在论著中表达过所有的人类心理过程被语言、记号、符号等心理工具所中介。"中介的符号(mediating sign)被结合进高级心理机能的结构中去,作为整个过程的一个不可缺少的部分,事实上是一个核心部分。"①总体上讲,维果茨基论著中所说的中介,主要指两类作为儿童学习发展的机制:一类是元认知中介,意味着获得自我管理的符号工具;另一类是认知中介,意味着获得代表一些普通现象本质的科学概念。② 除此之外,实际上维果茨基也非常强调人际交流与互动、社会文化环境等对学习与心理发展的影响。后来的心理学家对"中介"概念也进行了发展。概括而言,中介包含3个部分:外在社会文化环境、人际互动、心理中介。也就是以上论述中出现的"物质中介、心理中介、他人"。教师社会建构学习中的中介也主要指此3个方面,它的外延比较广泛,物质中介可以是教师学习时创设的环境、社会文化环境等;心理中介指教师学习中的语言、符号等;他人指教师学习过程中的人际互动。

(2)个体知识

所谓个体知识经验也称为主观知识经验,是个体经验、感受、理解的知识总和,知识是以经验为基础的。罗素曾说:"每个人的知识,从一种重要的意义上来讲,决定于他自己的个人经验。"③罗素一生的哲学追求的都是知识的确定性,然而到了晚年,他却表述道:"'知识'是一个不能得到精确意义的名词。一切知识在某种程度上都是可疑的,我们不能说出可疑到什么程度它就不再算是知识,正像我们不能说出一个人失掉多少头发就算秃头一样。"④这与本文所持的知识观一致,知识是建构的,没有所谓唯一正确的知识。教师社会建构学习中的"个体知识"包含以下几层意思。

首先,它具有个体性。"认识论的第一个前提无疑就是:感觉是我们知识

---

① [俄]列夫·谢苗诺维奇·维果茨基:《思维与语言》,李维译,63页,杭州,浙江教育出版社,1997。

② Karpov Yuriy, V., Haywood Carl, H., "Two Ways to Elaborate Vygotsky's Concept of Mediation," *American Psychologist*, 1998, 53(1), p. 27.

③ [英]罗素:《人类的知识——其范围与限度》,张金言译,XII页,北京,商务印书馆,1983。

④ [英]罗素:《人类的知识——其范围与限度》,张金言译,592页,北京,商务印书馆,1983。

的唯一源泉。"①显然，不论是感觉、知觉都具有明显的个体性特征，知识来自我们个体的感觉、知觉。感知位于我们思想的核心位置，是感知让世界与我们相遇，让我们向外在世界开放。虽然，感觉、感知是否与外在"实体"一致，我们是否正确认识了外在世界是另外一个问题，然而我们不得不承认，我们正是通过内化外在"实体"的感知而不断学习。因此，知识经验毫无疑问具有个体性。

其次，认知来源于个体的经验。每个个体生活的时间、空间、文化环境等都各不相同，从而形成了各不相同的经验。差异性的生活史会导致面对外在世界时的差异。教师在多年的生活经历中，已经积累了关于教育的认识，然而这正是教师学习的基础。因为，"我们确实是从关于外部世界的经验中学习，而不是从外部世界本身中学习"②。学习是在既有经验的基础上面对新经验而不断的成长。

最后，知识的主体性。知识的主体性体现了知识的整个过程是建构的，个体参与对整个知识的生产过程具有决定作用。个体奇思妙想、灵光闪现都揭示了知识创造中主体性的维度。

(3) 落差

所有的学习都要有动力来源。教师学习中最大的动力来源莫过于自我已有的经验、知识不能应对外在的新情境、新经验，而出现了落差、不和谐。正是这种落差而不是外在的奖励是教师学习的根本动力，也是这种落差使得教师的学习成为可能。但是当教师面对落差而拒绝改变时，学习就可能不会发生。然而，落差是学习尤其是反省性学习发生的必经阶段。教师社会建构学习中所谈的学习不包含非学习情况。因此，这里的落差就会导致学习的发生。

(4) 互动

说到"互动"一词，不禁让人们联想到社会学中的符号互动论。米德是当代符号互动论的创始人，后经过布鲁默、库恩、特纳、戈夫曼等学者的发展。虽然符号互动论中的学者所持的观点不尽相同，但"符号互动论的中心观点是，人类特有的互动是传媒符号以及各种内涵的载体，刺激的意义来自与他

---

① 余文森：《个体知识与公共知识》，博士学位论文，西南大学，2007。

② Peter Jarvis, *Learning to Be a Person in Society*, London, Routledge, 2009, p.81.

人的互动，而非刺激本身所固有"①。那么，符号互动论中的互动的中心包含两层意义：一是与外在的符号、信息载体等的互动；二是与他人的互动。也有学者指出"互动(interaction)是彼此应对的动作，有能力在必要时做出交互的行动"②。综合而言，互动首先是一种交互行为，而不是单边行为。不论个体是与外在的符号、语言、载体，还是与人互动，都是二者之间的相互作用。其次，当个体与外在中介作用时，就会主动赋予其意义，然而符号的意义获得依赖于与他人的互动，在互动中获得符号的共识性。最后，个体在与他人互动的过程中能更好的认识、形成自我。自我的形成是一个社会过程，只有在与他人的互动、沟通中才能产生。具体到教师社会建构学习中，互动不仅意味着教师要与刺激、符号、环境等互动，也要与他人沟通交往，这是获得新知识、新经验及形成教师自我的基本。

(5)合法化知识

这里所指的合法化知识主要反映了知识的社会性维度，不是法律中所言的合法。合法化知识与科学知识不同，科学知识总是力图把个人因素排除在知识之外，而认为科学知识是客观的、反映事物规律的知识。"合法化是一个使事情看起来自然和正确的过程……合法化要求社会给予人们的行动、信念、行为等一个表象，让人们相信这些是可以做、可以说、可以想的事。换句话说，这些推论的行为在特定的场合下被视为唯一正确的行为。"③合法化知识就是建立在此意义的基础上，它是指使知识看起来自然和正确的过程。在教师的社会建构学习中，教师通过人际交流或使个体知识与外在学习项目相互作用，并在自我的理解、经验的基础上，而把个体知识通过语言、符号或实践等表达出来进而进入公共层面，得到大家的认可，这是合法化知识的过程。合法化的知识具有协商性、意义性。从协商性层面讲，合法化知识是在交流中，获得一定范围内同行认可的知识，它可以说不是个体的而是主体间的知识。从意义性层面讲，合法化知识的过程，不仅是对个体的肯定，有助于教师习得知识并形成自我，同时也对教师集体成长有益，更有利于教师群体把知识运用到教育教学实践中。

---

① 毛晓光：《20世纪符号互动论的新视野探析》，载《国外社会科学》，2001(3)。
② [美]诺曼·K.邓金：《解释互动论》，19页，周日勇译，重庆，重庆大学出版社，2009。
③ [英]彼得·贾维斯：《学习的吊诡：社会中的个人蜕变》，王秋绒译，27页，台北，学富文化事业有限公司，2002。

(6)意义建构

有的学者指出,"意义建构是整个学习过程的最终目标,就是要帮助学生对当前学习内容的意义达到较深刻的理解"[①]。可以说,这与前文对"意义"的阐释相同,它"是建构知识经验的过程"[②]。这反映了意义建构的一个方面,即学习者通过知觉选择相关信息,并结合学习者已有经验,从而形成对学习内容的新认识和深入理解。这是一个意义建构的过程,而非纯粹的知识传递过程。同时,社会建构论认为,意义开始于社会互动,以共享协议的形式存在。社会建构论强调了意义的社会性,突出了人际协商对意义建构的重要价值,也就是知识经验的建构需要人际间的共享协商。具体到教师学习中尤为如此,教师学习不可能是枯燥的知识移交,不应该是教师教育者、专家、学者的"一言堂"。作为具有一定经验甚或丰富经验的教师需要发出自己的声音,从而在对话、协商中建构意义,只有这样的学习才能真正对教师产生影响,才能在教师团体中生根发芽,从而对教育教学实践产生影响。教师教育者或专家应成为教师学习中意义建构的参与者、促进者和帮助者。

因此,意义建构还有另一层更深的含义:学习成为教师。学习是一个持续一生的过程,每个人是自身学习的结果,教师亦是。一方面,置身于特定的机构、工作场中学习,教师生活在特定的文化场中,经历着相似的情境、拥有着相似的经验等,通过与社会互动,习得了在文化场中所需的恰当的行为与情感反应,也就逐渐形成了教师的身份;另一方面,即便如此,每位教师都有不同的经验,面对相同的社会情境也会有不同的感知、认识与理解,从而形成新的经验。既然意义建构可以使教师生成丰富的经验,那么每位教师从经验中学习就会形成独特的教师个体。因此,我们说意义建构的深层意蕴是个体通过学习成为一位教师,而这位教师正如学习本身的持续性一样,是不断变化的。也就是说,你成为什么样的教师是学习的结果。因此,本文的意义建构包含3层意义。

2. 教师社会建构学习的机制

从教师社会建构学习的概念及要素的理解出发,我们了解了教师社会建构学习的过程,下面就在此基础上对教师社会建构学习的机制进行阐释。教师社会建构学习的机制就是教师学习的运行过程。而此过程,包含教师社会

---

① 周奇:《情境创设与意义建构》,载《江西社会科学》,2001(12)。
② 杨莉萍:《社会建构论心理学》,279页,上海,上海教育出版社,2006。

建构学习的阶段与构成要素之间的相互关系、作用。教师社会建构学习理论中个体认知与社会行为是其分析单位，二者在整体的学习过程中不可分割，而蕴藏在其背后的是知识的建构过程。因此，这里以学习过程中知识的社会建构过程为基础来呈现教师社会建构学习的机制，如图6-1所示。

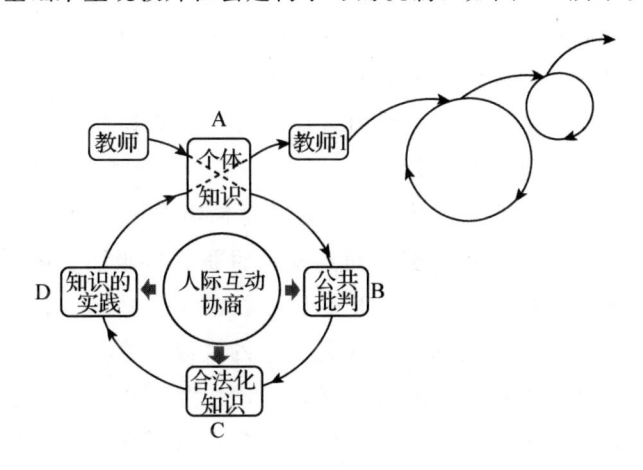

图 6-1 教师社会建构学习的机制

通过图6-1，结合教师学习过程中知识获得阶段的变化进行具体分析。从教师学习的整体过程角度而言，它是促使教师不断发生变化的过程，在学习中通过知识经验的获得而不断形成新的自我的过程；它也是促使教师群体、教育教学实践不断更新、变化的过程。教师社会建构学习分为4个具体阶段：阶段1，内化阶段。教师在外在中介的作用下，形成个体知识经验的过程。教师之所以会学习是由于与外在环境相处时发生了失谐，也就是落差的出现。教师为了与外在环境保持和谐会不断学习，从而内化新知识。阶段2，外化阶段。教师把个人知识通过公开表达的方式呈现出来，从而在人际互动中形成批判、讨论、激辩的对话过程，此过程中教师把个体内在的知识不断地外化。阶段3，合法化阶段。经过教师群体的互动、对话、协商，教师的个体知识逐渐获得群体的认可。合法化的过程同时伴随着对社会和个体的意义建构，不仅对个体会产生影响，同时在知识获得合理地位的同时，就意味着必然会对实践产生影响，合法化是在多种关系互动中形成的，并在教师群体中获得认可及合理性的地位。阶段4，知识的实践阶段。经过教师群体认可的合法化的知识，需要在实践中通过知识的证明而真正变成教师的个体知识，进而促进教师、教育实践不断地发生变化。在变化过程中，新的学习循环开始了。

二、教师社会建构学习理论的启示

当前，教师学习已经引起了人们的重视，在理论和实践中也展开了广泛地讨论。那么，作为教师学习发展的趋势，教师社会建构学习也必将在教师教育实践中发挥应有的指导作用。根据教师社会建构的理论框架，笔者认为在运用此理论设计、实施教师学习项目时，应遵循以下几点。

首先，教师学习必须要与经验相联系，以工作场学习为主。我们通常提到教师学习时，都会视其为正式学习。所谓正式的学习基本是由机构赞助的，发生在课堂中，且是高度结构化的。① 尤其是在当下，教师教育越来越受重视，各种教师发展项目层出不穷。而这些项目是否能吸引教师的积极参与，从而丰富教师的知识经验，有一个很重要的影响因素就是教师发展项目是否与教师经验相关。"经验并不光与知识还与人的生命与生活相关。从杜威的角度讲，生命是个体与外在环境的持续互动。"② 也就是说，经验是个体与外在世界的关系，是行动与思维的关系，是存在与认知的关系，它涉及的含义远远与我们日常生活中的理解不同。"知识是一系列经验；经验是主观性与客观性的统一；经验是未来导向的；经验是相连一体的经验；经验是知识的基础。"③ 由此可见，经验与知识之间关系密切。当教师发展项目成为传递知识、记忆教育理论的模式时，其实是割裂了知识与经验的关系，学习往往低效。因此，学习项目设计可以从以下几个方面考虑教师经验：第一，专业发展项目要搭建所学知识与教师经验的桥梁。第二，提供学习内容变成学习经验的多种可能途径。第三，创设教师参与的学习情境。除此之外，教师学习还包括大量非正式学习。尤其是作为专业人员，教师经常需要在工作场中处理问题，他们学习的主要渠道是工作场，在工作场所中通过主要经验（主要经验就是教师亲身经历的）而学习。当然，工作场的学习并不否认教师教育者、专家等的介入，也不否认理论知识的引领价值，只是提倡教师学习从根本上要立足于工作场，不断创造、丰富教师的事务经验。

---

① ［英］彼得·贾维斯：《学习的吊诡：社会中的个人蜕变》，王秋绒译，198 页，台北，学富文化事业有限公司，2002。

② Knud Illeris, *Contemporary Theories of Learning*, London, Routledge, 2009, p. 74.

③ Knud Illeris, *Contemporary Ttheories of Learning*, London, Routledge, 2009, p. 81.

其次，教师学习中要注重展示表达、交流对话的环节，突出互动。学习不仅是一个内化的过程，更是外化、合理化的过程。根据黑勒的看法，外化过程有3个层面：第一个和工具及事物有关；第二个和习惯及习俗的系统有关；第三个和语言有关。①与工具及事物有关，即学习者可以通过各种手工制品、作品、成果等形式展现其社会意义；与习惯及习俗的系统有关，即人际互动的过程中，形成、建构了大家认可的行为规范、价值等，从而制约人的行为；与语言有关，语言是维果茨基社会建构主义的核心概念，语言是思维的工具，语言是思想外化的工具，是人际交流及反观自我的工具，因此，外化与语言相关。那么，学习的外化过程有对学习者表达展示自我、与他人交流的需求。教师学习同样，在学习的过程中学习项目、学习小组等要为教师创设表达的自由空间，展示个人的观点、成果、作品等，教师在表达展示、交流对话中才能寻求社会意义。"学生需要一个机会来陈述他们学到了什么——如果他们不能做到这一点，那么学习就尚未完成。"②当下教师学习缺乏教师表达观点的机会，往往也是有交流无对话。如此会阻碍教师学习的效果。对教师个体而言，学习的意义需要外化，教师要通过与同伴的对话交往而寻找自己观点、行为、成果等的社会意义，从而使其得到认可，并真正激发教师学习的动力。

最后，教师学习中要培养教师个体与集体的反思，建构意义分享。维果茨基曾明确提出，"学习就是一种社会经验的内化过程。个体的独自思考首先会创建个人的意义。个体会在与他人的对话中检验自己的思维活动，建构社会意义。接下来，个体会通过与全班或一个更大的团体一起评述自己的思维活动来建构分享意义"③。在学习过程中，反思是必不可少的元素。因为，只有通过反思，个人、集体才能思考他们的学习，才能发挥学习的主动性，才能思考对知识的实际应用，才有机会用现有的知识整合新知识。这种学习才是积极学习的表现，学习者才能把新知识与已有知识相连。教师作为成人具有自我导向的学习能力，反思的作用尤为重要。在反思的过程中，教师才能

---

① [英]彼得·贾维斯：《学习的吊诡：社会中的个人蜕变》，王秋绒译，23页，台北，学富文化事业有限公司，2002。

② [美]加依、柯蕾：《建构主义学习设计——标准化教学的关键问题》，宋玲译，193页，北京，中国轻工业出版社，2008。

③ [美]加依、柯蕾：《建构主义学习设计——标准化教学的关键问题》，宋玲译，80页，北京，中国轻工业出版社，2008。

逐渐成为学习的主动创设者，从而实现知识的流动。因此，反思不仅是教师学习的目标，还应是教师学习的品性。对教师而言，也没有纯粹的个人意义的学习，教师学习一定要在互动中才能具有最终的意义。建构意义共享，一方面，是在教师学习中通过对话协商，不断创造更加合理的知识运用于教育实践，获得教师认可；另一方面，使教师更好地认识自我，获得自我存在的意义。当前，教师学习要打破理论知识、专家知识就是"权威的"，教师是知识的接受者的想法。知识要对教师有触动，并被教师真正运用到实践中，必须要教师主动学习，进行意义建构。

三、小结

本章在已有教师学习理论的分析基础上，归纳出教师学习理论的特征及发展的趋势，指出了教师社会建构学习理论的走向。在社会建构主义、社会建构论的基础上，建构了教师社会建构学习理论的框架，其中包括概念及构成要素及机制，并提出了教师社会建构理论对现实的一些启示。教师社会建构学习理论以对知识的认识作为整个学习理论的基础。"知识的意义总是情境性的，知识源于现实，知识寓于现实，知识用于现实，知识的理解需要相关的感性经验。知识的建构不仅依靠新信息与学习者头脑中已有的信息相互作用，而且需要学习者与具体社会环境的相互作用。"[①]简言之，社会建构知识观的核心是把知识看成受社会文化制约的，并在互动过程中建构的。因此，教师社会建构学习理论强调教师在学习过程中的互动、对话、协商及社会对教师学习的影响。可以说，教师社会建构学习理论在根本上符合人是关系中的存在理论，符合学习社会性的理论；是一种学习能力的培养，具有未来指向性，而不是停留于解决现存的具体系列问题；是一种更加宽容、民主的学习方式，有利于教师批判性、创造力的培育等。当然，任何一种理论都存在不足之处，相对论也许会成为人们对教师社会建构学习理论的质疑理论，这也许正是教师社会建构学习理论本身的"建构性"引发人们继续探寻理论"合理性"的体现。

[①] 刘保、肖峰：《社会建构主义——一种新的哲学范式》，25页，北京，中国社会科学出版社，2011。

结　语

　　人从生物的角度是未完成的，现代科学已经对人类的知识做出了巨大贡献。有人说人永远也不能成为"成人"，他的存在是一个永无止境的未完成和学习过程。

——福尔·雷波特(1972)

　　21世纪，"学会学习"是教育四大支柱中的首要要求，也是终身教育的首要基石。然而，学会学习需要从小开始培养，教师自然承担着不可推卸的责任与使命。要培养学生学会学习，教师首先要学会学习。因此，让教师如何学习的问题是让学生学会学习的必要性研究，也是改变教师"被发展者"角色的积极尝试。"吞吐式"学习是一种异化了的学习，对教师而言是一种低效的学习。如何在教育变革的时代，使教师卷入学习，真正投入自身的教育教学实践，是一个值得长期探索的课题。

　　基于我国教师教育中教师学习研究处于起步阶段的情势，笔者期望对西方教师学习理论展开研究，为我国学者提供借鉴与启发，取其精华、去其糟粕，从而更好地开展本土研究。本书从3个方面建构了研究思路：第一，以教师学习三维度（内容、社会、动机）作为理解学习的认识路径；第二，以西方教师学习理论的历史发展为基本线索及选择蕴含在这一发展过程中的代表人物为分析对象；第三，以分析—归纳的逻辑获得教师学习理论的发展趋势——社会建构的走向，并从概念、要素、机制建构了教师社会建构学习的理论框架。在这样一个立体的研究思路中勾勒了西方教师学习理论的基本图景及教师学习理论的发展趋势。

然而，在了解国外教师学习理论的概貌后，我们不得不面临的一个问题是：中国的教师学习研究该何去何从？显然，教师学习内含文化逻辑使我们必须正视本土研究。除此之外，就我国教师学习研究的现状而言，笔者认为以下几点值得思考。

第一，我国教师教育研究必须要凸显教师学习主题。长期以来教师教育领域中缺少对教师学习的系统研究，更多关注正式的、从外部给教师传递知识的教师培训，对教师已有的经验和学习的过程重视不够。不论是研究者还是教师都习惯性地把教师学习让渡给了教师培训，甚至对学习与培训的关系、区别不明确，"教师学习"往往被遮蔽在"教师培训""教师专业发展"之中，没有独立进行探讨。相对美国等国家而言，中国在教师教育研究方面可以说是后发国家。也许正因为如此，教师学习并没有引起理论与实践的足够重视。然而，作为后发国家，不同发展时段的思想、理论都会出现交错。因此，我们要充分发挥后发优势，吸取先发国家的经验、加快自身的发展，高度重视教师学习研究。

第二，在把握西方教师学习理论的发展趋势下进行本土研究。对西方教师学习理论进行分析就是要搞清楚"别人"在做什么，研究的聚焦点是什么，研究到了何种程度，研究的趋势是什么。在研究分析的基础上去粗取精，方能更理性地审视本土问题。教师社会建构学习理论的走向至少在方法论和对教师学习的认识上能给予我们启发，从而在教师学习的理论和实践层面提供可能路径，缩短探索的时间。

第三，教师学习要注重多维度、跨学科研究。心理学在整个教师学习的研究历程中都是最基本、最主要的学科，社会建构是基础性理论。然而，随着对教师学习认识的深入，学者们都逐渐开始超越单一心理学基础。一般认为，跨学科研究是使教育研究卓有成效的条件之一。[1] 教师学习研究正如笔者在对教师教育近10年研究的梳理中所言：多学科研究的贡献在于各个学科基于自己的学科特性从不同的视野和侧面介入教师教育，得出不同的结论，从而不断拓展教师教育的研究眼界，使研究摆脱单一视野的限制。在多学科的关照下，研究者可以发现审视、解决各种复杂教师教育难题的新视角、新路径，这是教师教育研究不断取得前进与创新的必然选择。[2] 目前，国外教

---

[1] 孟卫青：《教育研究的跨学科取向》，载《教育评论》，2003(2)。

[2] 毛菊：《教师教育十年研究》，载《继续教育研究》，2013(5)。

师学习已经呈现出多学科研究的苗头，总体上在心理学之外逐渐有更多的学科关注教师学习问题。我国教师学习理论研究比较薄弱，从多学科到跨学科研究的发展显然更加切合我国教师学习研究的需求。

第四，教师学习研究要高度重视高级学习的探究。笔者认为，不论是注重教师学习的"经验""实践""互动""情境"，还是"各要素的协同作用"，它们共同的指向之一都是为了更清晰地认识教师学习，使教师更加有效地学习，不断培养教师的高级学习能力。问题解决是高级学习中的重要能力。教师作为成人，问题解决是其学习的主要动力之一，提升教师的问题解决能力显然是教师学习的重要所指，也是教师学习研究的重点领域。目前，国外教师学习研究不仅为我们呈现了教师学习的不同侧面，其中还都蕴含着培养教师高级学习能力的策略。这也是我们教师学习研究的重要任务。

第五，加强教师学习的哲学思考。有的学者指出西方学习哲学出现在20世纪90年代末，学习哲学的出现能够为学习研究中出现的各种乱象及对学习的认识进行整合与批判，从而为人们更清晰、深入地认识学习提供指引。然而，中国的学习哲学研究还处于不自觉阶段，教师学习哲学研究也极少涉及。对于教师学习的推进而言，教师学习哲学必将是从事学习研究的学者迟早要涉足的领地，也是我们理性认识教师学习的必经之路。

参考文献

中文文献

[1]埃德加·莫兰.复杂思想:自觉的科学[M].陈一壮,译.北京:北京大学出版社,2001.

[2]埃德加·莫兰.复杂性思想导论[M].陈一壮,译.上海:华东师范大学出版社,2008.

[3]埃德加·莫兰.迷失的范式:人性研究[M].陈一壮,译.北京:北京大学出版社,1999.

[4]埃德加·H.沙因.企业文化与领导[M].朱明伟,罗丽萍,译.北京:中国友谊出版公司发行,1989.

[5]艾尔·巴比.社会研究方法[M].邱泽奇,译.北京:华夏出版社,2005.

[6]宝贡敏,徐碧祥.组织内部信任理论研究述评[J].外国经济与管理,2006(12).

[7]保罗·西利亚斯.复杂性与后现代主义:理解复杂系统[M].曾国屏,译.上海:上海科技教育出版社,2006.

[8]彼得·贾维斯.学习的吊诡:社会中的个人蜕变[M].王秋绒,译.台北:学富文化事业有限公司,2002.

[9]彼得·圣吉,等.第五项修炼·实践篇——创建学习型组织的战略和方法[M].张兴,等,译.北京:东方出版社,2002.

[10]彼得·圣吉.第五项修炼——学习型组织的艺术与实务[M].郭进隆,译.上海:上海三联书店,1998.

[11]伯特·弗雷德曼,艾瓦·威尔逊,等.第五项修炼教程:学习型组织的应用[M].张璨,译.北京:经济日报出版社,2002.

[12]曹志平.理解与科学解释[M].北京:社会学科文献出版社,2005.

[13]陈理宣.知识教育论——基于多学科视域的知识观与知识教育理论研究[M].北京:人民出版社,2011.

[14]陈向明. 教育研究方法[M]. 北京:教育科学出版社,2013.

[15]陈一壮. 论埃德加·莫兰复杂性思想的三个理论柱石[J]. 自然辩证法研究,2007(12).

[16]达琳·哈蒙德. 美国教师专业发展学校[M]. 王晓华,向于峰,等,译. 北京:中国轻工业出版社,2006.

[17]戴维·伯姆. 论对话[M]. 王松涛,译. 北京:教育科学出版社,2004.

[18]戴维·H. 乔纳森. 学习环境的理论基础[M]. 郑太年,任友群,译. 上海:华东师范大学出版社,2002.

[19]丁书娟. 试论杜威的教师教育思想[J]. 教师教育研究,2007(6).

[20]杜瑞军,徐雪燕. 教师学习环境的分析[J]. 教育科学研究,2007(5).

[21]范春林,张大均. 学习动机研究的特点、问题及走向[J]. 教育研究,2007(7).

[22]D. C. 菲利普斯,F. 乔纳斯,索尔蒂斯. 学习的视界[M]. 尤秀,译. 北京:教育科学出版社,2006.

[23]斐迪南·滕尼斯. 共同体与社会:纯粹社会学的基本概念[M]. 林荣远,译. 北京:北京大学出版社,1999.

[24]高文,裴新宁. 试论知识的社会建构性——心理与社会的视角[J]. 全球教育展望,2002(11).

[25]高文,徐斌艳,吴刚. 建构主义教育研究[M]. 北京:教育科学出版社,2008.

[26]高向斌. 美国多元文化教育初探[J]. 外国教育研究,2002(4).

[27]龚群. 当代社群主义的共同体观念[J]. 社会科学辑刊,2013(1).

[28]郭本禹,修巧燕. 行为的调控——行为主义心理学:上册[M]. 济南:山东教育出版社,2009.

[29]郭芳. 20世纪下半叶美国教师哲学思想研究:基于本体论视角的考察[M]. 北京:北京师范大学,2013.

[30]B. R. 赫根汉,M. H. 奥尔森. 学习心理学——学习理论导论[M]. 王文科,等,译. 台北:五南图书出版股份有限公司,2002.

[31]黄富顺. 成人的学习动机——成人参与继续教育动机取向之探讨[M]. 高雄:复文图书出版社,1985.

[32]黄欣荣. 复杂性科学方法及其应用[M]. 重庆:重庆大学出版社,2012.

[33]黄志成. 西方教育思想的轨迹国际教育思潮纵览[M]. 上海:华东师范大学出版社,2008.

[34]R. 基思·索耶. 剑桥学习科学手册[M]. 徐晓东,等,译. 北京:教育科学出版社,2010.

[35]吉纳·E. 霍尔,雪莱·M. 霍德. 实施变革:模式、原则与困境[M]. 吴晓玲,译. 杭州:浙江出版社,2004.

[36]加依,柯蕾. 建构主义学习设计——标准化教学的关键问题[M]. 宋玲,译. 北京:中国轻工业出版社,2008.

[37]金传宝.美国教育之要素主义的世纪回顾与展望[J].教育学报,2005(2).

[38]靳淑梅.教育公平视角下美国多元文化教育研究[M].沈阳:东北师范大学,2009.

[39]鞠玉翠.论争与建构——西方教师教育变革关键词及启示[M].济南:山东教育出版社,2011.

[40]克里斯·阿基里斯.组织学习:第二版[M].张莉,李萍,译.北京:中国人民大学出版社,2004.

[41]克里斯·阿吉里斯,罗伯特·帕特南,戴安娜·麦克莱恩·史密斯.行动科学:探究与介入的概念,方法与技能[M].夏林清,译.北京:教育科学出版社,2012.

[42]克里斯·阿吉里斯,唐纳德·舍恩.组织学习2:理论、方法与实践[M].姜文波,译.北京:人民大学出版社,2011.

[43]克利福德·格尔茨.文化的解释[M].韩莉,译.南京:译林出版社,2008.

[44]克努兹·伊列雷斯.我们如何学习:全视角学习理论[M].孙玫璐,译.北京:教育科学出版社,2010.

[45]肯尼思·格根.社会构建的邀请[M].许婧,译.北京:北京大学出版社,2011.

[46]肯尼斯·J.格根.语境中的社会建构[M].郭慧玲,张颖,罗涛,译.北京:中国人民大学出版社,2011.

[47]寇尚乾.教师学习权及其学校保障机制研究[M].成都:四川师范大学,2005.

[48]D.J.库伯.体验学习——让体验成为学习和发展的源泉[M].王灿明,等,译.上海:华东师范大学出版社,2008.

[49]J.莱夫,E.温格.情境学习:合法的边缘性参与[M].王文静,译.上海:华东师范大学出版社,2004.

[50]莱斯利·P.斯特弗,杰里·盖尔.教育中的建构主义[M].高文,徐斌艳,程可拉,等,译.上海:华东师范大学出版社,2002.

[51]李成彦.组织文化对组织效能影响的实证研究[D].上海:华东师范大学,2005.

[52]李春玲.相互倚赖和相互联系的统一的观点——杜威教育哲学方法论的核心[J].华东师范大学学报(教育科学版),2001(2).

[53]李洪玉,何一粟.学习动力[M].武汉:湖北教育出版社,2000.

[54]李克军.战后美国教师教育改革与发展研究[D].保定:河北大学,2011.

[55]李其龙,陈永明.教师教育课程的国际比较[M].北京:教育科学出版社,2002.

[56]李子健,宋萑.建构主义:理论的反思[J].全球教育展望,2007(4).

[57]列夫·谢苗诺维奇·维果茨基.思维与语言[M].李维,译.杭州:浙江教育出版社,1997.

[58]林楠.社会研究方法[M].本书翻译组,译.北京:农村读物出版社,1987.

[59]林同奇.格尔茨的"深度描绘"与文化观[J].中国社会科学,1989(2).

[60]林正范,肖正德.教师学习新视野——生态取向的理论与实践[M].北京:教育科学出版

社,2011.

[61]琳达·埃利诺,格伦娜·杰勒德.对话:变革之道[M].郭少文,译.北京:教育科学出版社,2006.

[62]琳达·达琳—哈蒙德,约翰·布兰斯福德.教师应该做到的和能够做到的[M].陈允明,译.北京:中国青年出版社,2012.

[63]刘保,肖峰.社会建构主义——一种新的哲学范式[M].北京:中国社会科学出版社,2011.

[64]刘国永.学校道德生活的复杂性审视[M].镇江:江苏大学出版社,2009.

[65]刘宏宇.勒温的社会心理学理论评述[J].社会心理科学,1998(1).

[66]刘华初.杜威的经验自然主义[M].上海:复旦大学,2010.

[67]刘华初.实用主义的基础——杜威经验自然主义研究[M].北京:人民出版社,2012.

[68]刘会超,杨锋英.惰性知识的特性及克服[J].天中学刊,2008(2).

[69]刘良华.行动研究的史与思[M].上海:华东师范大学,2001.

[70]刘敏,董华.简单范式与复杂范式——论经典科学与系统科学的不同认识论模式[J].科学技术与辩证法,2006(2).

[71]刘铁芳,曹婧.学校公共生活中的教师:教师作为公民实践的范型[J].教师教育研究,2013(2).

[72]刘学慧,申继亮.教师学习的分析维度与研究现状[J].全球教育展望,2006(8).

[73]柳国辉.澳大利亚教学专业标准及其质量保障[J].外国教育研究,2005(12).

[74]龙宝新.当代教师教育变革的文化路径[M].北京:北京师范大学出版社,2012.

[75]龙宝新.教师学习:当代教师教育变革的第三条道路[J].教育科学研究,2010(5).

[76]龙妍,黄逸素,刘可.大系统中物质流、能量流与信息流的基本特征[J].华中科技大学学报(自然科学版),2008(12).

[77]卢乃桂,钟亚妮.国际视野中的教师专业发展[J].比较教育研究,2006(2).

[78]罗素.人类的知识其范围与限度[M].张金言,译.北京:商务印书馆,1983.

[79]罗正华.美国教师教育的发展趋势[J].外国教育研究,1994(5).

[80]麻彦坤.社会建构论心理学对维果茨基思想的继承和发展[J].心理科学进展,2006(1).

[81]马克思恩格斯全集:第40卷[M].北京:人民出版社,1982.

[82]马振清,高岩.学习型政府:政府生态理论的价值回归[J].哈尔滨工业大学学报(社会科学版),2003(4).

[83]迈克尔·富兰.变革的力量——透视教育改革[M].中央教育科学研究所,加拿大多伦多国际学院组织,译.北京:教育科学出版社,2004.

[84]迈克尔·马奎特,H.斯基普顿·伦纳德,等.行动学习:原理、技巧与案例[M].郝君帅,刘俊勇,译.北京:中国人民大学出版社,2013.

[85]C.迈因策尔.从线性思维到非线性思维[J].曾国屏,译.世界哲学,1999(2).

[86]毛菊.教师教育十年研究分析与展望——以《教师教育研究杂志为例》[J].继续教育研究,2013(5).

[87]毛齐明,蔡宏武.教师学习机制的社会建构主义诠释[J].华东师范大学学报(教育科学版),2012(2).

[88]毛齐明,蔡宏武.教师学习机制的社会建构主义诠释[J].华东师范大学学报(教育科学版),2012(6).

[89]毛齐明,岳奎.国外"教师学习"研究领域的兴起与发展[J].全球教育展望,2010(1).

[90]毛齐明,岳奎."师徒制"教师学习:困境与出路[J].教育发展研究,2011(22).

[91]毛晓光.20世纪符号互动论的新视野探析[J].国外社会科学,2001(3).

[92]孟卫青.教育研究的跨学科取向[J].教育评论,2003(2).

[93]苗东升.论系统思维(一):把对象作为系统来识物想事[J].系统辩证学学报,2004(3).

[94]苗东升.系统思维与复杂性研究[J].系统辩证学学报,2004(1).

[95]苗东升.自组织与他组织[J].中国人民大学学报,1988(4).

[96]莫雷,张卫,等.学习心理研究[M].广州:广东人民出版社,2005.

[97]尼·彼·杜比宁.人究竟是什么[M].李雅卿,海石,译.北京:东方出版社,2000.

[98]诺曼·K.邓金.解释互动论[M].周勇,译.重庆:重庆大学出版社,2009.

[99]裴淼,谭士驰,刘静.教师教育变革的理念演进及其启示[J].教师教育研究,2012(6).

[100]彭新武.复杂性思维与社会发展[M].北京:中国人民大学出版社,2003.

[101]齐卫平,李春来.国外关于学习型组织研究综述[J].长白学刊,2011(6).

[102]乔雪峰,黎万红.从特质视角到发展视角:专业学习社群的研究路径[J].全球教育展望,2013(3).

[103]阮智富,郭忠新.现代汉语大辞典:下册[M].上海:汉语大辞典出版社,2009.

[104]申荷永.论勒温心理学中的动力[J].心理学报,1991(3).

[105]沈小峰.混沌初开:自组织理论的哲学探索[M].北京:北京师范大学出版社,2008.

[106]师汉民.从"他组织"走向自组织——关于制造哲理的沉思[J].中国机械工程,2000(Z1).

[107]史静寰,等.当代美国教育[M].北京:社会科学文献出版社,2012.

[108]孙传远.教师学习:期望与现实——以上海中小学教师为例[M].上海:上海师范大学,2010.

[109]孙元涛.教师专业学习共同体:理念、原则与策略[J].教育发展研究,2011(22).

[110]孙郑钧,周东兴.生态学研究概述[M].北京:科学出版社,2010.

[111]唐孝威.心智解读[M].杭州:浙江大学出版社,2012.

[112]托布约尔·克努成.国际关系理论史导论[M].余万里,何宗强,译.天津:天津人民出版社,2004.

[113]托马斯·库恩.科学革命的结构[M].金吾伦,胡新和,译.北京:北京大学出版

· 222 ·

社,2003.

[114]汪明帅.从"被发展"到自主发展——教师专业发展的现实挑战与可能对策[J].教师教育研究,2011(4).

[115]王恩铭.也谈美国多元文化主义[J].国际观察,2005(4).

[116]王海东.美国当代成人学习理论述评[J].中国成人教育,2007(1).

[117]王洪才.教育是何种善——对教育善的本质的思考[J].探索与争鸣,2011(5).

[118]王凯.教师学习:专业发展的替代性概念[J].教育发展研究,2011(2).

[119]王美.面向知识社会的教师学习:发展适应性专长[M].上海:华东师范大学,2010.

[120]王美.什么知识最有价值:从常规专长到适应性专长——知识社会背景下对知识价值与学习目标的反思[J].远程教育杂志,2010(6).

[121]王明璐.阐释作为模板的文化[J].思想战线,2001(1).

[122]王涛.维果茨基的社会建构主义及文化观[J].广西社会科学,2006(12).

[123]王向华.学习的意义及其实现——对话视野中的学习观[J].高等教育研究,2009(2).

[124]王琰.教育智慧类型差异与教师学习[J].中国教育学刊,2009(10).

[125]王作亮.教师专业化和教师学习共同体的建构[J].江西教育科研,2006(2).

[126]魏宏森.复杂性研究与系统思维方式[J].系统辩证学学报,2003(1).

[127]沃尔夫冈·伊瑟尔.怎样做理论[M].朱刚,谷婷婷,潘玉莎,译.南京:南京大学出版社,2008.

[128]吴玉军,李晓东.归属感的匮乏:现代性语境下的认同困境[J].求是学刊,2005(5).

[129]吴志华.20世纪90年代以来的美国联邦政府改革[J].美国研究,2006(1).

[130]夏甄陶.人是什么[M].北京:商务印书馆,2000.

[131]小威廉·多尔,唐娜·杜伊特.复杂性思维:存在于关系之中[J].张光陆,译.全球教育展望,2011(5).

[132]小威廉姆·E.多尔.后现代课程观[M].王红宇,译.北京:教育科学出版社,2006.

[133]肖甦.比较教师教育[M].南京:江苏教育出版社,2010.

[134]肖巍.女性主义教育观及其实践[M].北京:人民大学出版社,2007.

[135]肖正德.论生态取向教师学习内容的层级设计[J].教育研究,2011(12).

[136]肖正德,张素琪.近年来国内教师学习研究:盘点与梳理[J].全球教育展望,2011(7).

[137]谢安邦,张东海.全人教育的理论与实践[M].上海:华东师范大学出版社,2011.

[138]徐盛桓.从心智到语言——心智哲学与语言研究的方法论问题[J].当代外语研究,2012(4).

[139]雪伦·B.梅里安,罗斯玛丽·S.凯弗瑞拉.成人学习的综合研究与实践指导:第2版[M].黄健,张永,等,译.北京:中国人民大学出版社,2011.

[140]杨风禄,徐超丽.社会系统的"自组织"与"他组织"辨[J].山东大学学报(哲学社会科学版),2011(2).

[141]杨莉萍．社会建构论心理学[M]．上海：上海教育出版社,2006．

[142]姚梅林．从认知到情境：学习范式的变革[J]．教育研究,2003(2)．

[143]叶浩生．社会建构论与心理学理论的未来发展[J]．心理学报,2009(6)．

[144]殷鼎．理解的命运：解释学初论[M]．北京：生活·读书·新知三联书店,1988．

[145]游泓．情感与信任关系的社会学研究[M]．武汉：武汉大学,2009．

[146]于海涛．神经元网络的同步,共振及控制研究[M]．天津：天津大学,2012．

[147]于文浩．从学习隐喻的演化视域管窥专业能力的发展[J]．开放教育研究,2013(1)．

[148]余胜泉,吴娟．信息技术与课程整合——网络时代的教学模式与方法[M]．上海：上海教育出版社,2008．

[149]余文森．个体知识与公共知识[M]．重庆：西南大学,2007．

[150]袁坚．司法合议制度研究[M]．重庆：西南政法大学,2011．

[151]袁振国．教育研究方法[M]．北京：高等教育出版社,2000．

[152]原献学,何心展,石文典．组织学习动力研究[J]．心理科学,2007(2)．

[153]原献学．组织学习动力的理论与实证研究[M]．上海：华东师范大学,2004．

[154]原献学．组织学习动力研究综述[J]．西北师范大学(社会科学版),2006(1)．

[155]约翰·杜威．民主主义与教育[M]．王承绪,译．北京：人民教育出版社,2001．

[156]约翰·杜威．思维与教学[M]．孟宪承,俞庆棠,译．上海：华东师范大学出版社,2010．

[157]约翰·杜威．我们如何思维[M]．伍中友,译．北京：新华出版社,2010．

[158]约翰·杜威．我们怎样思维·经验与教育[M]．教育与经验．姜文闵,译．北京：人民教育出版社,1991．

[159]约翰·富隆,伦·巴顿．重塑教师专业化[M]．牛志奎,马忠虎,等,译．北京：北京师范大学出版社,2010．

[160]曾文婕．学习哲学：学习研究的新走向[J]．全球教育展望,2008(6)．

[161]张爱卿．动机论：迈向21世纪的动机心理学研究[M]．武汉：华中师范大学出版社,1999．

[162]赵健．学习共同体——关于学习的社会文化分析[D]．上海：华东师范大学,2005．

[163]赵明仁,黄显华．建构主义视野中教师学习解析[J]．教育研究,2011(2)．

[164]郑汉文,程可拉．论专业学习共同体[J]．教育评论,2008(5)．

[165]郑太年．学校学习的反思与重构：知识意义的视角[M]．上海：上海教育出版社,2006．

[166]周钧．美国教师教育认可标准的变革与发展——全美教师教育认可委员会案例研究[M]．北京：北京师范大学出版社,2009．

[167]周奇．情境创设与意义建构[J]．江西社会科学,2001(12)．

[168]朱迪·奥尼尔,维多利亚·J. 马席克．破解行动学习：行动学习的四大实施途径[M]．唐长军,郝君帅,曹慧青,译．南京：江苏人民出版社,2013．

[169]朱旭东．论教师专业发展的理论模型建构[J]．教育研究,2014(6)．

外文文献

[1] Alan M. Blankstein, Paul D. Houston & Robert W. Cole. Sustaining Professional Learning Communities[M]. Oaks: Corwin Press, 2007.

[2] Ann Lieberman & Desiree Pointer Mace. Making Practice Public: Teacher Learning in the 21st Century[J]. Journal of Teacher Education, 2010, 61(1-2).

[3] Bakkenes, I., Vermunt, J. D. & Wubbels, T. Teacher Learning in the Context of Educational Innovation: Learning Activities and Learning Outcomes of Experienced Teachers[J]. Learning and Instruction, 2010, 20(6).

[4] Camburn, E. M. Embedded Teacher Learning Opportunities As a Site for Reflective Practice: An Exploratory Study[J]. American Journal of Education, 2010, 116(4).

[5] Carla A. Warren. Teachers As Learners: A Review of Teachers As Learners[J]. The New Educator, 2013, 9(2).

[6] Carole A. Ames. Classrooms: Goals, Structures, and Student Motivation[J]. Journal of Educational Psychology, 1992, 84(3).

[7] Christopher Day, James Calderhead & Pam Denicolo. Research on Teacher Thinking: Understanding Professional Development[M]. London: The Falmer Press, 1993.

[8] Dan C. Lortie. School-Teacher: A Sociological Study[M]. Chicago: The University of Chicago Press, 1975.

[9] Delores A. Westerman. Expert and Novice Teacher Decision Making[J]. Journal of Teacher Education, 1991, 42(4).

[10] Driver R. & Asoko H. Constructing Scientific Knowledge in the Classroom[J]. Educational Researcher, 1999(1).

[11] Easton & Lois Brown. From Professional Development to Professional Learning[J]. Phi Delta Kappan, 2008, 89(10).

[12] Fishman, B. J., Marx, R. W., Best S. Rttal. Linking Teacher and Student Learning to Improve Professional Development in Systemic Reform[J]. Teaching and Teacher Education, 2003, 19(6).

[13] Fred A. J. Korthagen. Reflective Teaching and Preservice Teacher Education in the Netherlands[J]. Journal of teacher education, 1985, 36(5).

[14] Garet, M. S., Porter, A. C. & Desimone, L. What Makes Professional Development Effective? Results From a National Sample of Teachers[J]. American Educational Research Journal, 2001, 8(4).

[15] Garry F. Hoban. Teacher Learning for Educational Change: A Systems Thinking Approach[M]. Philadelphia: Open University Press, 2002.

[16]Ginsberg, M. B. Transformative Professional Learning: A System to Enhance Teacher and Student Motivation[M]. Oaks: Corwin Press, 2011.

[17]Ginsberg, M. B. &. Fiene, P. Motivation Matters: A Workbook for School Change[M]. San Francisco: Jossey-Bass, 2004.

[18]Harry K. Wong. New Teacher Induction: The Foundation for Comprehensive, Coherent, and Sustained Professional Development[EB/OL]. [2014-6-12]. https://c2.hntvchina.com/scholar.

[19]Hatton, H. &. Smith, D. Reflection in Teacher Education: Towards Definition and Implementation[J]. Teaching and Techer Education, 1995, 11(1).

[20]Hazel Rose Markus &. Shinobu Kitayama. Culture and the Self: Implications for Cognition, Emotion, and Motivation[J]. Psychological Review, 1991, 98(2).

[21]Hilda Borko. Professional Development and Teacher Learning: Mapping the Terrain[J]. Educational Research, 2004, 33(8).

[22]Hoban Garry, Hargreaves Andy, Goodson &. Ivor, F. Teacher Learning for Educational Change: A Systems Thinking Approach[M]. Philadelphia: Open University Press, 2000.

[23]Jack Mezirow. Transformative Learning as Discourse[J]. Journal of Transformative Education, 2003, 1(1).

[24]James G. Greeno. The Middle School Mathematics Through Applications Project Group Institute for Research on Learning and Stanford University. The Situativity of Knowing, Learning, and Research[J]. American Psychologist, 1998 (1).

[25]Janis Tedesco. Women's Ways of Knowing/Women's Ways of Composing[J]. Rhetoric Review, 1991, 9(2).

[26]Jay Parades Scribner. Professional Development: Untangling the Influence of Work Context on Teacher Learning[J]. Educational Administration Quarterly, 1999, 35(2).

[27]John I. Goodlad &. Linda Darling-Hammond. Teacher Learning that Supports Student Learning[J]. Education Leadership, 1998, 55(5).

[28]John N. Bray. Uniting Teacher Learning: Collaborative Inquiry for Professional Development[J]. New Directions for Adult and Continuing Education, 2002, (94).

[29]John R. Anderson, Lynne M. Reder &. Herbert A. Simon. Situated Learning and Education[J]. Educational Researcher, 1996, 25(4).

[30]Judy Stoehr, Maria Banks &. Linda Allen. PLCs, DI, &. RTI: A Tapestry for School Change[M]. Oaks: Corwin Press, 2011.

[31]Kansanen, P. Pedagogical Thinking: The Basic Problem of Teacher Education[J]. European Journal of Education, 1991, 26(3).

[32]Karen R. Seashore, Amy, R. &. Anderson Eric Riede. Implementing Arts for Academic Achievement: The Impact of Mental Models. Professional Community and Interdisci-

Plinary Teaming[M]. Minneapolis:Prepared for the Minneapolis Public Schools,2003.

[33]Karpov Yuriy,V. ,Haywood Carl,H. Two Ways to Elaborate Vygotsky's Concept of Mediation[J]. American Psychologist,1998,53(1).

[34]Kelly,P. What Is Teacher Learning? A Socio-Cultural Perspective[J]. Oxford Review of Education,1996,32(4).

[35]Ken Zeichner. The New Scholarship in Teacher Education[J]. Educational Researcher,1999(12).

[36]Kim,H. &. Hannafin,M. J. Situated Case-Based Knowledge:An Emerging Framework for Prospective Teacher Learning[J]. Teaching and Teacher Education,2008,24(7).

[37]Knud Illeris. Contemporary Theories of Learning[M]. London:Routledge,2009.

[38]Knud Illeris. Towards a Contemporary and Comprehensive Theory of Learning[J]. International Journal of Lifelong Education,2003,22(4).

[39]Kristine Kiefer Hipp,Jane Bumpers Huffman,Anita M. Pankake &. Dianne F. Olivier. Sustaining Professional Learning Communities:Case Studies[J]. Journal of Educational Change,2008(9).

[40]Labaree,D. F. Living with a Lesser Form of Knowledge[J]. Educational Researchers,1998,27(8).

[41]Les Tickle. Learning Teaching,Teaching Teaching … A Study of Partnership in Teacher Education[M]. London:The Falmer Press,1987.

[42]Lieberman,A. &. Pointer Mace,D. H. Teacher Learning:The Key to Educational Reform [J]. Journal of Teacher Education,2008,59(3).

[43]Linda Darling-Hammond &. Nikole Richardson. Research Review / Teacher Learning: What Matters? [J]. Educational Leadership,2009,66(5).

[44]Linda Darling-Hammond &. Nikole Richardson. Teacher Learning:What Mattes? [J]. Educational Leadership,2009(2).

[45]Linda Darling-Hammond &. Bransford,J. Preparing Teachers for a Changing World:What Teachers Should Learn and Be Able to Do [M]. San Francisco:Jossey-Bass,2007.

[46] Linda Darling-Hammond. Constructing 21st-Century Teacher Education[J]. Journal of Teacher Education,2006,57(3).

[47]Lois Brown Easton Professional Learning Communities by Design:Putting the Learning Back into PLCS[M]. Oaks:Corwin Press,2011.

[48] Louis,K. S. &. Marks,H. M. Does Professional Community Affect the Classroom? Teachers' Work and Student Experiences in Restructuring Schools[J]. American Journal of Education,1998,160(8).

[49]Louis,K. S. ,Kruse,S. &. Bryk,A. S. Professionalism and Community:What Is It and Why Is It Important in Urban Schools? [M]. Silver Spring:Corwin Press,1995.

[50]Louise Stoll, Ray Bolam & Agnes Mcmahon. Professional Learning Communities: A Review of the Literature[M]. Germany, Springerlink, 2006.

[51]Lytle, S. L. & Cochran-Smith. Teacher Rsearch As a Way of Kowning[J]. Harvard Educational Review, 1992, 62(4).

[52]Margery B. Ginsberg & Raymond J. Wlodkowski. Diversity and Motivation: Culturally Responsive Teaching in College[M]. San Francisco: Jossey-Bass, 2009.

[53]Margery B. Ginsberg. Creating Highly Motivating Classrooms for All Students: A Schoolwide Approach to Powerful Teaching with Diverse Learners[M]. San Francisco: Jossey-Bass, 2000.

[54]Marilyn Cochran-Smith & Sharon Feiman-Nemser. Handbook of Research on Teacher Education: Enduring Questions in Changing Context Third Edition[M]. London: Routledge, 2008.

[55] Melanie S. Morrissey. Professional Learning Communities: An Ongoing Exploration[M]. Texas: Southwest Educational Development Laboratory, 2008.

[56] Nona Lyons. Handbook of Reflection and Reflective Inquiry: Mapping a Way of Knowing for Professional Reflective Inquiry[M]. Germany: Springerlink. 2010.

[57]Paul A. Schutz & Michalinos Zembylas. Advances in Teacher Emotion Research: The Impact on Teachers' Lives[M]. Germany: Springerlink, 2009.

[58] Paul Cobb, Janet Bowers. Cognitiveand Situated Learning Perspectives in Theory and Practice[J]. Educational Researcher, 1999, 28(2).

[59]Peter Aubusson, Robyn Ewing & Garry Hoban. Action Learning in Schools: Reframing Teachers' Professional Learning and Development[M]. London: Routledge, 2009.

[60]Peter Jarvis. Learning to Be a Person in Society[M]. London: Routledge, 2009.

[61]Ralph, T. & Putnam Hilda Borko. What Do New Views of Knowledge and Thinking Have to Say About Research on Teacher Learning? [J]. Educational Researcher, 2000(1).

[62]Renshaw, P. D. Dialogic Learning Teaching and Instruction[M]. Germany: Springerlink, 2004.

[63]Reynolds, A. What Is Competent Beginning Teaching? A Review of The Literature[J]. Review of Educational Research, 1992, 62(1).

[64]Reynolds, A. The Knowledge Base for Beginning Teachers: Education Professionals' Expectations Versus Research Findings on Learning to Teach[J]. The Elementary School Journal, 1999, 95(3).

[65]Richard DuFour. Professional Learning Communities: A Bandwagon, an Idea Worth Considering, or Our Best Hope for High Levels of Learning? [J]. Middle School Journal, 2007, 39 (1).

[66]Roger C. Mayer, James H. Davis, David, F. Schoorman an Integrative Model of Organizational Trust[J]. The Academy of Management Review, 1995, 20(3).

[67]Roland, S. , Barth March. Improving Relationships Within the Schoolhouse[J]. Educational Leadership,2006,63(6).

[68]Rosemary Clark & Livingstone, W. Teacher Learning and Power in the Knowledge Society [M]. Netherland:Sense Publishers,2012.

[69]Saxe, G. B. , Gearhart, M. &. Nasir, N. S. Enhancing Students' Understanding of Mathematics:A Study of Three Contrasting Approaches Professional Support[J]. Journal of Mathematics Teacher Education,2001,4(1).

[70]Sergiovanni, T. J. Building Community in Schools[M]. San Francisco:Jossey-Bass,1994.

[71] Sharon Feiman-Nemser, Teachers As Learners [M]. Boston: Harvard Education Press,2012.

[72]Sharon Feiman-Nemser & Janine Remillard. Perspectives on Learning to Teach[M]. Michigan:Michigan State University,1995.

[73]Sharon Feiman-Nemser & Susan Melnick. Exploring Teaching:Reinventing an Introductory Course[M]. Columbia:Teachers College Press,1992.

[74] Sharon Feiman-Nemser. From Preparation to Practice: Designing a Continuum to Strengthen and Sustain Teaching[M]. Columbia:The Teachers College,2001.

[75]Shavelson, R. J. Review of Research on Teachers' Pedagogical Judgments, Plans, and Decisions[J]. The Elementary School Journal,1983(83).

[76]Shirley M. (Moos) Hord & William A. Sommers. Leading Professional Learning Communities:Voices From Research and Practice[M]. Oaks:Corwin Press,2007.

[77] Shirley M. Hord, James L. Roussin & William A. Sommers, Guiding Professional Learning Communities:Inspiration,Challenge,Surprise,and Meaning[M]. Oaks:Corwin Press,2009.

[78]Shirley M. Hord, Learning Together, Leading Together:Changing Schools Through Professional Learning Communities[M]. Columbia:Teachers College Press,2003.

[79]Shirley M. Hord, James L. Roussin & William A. Sommers. Guiding Professional Learning Communities:Inspiration,Challenge,Surprise,and Meaning[M]. Oaks:Corwin Press,2009.

[80]Stewart Hasem. A Review of Teaching Learning for Educational Change[M]. Philadelphia:Open University Press,2006.

[81]Stoll, L. , Bolam, R. , McMahon, A. & Wallace, M. Professional Learning Communities:A Review of the Literature[J]. Journal of Educational Change,2006(7).

[82]Suzanne, M. , Wilson, M. S. & Berne, J. Teacher Learning and the Acquisition of Professional Knowledge:An Examination of Research on Contemporary Professional Development[J]. Review of Research in Education,1999(24).

[83] Taylor, E. W. An Update of Transformative Learning Theory:A Critical Review of the Empirical Research (1999—2005)[J]. International Journal of Lifelong Education Online,

2007,26(2).

[84] Thomas H. Leahdy. The Mythical Revolutions of American Psychology. American Psychologist,1992,47(2).

[85] Wassermann, S. Shazam! You're a Teacher: Facing the Illusory Quest for Certainty in Classroom Practice[J]. Phi Delta Kappan. 1996,80(6).

[86] Wayne Jacobson. Learning,Culture,and Learning Culture[J]. Adult Education Quarterly, 1996,47(1).

[87] Wilson, L. & Elisabath R. Hayes. Handbook of Adult and Continuing Education[M]. San Francisco:Jossey Bass,2006.

后 记

该书的成稿是在我博士论文的基础上修改而成的,它更是我教育学学习积淀的成果。作为一位门外汉,踏入教育学的门槛始于2003年。2003年,我在对该专业一无所知的情形下受大学同学影响考取该专业,一脸茫然地进入山东师范大学读教育学硕士,时常都处于惶恐、不安中,总觉得自己太逊。通过一点点努力,我开始慢慢摸索、感受什么是教育研究。至今,我与教育学结缘已有15年之久,虽然经过了15年,但似乎还在蹒跚学步。尤其在从教以后,我感觉教学是这个世上最难也最有魅力的事情之一。工作的需要及教育学的深奥驱使我不断前行。

七年前,我正值而立之年,却重新开启了一段不一样的求学之旅。背起行囊,离开熟悉的生活环境,离开丈夫,远离父母,从抹着眼泪踏上征程,到博士毕业论文答辩会发表致谢感言时抹着眼泪结束,其中夹杂着太多复杂而难以言表的感情。一切仿佛回到了起点,却又是一个新的开始。记得读博期间,我也时常迷茫、彷徨,不经意间都会自问"读博究竟意味着什么?"我出生在一个农村家庭,深受"只有读书才能改变命运"的观念影响,从本科、硕士到博士,都在踏实地做事、读书。当我成为一位大学教师后,父母、亲人都发自内心为我高兴。这算是改变命运了吧!可是,随着读书时间的推移,我越发感觉到你赋予读书的工具性价值越重,过程就会越空虚、浮躁,所以"无用之为大用",读书真的是一个修炼的过程。有幸的是,这个过程让我潜移默化中形成了对"书"与"写作"的心理依赖,它让我感到踏实,让我的精神找到了家园。我开始喜欢、享受这种平淡、安静的日子。这也许也印证了导师"美好生活始于学术训练"的谆谆教导吧。于是,我似乎明白读博是"一次真正磨练、挑战自我的过程;一次深刻认识、反思自我的过程;一次自由读书、跳出浮躁、回归安静的过程"。"读书、修炼、认识及超越自我"也许就是读博内在不变的意义。在此过程中我也开始学着重新认识自己,重新认识自己的教学和学生,从而在博士论文"教师学习"的写作与自我反思的互动中不断地形成动态的自我存在。福尔·雷波特说,人永远也不能成为"成人",他的存在是一个永无止尽的未完成和学习过程。博士论文变成书稿,是我学习旅程中的一个休止符,不论精彩与否,这首学术的乐章还将继续……

在不同的城市上学让我认识了不同的人,看到了不一样的风景,认识了不一样的自己。我要感谢很多一路陪伴我、给我支持的人。首先要感谢我的导师朱旭东教授。朱老师的学术修养和行为方式给了我深刻的影响。虽然工作很忙,但朱老师总会在航班、高铁上见缝插针地学习,他对教育学的热爱和学术研究的执着深深打动了我。人们都说专注、投入的人最美、最有魅力,但这却是导师的常态。在学术方面,他是我迈进学术殿堂的引导者。我的书稿从选题到写作完成的过程都倾入了导师的心血。在研究茫然时,我第一想到的就是导师,我坚信他能给我提供正确的方向。当我对某些问题仍不解时,他会不厌其烦地给予我指导。除此之外,他也会通过各种方式与我们交谈,了解我们的生活状况、帮我们减轻学业压力。从品德修养而言,他心胸宽广、豁达、率性,对待学生亲切、和蔼,积极为学生创造各种锻炼机会。我很幸运,读博的4年是我锻炼最多的4年。朱老师常说"一次锻炼就是一次成长""平等地对待每名学生"等都直接影响着我看待问题和行事的方式。这些温暖的点滴我将一直铭记于心,终身难忘。

感谢开题、预答辩、论文答辩的专家们,朱小蔓教授、高宝立教授、檀传宝教授、胡艳教授、王本陆教授、李琼教授、施克灿教授、伍行春教授、宋萑副教授等给我的论文提出的宝贵建议,让我进一步厘清了研究思路,看清了研究存在的不足。感谢北京师范大学教师教育研究中心这个和谐、互帮互助的大家庭中的所有教师。感谢郭法奇教授与我悉心交流论文。感谢硕士生导师王坦教授,他让我懵懵懂懂地走进了教育学领域。感谢孟凡丽教授,在入职初期,对我论文写作的引导,帮我重新树立了信心。感谢新疆师范大学教育科学学院所有的领导、同事,在我读博期间给予我的宽容,帮我处理单位的琐事,为我提供了4年最佳的读书环境。尤其要感谢3位亲爱的小伙伴,能够相互帮助、相互理解,相互支持,让我们彼此都更加勇敢地共同面对生活。感谢导师门下所有的兄弟姐妹,是你们为我的博士生活增添了色彩。感谢我的同学、舍友,让我拥有一个舒适、快乐的生活环境。

最后,要感谢我最爱的亲人们。感谢丈夫一直以来对我的支持,我们从大学开始携手同行,进入彼此的人生,见证了对方的成长。没有他作为我的坚强后盾,就没有我的今天。是他肩负起了我读书时家庭的责任和经济支出。在我遇到难题、烦躁时,他是我无条件的倾诉对象,为我开导解忧。他的宽容、体谅、理解是我最大的财富。感谢父母、公婆身体健康,让我毫无顾虑地学习。感谢哥哥、姐姐、姐夫、嫂子对父母和我们的关爱,让我在爱的力量中前行。父母无故、兄弟俱在,人生之大幸矣,我很感激,也很知足!我深知前面的路还很长,不知还会面临何种新的挑战,我将继续勇敢前行,坚信"做好自己,一切都是最好的安排!"

同时,衷心感谢朱旭东教授、李琼教授积极促成本书的出版,感谢北京师范大学出版社的编辑老师们为本书付出的辛苦。

毛菊
于新疆师范大学
2017 年 12 月

本书获得新疆维吾尔自治区"十三五"重点学科(教育学)招标课题"教师领导力现状及改进研究"资助,新疆维吾尔自治区文科基地新疆教师教育研究中心阶段性成果。

图书在版编目（CIP）数据

当代西方教师学习理论研究 / 毛菊著 . —北京：北京师范大学出版社，2019.4（2021.3 重印）
（京师教师教育论丛）
ISBN 978-7-303-24241-2

Ⅰ. ①当… Ⅱ. ①毛… Ⅲ. ①师资培养－研究－西方国家 Ⅳ. ①G451.2

中国版本图书馆 CIP 数据核字（2018）第 243399 号

营 销 中 心 电 话　010-58802135　010-58802786
北师大出版社教师教育分社微信公众号　京师教师教育

DANGDAI XIFANG JIAOSHI XUEXI LILUN YANJIU

出版发行：	北京师范大学出版社　www.bnup.com
	北京市海淀区新街口外大街 19 号
	邮政编码：100875
印　　刷：	北京玺诚印务有限公司
经　　销：	全国新华书店
开　　本：	730 mm×980 mm　1/16
印　　张：	15.5
字　　数：	300 千字
版　　次：	2019 年 4 月第 1 版
印　　次：	2021 年 3 月第 2 次印刷
定　　价：	62.00 元

策划编辑：	陈红艳　鲍红玉	责任编辑：	韩　妍
美术编辑：	李向昕	装帧设计：	李向昕
责任校对：	李云虎	责任印制：	马　洁

版权所有　侵权必究

反盗版、侵权举报电话：010-58800697
北京读者服务部电话：010-58808104
外埠邮购电话：010-58808083
本书如有印装质量问题，请与印制管理部联系调换。
印制管理部电话：010-58805079